罗天华 著

汉藏语是非问句的
类型学研究

商务印书馆
The Commercial Press

图书在版编目 (CIP) 数据

汉藏语是非问句的类型学研究 / 罗天华著 . — 北京：商务印书馆，2023
ISBN 978-7-100-22780-3

Ⅰ.①汉… Ⅱ.①罗… Ⅲ.①汉藏语系－疑问（语法）－研究 Ⅳ.① H404

中国国家版本馆 CIP 数据核字（2023）第 142407 号

汉藏语是非问句的类型学研究
罗天华　著

商 务 印 书 馆 出 版
（北京王府井大街 36 号　邮政编码 100710）
商 务 印 书 馆 发 行
江苏凤凰数码印务有限公司印刷
ISBN 978-7-100-22780-3

2023 年 9 月第 1 版　　　开本 880×1240　1/32
2023 年 9 月第 1 次印刷　　印张 10¾

定价：68.00 元

相较于探究"什么是可能的（语言形式)?"，越来越多的类型学者开始探究"哪里有什么（形式)？为什么?"。探究"哪里有什么"旨在通过样本得出普遍特征和区域/谱系偏向，探究"为什么"旨在发现类型分布是如何历史形成和相互联系的。

——Balthasar Bickel，2007

内容提要

该书在语言类型学的框架中讨论境内 85 种汉藏语系语言/方言的是非问句，研究内容包括疑问形式的共性与多样性、形式与意义的互动关系、形式变异的区域与类型限制等三个方面。总体框架是：描写结构特征，解决"有什么"的问题；概括结构特征的区域/谱系分布，解决"在哪里"的问题；探讨特征的变异范围及其限制，解决"为什么"的问题。

全书共 9 章，分为三个部分：

第一部分，绪论和概述，包括第 1—2 章。

第 1 章"绪论"讨论是非问形式与意义的关系，以及相关的类型学方法论。

第 2 章"汉藏语是非问句的结构特征"按谱系和地域分类，概述汉藏语系语言是非问的表达方式，比较各语族/语支的特征并作归纳（总结为全书附录）。

第二部分，专章讨论，包括第 3—7 章。

第 3 章"汉藏语的疑问语气词"匡正了 WALS 两项是非问研究对汉藏语的认识。绝大多数汉藏语的疑问语气词位于句末，而世界其他地区语言中疑问语气词的位置非常多样；此外，汉藏语广泛使用疑问语气词，WALS 认为"一些语言无疑问语气词"之说失实。

第 4 章"汉藏语的谓词重叠问句"将重叠视为谓词疑问形态，认为该类问句是汉藏语的一项显著区域特征。形容词重叠问、动词重叠问、正反问、选择问等问句之间存在系列蕴含关系。

第 5 章"哈尼语的是非问句"描写了哈尼语是非问的基本结构类型，并比较了若干哈尼语方言，在此基础上概览哈尼语是非问的表达方式，作为汉藏语是非问句描写的一个个案。

第 6 章"《启蒙浅学》的是非问句"讨论了一百多年前香港新界客家话的是非问句，尝试还原当地客家话在历史发展中的一个"具体而微"的片段特征。

第 7 章"汉藏语的选择问句"讨论疑问范畴之间的关联。是非问与选择问的关系密切：二者在分类上有交叉关系，历时上有发生学关系，分布上有蕴含关系。在选择问内部，选择连词的分用/合用是一个重要参项；汉藏语中选择连词分用的情形远远多于其他地区语言，总体上是一项区域特征。

第三部分，理论探讨和结论，包括第 8—9 章。

第 8 章"类型比较与区域–历时比较"作为总结性的理论探讨，比较了以往的类型学研究，概括了汉藏语是非问表达的结构与类型特征，建立了是非问内部及是非问与其他语法范畴的关联，总结为 28 条区域共性和 4 条普遍共性，并从区域接触和历时演变视角探讨是非问结构的分布特点及其成因，总结为 4 条区域历时共性。

第 9 章"结语"总结全书。列出与是非问相关的 36 条区域/普遍共性。

书后附录列出了 85 种语言/方言中 11 项与是非问相关的语法特征。

术语缩写

1/2/3	first/second/third person	第一/二/三人称
ACC	accusative	宾格
A（dj）	adjective	形容词
AF	agent focus（actor focus）	施事焦点/动作者焦点
AP	adjective phrase	形容词短语
ASS	assertion	断言
CL	classifier	量词/分类词
CONJ/conj	conjunction	连词
COP	copula	系词
DAT	dative	与格
DEF	definite	定指
DISJ/d（isj）	disjunction	选择连词
F	feminine	阴性
FP	final particle	末尾语气词
FUT	future	将来时
GEN	genitive	属格
IMP	imperative	祈使
INTERJ	interjection	叹词
M	masculine	阳性
NEG/n（eg）	negation, negative	否定

NOM	nominative	主格
NOMIN	nominalization	名词化
NP	noun phrase	名词短语
OBL	oblique	旁格
PASS	passive	被动
PL	plural	复数
Po	postposition	后置词
PQ	polar questions	是非问/极性问
PREF	prefix	前缀
Pr	preposition	前置词
PRF	perfect	完成时
PRO	pronoun	代词
PN	proper name	专有名词
PRS	present	现在时
PRT/prt	particle	小词
PST	past	过去
Q（P）	question particle	疑问语气词/小词
RDP	reduplication	重叠
SG	singular	单数
SUFF	suffix	后缀
TOP	topic	话题
VP	verb phrase	谓词短语
WALS	*The World Atlas of Language Structures Online*	《世界语言结构地图集》

目　录

1 绪论

是非问（yes/no questions，yes-no questions）是一种普遍的疑问类型，它通常对命题真值进行提问，也被称为极性问（polar questions）。是非问预期受话人以肯定或否定作出回答，或者以身势语如点头摇头回答，在文献中一般与特指问相对；特指问的预期回答一般包含肯定或否定之外的具体信息，如人物、处所、时间、原因、方式等（Moravcsik 1971；Sadock & Zwicky 1985；König & Siemund 2007）。

从跨语言的角度看，是非问的表达方式千差万别，如附缀、语气词、语调变化、语序变化等（König & Siemund 2007；Dryer 2013a）。本书尝试以是非问繁复的表达方式为切入点，从形态和句法互动的视角，全面探讨汉藏语是非问句的结构特征和类型学特征。

按《中国的语言》（孙宏开等 2007）和《中国语言地图集》（2012 年第二版），中国境内的汉藏语系语言有 76 种。本书将汉语十大方言也纳入比较范围，所讨论的汉藏语系语言（方言）数量共 85 种。这些语言（方言）普遍使用是非问句，结构类型丰富多样，并且有亲缘关系，长期处于共存和接触的状态，是语言共性与多样性研究的理想群体。

1.1　汉藏语的是非问研究

如果从 Przyluski（1924）第一个使用"汉藏"（法文 Le sino-tibétain）之名算起，汉藏语研究已有百年历史。一百年来，学界对汉藏语的是非问句进行了报道和探索，大大深化了对其结构特征的认识，也积累了相当丰富的语料，为是非问的类型学比较提供了基础。这里择要介绍较近时间的一些研究。

1.1.1　现代汉语是非问句研究

主要涉及现代汉语是非问句的概貌、分类和语气词：

是非问句的概貌。现代汉语普通话和一些方言的疑问句已有专门研究（邵敬敏等 2010，邵敬敏 2014/1996，郭利霞 2015，陶寰等 2017），这些著作以及许多其他方言描写文献中，几乎都有篇幅探讨是非问句，呈现了现代汉语是非问句的概貌。

是非问句的分类。汉语是非问句至少可分为两类：语气词是非问、语调是非问。语气词是非问内部在功能和疑问程度上存在差异，如"吗"字问句重在询问，疑问程度较高；"吧"字问句重在求证，疑问程度较低。语调是非问则常常不要求回答，表达反问或者反预期，如"你不知道?"（刘月华 1987，1988；邵敬敏 2012）。

疑问语气词。这是疑问范畴研究成果集中的领域，探讨了汉语普通话和不少方言的疑问语气词，解决了一些基本问题（伍云姬 2006，Li 2006，Pan & Paul 2016）。例如，陆俭明（1984）按是否负载疑问信息区分了语气词与疑问语气词，并提出普通话有"两个半"疑问语气词，即"吗""呢"和半个"吧"。

1.1.2 古代汉语是非问句研究

主要探讨了古汉语是非问句概况及相关语法史问题：

是非问句的概况及演变。一些断代研究，如中古、近代疑问句研究（刘开骅 2008，傅惠钧 2011），以及不少对专书的考察，如《祖堂集》疑问句研究（叶建军 2010），描写了古代汉语是非问句的基本情况。对于是非问的演变，有两种观点：一是认为是非问在疑问系统中最先得到发展（张玉金 2001，傅惠钧 2011），二是认为是非问由选择问演变而来（刘丹青 2005）。

疑问语气词及其源流。一些断代研究考察了上古、中古及近代汉语的疑问语气词（孙锡信 1999，罗骥 2003，李小军 2013）。对于疑问语气词"吗（么）"，认为来自否定词"不（否）""无"（吴福祥 1997，钟兆华 1997，杨永龙 2003，Aldridge 2011）；对于"呢"，认为来自"尔"及更早的"你（尼）"（曹广顺 1986，江蓝生 1986，孙锡信 1992）。

1.1.3 民族语言和类型比较研究

这方面的研究相对较少，但也有一些重要探索：

汉藏语（特别是藏缅语）是非问的表达方式。汉藏语是非问表达方式主要有分析、黏着两类（宋金兰 1995，戴庆厦、傅爱兰 2000）；一些藏缅语和汉语方言中谓词前的表疑问成分之间有同源关系，如安多藏语 tɕho ŋ thoŋ ə re?（你 喝 疑问 是）'你喝了吗？'、傈僳语 ko⁴⁴ɑ⁴⁴ mo⁴⁴?（山 疑问 高）'山高吗？'、吴语'阿是？'（是吗？）（Benedict 1984；陈妹金 1993；孙宏开 1995，2004）。

是非问的语法调查框架。刘丹青（2005，2017a：9—12）提出可从两个方面进行调查，一是疑问的标记模式，如词缀、语序、语调等；二是答句类型，如汉语和英语在应答词"是/不"的选择上存在差异（陈前瑞、赵葵欣1998）。

1.1.4 国外相关研究

国际语言学界迄今罕有疑问范畴的跨语言比较研究（Dixon 2012：429），对是非问句的关注也显著不足，且极少涉及汉藏语系语言。当然，也有一些有价值的探索，例如对句类和疑问句的表达方式不乏精到的跨语言分析（Chisholm 1984；Sadock & Zwicky 1985；König & Siemund 2007；Dryer 2013ab）；此外，对疑问结构参项的内部/外部相关性、区域特征以及语调模式等方面也有不少探讨，对汉藏语的是非问句研究亦多有启发：

是非问表达方式与其他参项的关联。Greenberg（1966）、Ultan（1978）指出疑问小词、基本语序、疑问语调三者关系密切并建立了一些蕴含共性，而Bencini（2003）认为疑问小词与基本语序在历时上并无关联。

是非问的区域考察。Miestamo（2011）比较了20种Uralic语言的是非问句，Forker（2013）考察了17种Nakh-Daghestanian语言的疑问小词，Dryer（2013a）概括了世界范围内955种语言是非问的表达方式（涵盖部分汉藏语），Hancil等（2015）探讨了句末语气词的一些跨语言表现。

是非问的语调模式。一般认为是非问多使用句末升调（Ohala 1983：1；Geluykens 1988）；不过，对78种非洲语言和15种意大利语方言的研究显示，是非问以使用句末微降调为常（Rialland 2007；Savino 2012）。

以上成果为进一步研究提供了基础，具体到汉藏语的是非问句方面，不得不承认，其研究在总体上仍然显得较为薄弱，表现在：

比较范围偏小。现有文献主要涉及汉语普通话和方言、部分藏缅语，汉藏语系其他语言是非问句的结构特征等基本面貌尚不清楚。

研究内容不平衡。以往研究过度集中于疑问语气词，而忽略了一些其他方面的特征，特别是附缀、屈折形态等语法手段。

类型学特征有待发掘。是非问结构与其他类型学参项（如小句语序、附置词类型）之间有何关联，迄今未见深入探讨，是非问句的类型学特征还不清晰。

区域特征及其成因有待探讨。是非问有何区域特征，各（群）语言变异的类型制约，接触与演变情况如何，罕有文献探讨相关的区域-历时类型学问题。

由于这些方面的不足，汉藏语是非问句的结构特征、类型学特征以及区域特征等情况还远不明朗。有鉴于此，本书着手对这三方面的内容作系统考察，以期对是非问句的研究有所补益。

1.2　是非问的形式和意义

1.2.1　是非问的表达方式

1.2.1.1　是非问表达的跨语言比较

语气角度的句类划分主要有三类：陈述、祈使、疑问（有的研究还包括感叹），各有各的主要表达形式，陈述句常无标记，祈使句多使用动词词缀，而疑问句的表达方式最为多样。本书的核心是疑问的表达方式，集中讨论是非问句（极性问句）的形式表现。

首先，需要区分三种疑问形式：韵律的、形态的和句法的。从跨语言比较来看，韵律性疑问标志主要表现为特定的语调，通常是句末升调，有时是降调或其他语调模式。形态和句法疑问标志形式多样，包括附缀、词缀、（小）词、短语、语序等等（Plank 2009）。

不同的语言有不同的疑问表达方式，甚至不同的学者所观察到的疑问方式也有差别。例如，Sadock & Zwicky（1985）、König & Siemund（2007）、Dryer（2013a）都是被广泛引用的句类/疑问类型跨语言研究文献，所开列的疑问表达方式清单却有所不同（前两项研究另涉及特指问句，此处略去不讨论；另参看 Siemund 2001，Koptjevskaja-Tamm & Liljegren 2013）。

（1）Sadock & Zwicky（1985）的疑问表达方式

a. 疑问语调

b. 疑问小词

c. 动词疑问形态

d. 选择结构

e. 语序变化

（2）König & Siemund（2007）的疑问表达方式

a. 语调

b. 疑问小词

c. 动词屈折

d. 正反结构

e. 语序变化

f. 附加成分

（3）Dryer（2013a）的疑问表达方式

a. 仅用疑问语调

b. 疑问小词

c. 动词疑问形态

d. 疑问语序

e. 陈述语素缺失

f. 无疑问-陈述对立

g. 疑问小词和动词形态

（1）（2）较为相似，但 König & Siemund（2007）注意到一些 Papua New Guinea 语言（Amele，Kobon）以及一些亚洲语言使用了正反问句（汉语普通话正反问句参看 2.1.1 节）。另外，Dryer（2013a）指出有些语言通过省略陈述句中的某些语素以表达疑问，如 Zayse（Omotic，Afro-Asiatic；Ethiopia），Kabardian（Northwest Caucasian；Russia；Colarusso 1992：125—126），Puquina（isolate；Bolivia；Adelaar 2004：354），Dinka（Nilotic；Sudan；Nebel 1948：58—61），

Huichol（Corachol，Uto-Aztecan；Mexico）等语言。

（4）Zayse（Hayward 1990：307；参看 Dryer 2013a）

a. hamá-tte-ten　'我要走'

b. háma-ten　'我要走吗？'

c. hamá-tt-isen　'她要走'

d. háma-ysen　'她要走吗？'

（5）Huichol（Grimes 1964：27；Palmer 2001：54）

a. pée-t　ʌa

　ass-方向　走

　他走了。

b. mázá　tikuucúu

　鹿　睡着

　鹿睡着了吗？

　　（4b）（4d）为疑问句，不用语素 -tt(e)-；但相应的陈述句（4a）（4c）保留了这个语素。例（5a）使用"断言"标志 pée 以标识该句为陈述句，而疑问句（5b）无此标志。这种标记方式明显异于常规，因而显得非常有特点。陈述是最省力、经济的话语模式或者说是"底伏"（default）状态，按照标记论的一般预期，无须特别标记；疑问与无标记模式有别，因而需要额外的形式加以标识。但是，Zayse 和 Huichol 两种语言不按常理出牌，其疑问式无标记而陈述式有标记，显然是一种"标记颠倒"现象（参看沈家煊 1999）。

　　此外，有些语言的是非问句完全无形式标志，如 Chalcatongo

Mixtec（Mixtecan，Oto‐Manguean；Mexico）、Gooniyandi（Australian，Australia；McGregor 1990：485，382—383，369—371；参看 Miestamo 2011）。下例（6）解读为陈述句或疑问句均可，并无语调差异。

(6) Chalcatongo Mixtec（Macaulay 1996：126）

ñábaʔa-ró   librú-ro（？）

有-2   书-2

你有书。/你有书吗？

最后，有些语言的陈述句和疑问句都使用特定的动词形态标志，但陈述与疑问的标志不同；换言之，其标记程度相当。例如，Blackfoot 语（Algonquian，Algic）、Greenlandic 语（Eskimo，Eskimo‐Aleut）就是这种类型（参看 Sadock & Zwicky 1985）。

陈述句和是非问句的标记模式可总结为表 1.1。从跨语言比较来看，是非问句比陈述句标记程度更高，这是非常普遍的标记模式。

表 1.1　陈述句与是非问句的标记模式

	标记模式	频率	实证语言
(i)	陈述无标记、是非问无标记	较少	Chalcatongo Mixtec
(ii)	陈述无标记、是非问有标记	常见	日耳曼语、汉语方言等
(iii)	陈述有标记、是非问有标记	较少	Blackfoot, Greenlandic
(iv)	陈述有标记、是非问无标记	罕见	Dinka, Huichol, Kabardian, Puquina, Zayse

1.2.1.2 汉藏语的是非问表达方式

汉藏语系语言是非问的表达方式大多也包括在上文（1）—（3）清单中，主要有 6 类。为了讨论的方便，这里先行列出，并逐类略作说明。

1.2.1.2.1　仅用疑问语调

"仅用疑问语调"指句子词汇、语序等与陈述句均相同，但使用不同的语调，即疑问仅由语调实现。

许多语言的疑问句无法仅靠语调达成，往往需要形态句法手段配合使用。即便在"仅用疑问语调"语言中，其使用频率也大不相同。换言之，虽然多数语言使用疑问语调，但只有少数仅用疑问语调，这是一个"有无"的问题；在仅用疑问语调语言中，使用频率也有高有低，这是一个"多少"的问题。

有两个极端情况。一个是疑问语调与其他疑问方式呈互补分布，如 Chrau 语（一种南亚语系孟-高棉语族语言）；另一个是有些语言完全不使用疑问语调，如 Greenlandic 语（一种 Eskimo-Aleut 语系语言；参看 Sadock & Zwicky 1985）。

看来，在使用特定语调这种疑问方式上，存在一个跨语言层级：

（7）疑问语调的跨语言层级

仅用疑问语调且与其他疑问方式呈互补分布 > 仅用疑问语调（常见 > 不常见） > 疑问语调与其他方式并用 > 无特定语调

汉藏语的疑问语调大多与其他疑问方式并用，似无语言处于上述等级的顶端。例如，汉语普通话和方言大多也能由语调构成问句，但并不特别常见，往往需要特定的语境（参看 2.1 节）。但是，在汉藏语之外，例如在多数南亚语言中，是非问都可仅由语调达成。

（8）布朗语（李道勇等 1986：73）

mi$ʔ^2$　　kɔʔ^4　　l̥aʔ^1　　hɤl^1? ↗

2sɢ　　也　　要　　去

你也去？

1.2.1.2.2　疑问小词

疑问小词（常见的是疑问语气词）是构成问句的一种封闭类词，作为疑问标志可以直接确定句子的疑问性质。有三点区分需要指出：一是疑问小词问句与附加问句不同，后者常常包含"是""对"等谓词（见下文）；二是疑问小词与动词疑问形态也不同，其差别在于疑问小词不是关涉动词，而是关涉全句，即疑问小词对整个句子提问，而不仅仅是对动词；三是"疑问小词"与"疑问句中的小词"不同，因为后者不一定构成疑问句，其范围往往大于前者（参看第 3 章对疑问语气词的详细讨论）。

多数语言的疑问小词位于句末。据 Dryer（2013b）一项对 884 种语言的统计，有 314 种语言的疑问小词出现在句末，远远超过其他位置，如句首（129 种）、第二位置（52 种）、其他位置（8 种）（比较 Greenberg［1966］共性 9—10、Ultan［1978］语序共性 7；参看 Luo & Wu［2017］以及本书第 3 章）。

汉藏语的疑问语气词相当常见，其他语气词更加普遍。由于形式相似、位置相同，疑问语气词和其他语气词有时不容易区分。例如，汉语普通话的"吗"被普遍认为是疑问语气词，但"呢""吧""啊"等是不是疑问语气词，学界仍有分歧（参看陆俭明 1984，王珏 2023）。

(9) 汉语普通话

a. 你是他哥哥<u>吗/吧</u>?

b. 你是他哥哥<u>啊</u>?

c. 你是不是他哥哥<u>啊/呢</u>?

(9a) 由语气词表达疑问,所以"吗""吧"是疑问的标志,是疑问语气词("吧"也可以用于陈述;参看吕叔湘 1955,陆俭明 1984)。(9b) 由句末升调表达疑问,(9c) 由正反结构表达疑问,其疑问标志是语调和正反结构,所以"啊""呢"都不是疑问语气词,只是普通的语气词。

1.2.1.2.3　动词疑问形态

动词疑问形态涉及的形式较多,如词缀(affix)、附缀(clitic)、屈折,以及相对少见的动词重叠、声调变化等。

使用词缀最为常见。据 Dryer(2013a)一项对 955 种语言的考察,有 164 种使用动词疑问词缀。中国境内的藏缅语也广泛使用动词疑问词缀,有些语言甚至使用中缀,如木雅语疑问词缀 æ^{55} 用于动词与后缀之间(参看 2.2.2 节、8.2.2 节),这在其他语言中较为少见。

有些语言使用动词或形容词的重叠形式表达疑问(形容词重叠问相对少一些)[①]。

---

① 在本书讨论的汉藏语中,有动词重叠问的语言都有形容词重叠问,但反过来不一定成立;因此可以提出一条(汉藏/区域)共性:有形容词重叠问的语言也有动词重叠问。详见第 4 章。

（10）彝语（陈士林等 1985：94；2007：265）

a. la^{33} '来'　　　　la^{44}la^{33} '来吗？'

b. lɔ^{55}pɔ^{21} '帮助'　lɔ^{55}pɔ^{21}pɔ^{33} '帮忙吗？'

例（10）动词重叠之后即表达疑问意义，其中（10a）是完全重叠，（10b）是部分重叠，均伴有声调变化。类似的情形也见于不少汉语方言、其他彝语支语言以及一些苗瑶语，有的有声调变化，有的没有。动词重叠疑问句的详细讨论见第 4 章。

疑问动词（interrogative verb）也是一种表达疑问的方法，这类词往往有代词词缀附于动词词根。普通话口语、一些汉语方言以及台湾高山族语言（Formosan languages）也有此类疑问动词（参看 Idiatov & van der Auwera 2004；Lin 2012）。

（11）普通话口语（Hagège 2008）

a. 你在<u>干嘛</u>？

b. 我<u>干嘛</u>去？

疑问动词不可切分。例（11）"嘛"不能单用，"干嘛"不能切分为一个动词和一个代词，即这是一个（复杂）动词而不是一个动词短语。不过，这种问句往往是对具体内容的提问，不是对动词行为是否发生提问，例如上例是问"干什么"而不是"干不干"，因此与是非问的关系不甚密切。

本书有时使用"谓词/动词疑问标志"这个术语（ϱ-V）。该术语涵盖附于谓词的词缀和附缀（大多在谓词之前），如一些江淮官话的"可"（如"可去？"）、吴语的"阿"（如苏州话"阿去？_去不去？"；刘丹青 1991）。该术语的使用只是权宜性的，因为有些语言的这种疑问标志是词缀还是附缀易于区分，但有些语言中的不易区分。

1.2.1.2.4 正反结构

正反问句也称反复问句，是一种汉藏语很常见但其他地区语言很少见的疑问类型。其英文名称或简称很多，例如 V-not-V questions（Chao 1968），A-not-A questions（Li & Thompson 1981），neutral questions（Yue-Hashimoto 1993：41—68），disjunctive-negative questions（Thompson 1998；König & Siemund 2007），X-neg-X questions，等等，大致反映了学界对其形式和语义等方面特征的一些认识。

其中，Disjunctive-negative（选择-否定）这一名称可能有失准确。正反问句与选择问句都涉及列项并置和选择，形式和意义均有相似之处；但是，二者有一系列的差异，至少表现在四个方面：（i）从疑问标志来看，选择连词是选择问句的标志，正反问句不用选择连词；（ii）从选择项的数量和性质来看，正反问只有正反相对的两项，选择问可以是两项以上，且不必正反相对；（iii）从句法限制来看，前者的句法变换限制更少；（iv）从答句来看，前者可以较为含混，而后者一般要求明确回答（参看 2.1.1 节）。

正反问句在世界其他语言中非常罕见，但广泛见于汉藏语系语言乃至境内许多其他语言，这显得很不寻常。境内不用正反问句的语言主要是一些南岛语和阿尔泰语言；另外，在藏缅语族中，藏语支和羌语支语言也没有典型的正反问句。

（12）苏龙语（李大勤 2004：167）

a. na^{55}　ɬa^{33}sa^{55}　wu^{55}ga^{31}　ba^{31}　wu^{55}ga^{31}？

　　你　　拉萨　　去　　　不　　去

　　你去不去拉萨？

b. na^{55}　ɹe^{33}　a^{31}ŋwa^{33}ȵiaŋ^{55}da^{31}　ba^{31}　ŋwa^{33}ȵiaŋ^{55}da^{31}？

　　他　　top　好看　　　　　　不　　好看

　　他长得好看不好看？

苏龙语正反问结构 X-neg-X 的 X 可以是动词或形容词。在一些其他语言，如汉语普通话和一些方言中，X 也可以是名词（短语），如"男人不男人？"。

1.2.1.2.5　选择结构

选择问由两个或多个选择项并添加选择连词构成，通常由说话人提出选项，要求受话人做出选择（Sadock & Zwicky 1985）。

从答句的性质来看，选择问与特指问有相似之处，二者均需受话人回答具体的内容信息（content information）而不是简单的极性信息（polarity information）。本书**将选择问视为是非问的一个次类**，这种处理有多个原因：语义上，受话人要求从选择项中做出非此即彼的选择，即肯定或否定某个选择项；词汇形式上，选择问不使用特指疑问词，这是是非问的突出特点；句法上，选择问常常使用与是非问一样的语序变换来表达，例如主谓换位是英语、德语、荷兰语等诸多语言中最常见的是非问形式，虽然汉藏语（几乎）不用语序变换表达是非问；最后，在文献中，形似的正反问常被归为是非问的次类，将这两类相似的问句等同处理有其现实方便性①。

当然，换一个角度，是非问句也可看作选择问句的次类，即受话人被要求从"是""否"中做出选择。在这个意义上，是非问是一种"有定"的选择问，只有非此即彼的二项选择。甚至特指问也可以看作选择问的次类，即受话人被要求从一组（未知）选项中选择一个，因而可以看作是一种"无定"的选择问。对汉语普通话疑问句类型和术语的讨论，参看 2.1.1 节。

还有一个现象值得一提，即语气词作为连接成分的选择问句。例（13）是阿昌语的例子。

(13) 阿昌语（戴庆厦、崔志超 1985：78）

a. nuaŋ^{55}　lɔ^{35}　ma^{21}　lɔ^{35}?

　你　去　不　去

　你去不去？

b. nuaŋ^{55}　lɔ^{35}　neʔ^{55}　la^{21},　ma^{21}　lɔ^{35}　la^{21}?

　你　去　PRT　QP　不　去　QP

　你去，还是不去？

（13a）是正反问，而（13b）是选择问，因为语气词 la^{21} 在此已经用作选择连词。语气词选择问句的报道见于许多汉藏语系语言（参看李塈［2022］对汉语方言的讨论和本书第 7 章）。

1.2.1.2.6　附加问

附加问的附加成分通常由（情态）动词和代词组合而成，附于

---

① 沈家煊（2014/2021：82）指出，汉语的选择问与正反问本质上都是一种"并置问"，即"甲""乙"并置、"甲""非甲"并置。

句尾表达肯定或否定的倾向，如英语 isn't it 或其语音缩略形式 innit；其中谓词多为"是"或"对"，如德语 nicht wahr'不是吗?'（Ultan 1978；Sadock & Zwicky 1985；Plank 2009；另参看 Ladd 1981，Dehé & Braun 2013 关于附加问的定义和参考文献）。

从跨语言比较来看，附加问句和语气词问句有诸多不同，至少表现在四个方面。（i）语用偏向不同，附加成分往往带有某种肯定或否定倾向，但语气词问句一般无此类偏向。（ii）位置不同，附加成分几乎总是位于句末；语气词的位置比较多样，不一定出现在句末（参看 3.1 节 Dryer［2013b］的统计）①。（iii）语流停顿不同，附加问之前的停顿更常见，而语气词问句不需要在语气词之前停顿。（iv）结构复杂度不同，附加问比语气词问句更复杂，因为附加问常常含有动词或情态词，而语气词是封闭词类（参看 Ladd 1981；König & Siemund 2007）。

在许多汉藏语里，正反结构常被用于附加问，这在汉语方言中尤其常见。

（14）<普通话> 你要去北京，<u>对不对</u>？

普通话附加问多由陈述加一个正反结构表达，如"对不对/好不好/行不行/是不是"（Li & Thompson 1981：521）。此外，至少还有两种常见的附加问：（i）系词或评价性形容词加语气词，如"（不）对/行/好/是吗/吧?"；（ii）在系词或评价性形容词之后加否定词，

---

① 不过，有些语言的附加问句也不一定位于句末，例如英语的附加成分可以出现在话段末、句末、短语末、短语中等多个位置，只是短语末尾/中间位置不太常见（Dehé & Braun 2013）。

如"对/好/行/是不?"。

为了讨论的方便,这里先行将上文的介绍初步汇总,列为汉藏语是非问的主要表达方式。这些结构形式主要有 6 种,其中有些存在一定程度的交叉,例如重叠式也可视为一种动词疑问形态(如上文的处理);对具体疑问方式的讨论参看第 2 章。

(15)汉藏语是非问句的表达方式

a. 仅用疑问语调

b. 疑问语气词

c. 动词疑问形态(含重叠式)

d. 正反结构

e. 选择结构

f. 附加式

可以看到,我们对是非问句的分类是以形式为基础的,因而本书的描写概念主要也是形式的,但语义、语用等因素也在考虑之列。

本书以疑问方式定疑问类型。总的名称"是非问句"(yes/no questions)涵盖特指问以外的所有疑问类型,与有些文献中的"极性问"(polar questions)基本相当;在讨论时,一般按其表达方式(结构类型)使用"语气词是非问""语调是非问""可 VP 问句""谓词重叠问""正反问""选择问""附加问"等具体名称(参看 2.1.1 节)。

1.2.2　是非问的形义不对称

不同类型的问句有其特有形式标志。例如,语调是非问、语气词是非问、选择问句、正反问句、附加问句、特指问句分别由区别性语调、疑问语气词、选择结构、正反结构、附加成分、特指疑问词标识，可以"望'形'生义"；但是，也存在不少形式与意义不对称的现象，这里先提纲性地列出，具体讨论则分散放到后续章节。

1. 2. 2. 1　区别性语调

如果仅用区别性语调表达是非问，汉藏语一般使用句末升调，这是一种较常见的方式。在汉藏语之外，有的语言却使用句末降调，如 Diola 语（Atlantic，Niger‐Congo；Sapir 1965，Sadock & Zwicky 1985）；台湾卑南语（南岛语系）是非问句也可使用句末降调，且不用语气词（黄美金 2000：151—153）；这都与汉藏语差异很大。

（16）卑南语（黄美金 2000：151—152）

a. sagar＝yu　　　　kanku　amáw?　↗

　　喜欢 . AF＝你 . NOM　我　　PRT

　　你喜欢我吗？

b. a‐ekan＝yu　　　　　Da　biTénum?　↘

　　RDP‐吃 . AF＝你 . NOM　OBL　鸡蛋

　　你要吃鸡蛋吗？

（16a）使用疑问语气词，句末语调上扬；（16b）不使用疑问语气词，句末语调下降。

1. 2. 2. 2　疑问语气词

在汉语普通话和绝大多数汉语方言中，疑问语气词的形式、分布与其他语气词相似。语气词均位于句末，其中只有一部分语气词能构成是非问句（如"吗""吧"），而更多语气词不能构成是非问句

（如"啊""呢"）。

　　汉语普通话以及许多汉语方言中，这些语气词也能用于特指问
句。不过，不同语气词的功能差异较大，或结合语调变化表达不同的
语用功能，或直接改变疑问的类型。

　　（17）汉语普通话

　　　a. 谁知道？　　　（特指问）

　　　b. 谁知道<u>啊</u>/<u>呢</u>？（特指问/反问/探究/礼貌）

　　　c. 谁知道<u>吗</u>？　　（是非问）

　　由于疑问语气词"吗"的使用，（17c）是一个是非问，这是无
定与疑问关系密切的一个例证（参看 Li 1992；Haspelmath 1997；Bhat
2000；Gärtner 2009）。事实上，普通话特指问句只要使用句末疑问语
气词"吗"（有时也包括"吧"），该问句即成为是非问。

　　普通话语气词"呢"可以构成一种缩略式特指问，而其他语气
词无此功能。在绝大多数汉语方言以及一些民族语言中，也有类似构
成缩略特指问的语气词，但其数量远少于普通话语气词。另外，在有
些语言中，这种语气词既可用于普通特指问，也可用于缩略特指问，
如赣语永新话"呢"/le³⁵/、吴语宁波话"呢"/ȵi/、独龙语/da⁵⁵/、
标话/ni¹/等；参看 3.3 节。

　　（18）赣语永新话

　　　a. 张三呢？（张三在哪里？ 较少解读：张三怎么样？）

　　　b. 张三啊？（［你是说］张三吗？）

（18a）是一个缩略形式的特指问句；（18b）是一个是非问句（回声问），句末"啊"与普通话语气词"吗"功能相似，可以直接附于某个成分之后对其进行提问。

1. 2. 2. 3 选择结构

选择问的形义不对称至少表现在两个方面：其一，许多语言的选择问实际上并不要求受话人做出选择。例如英语的选择问结构事实上可能是一个是非问，其性质由语调和韵律决定（参看 Han & Romero 2004 及其引用文献，另参看 Jennings 1994：27）。

（19）英语

a. Do you like ［apples］↗ or ［oranges］↘?（选择问）

b. Do you like ［apples or oranges］↗?（是非问）

汉语普通话以及多数汉语方言均无这种是非问解读，即选择问结构无例外地表示选择问句，无论有何种语调或韵律格局。

（20）汉语普通话

a. 你喜欢苹果还是桔子？

b. 你喜欢［苹果］还是［桔子］？（唯一解读）

c. *你喜欢［苹果还是桔子］？（错误解读）

d. 你喜欢苹果或/或者/或是桔子吗？（比较 19b）

例（20a）的解读只能是（20b），绝无可能解读为（20c）。类似英语（19b）中歧义解读的汉语表达可能是（20d）"你喜欢苹果或/或者/或是桔子吗?"；不过，"吗"直接决定了该句是一个语气词是非问，而不是选择问（参看第 7 章）。

其二，是非问、特指问是疑问的两种基本类型，选择问兼有两类问句的特点，不易归入其中某一类（参看 2.1 节）。如果选择问包含特指疑问词，其属性尤难确定，如下例英语例句及其译文。

(21) 英语/汉语

a. Which course do you like better, Morphology or Syntax?

b. 你更喜欢哪门课？形态学还是句法学？

c. 形态学和句法学（，）你更喜欢哪一门？

d. 你更喜欢形态学和句法学中的哪一门？

(21a) 英语句子从形式上看主要是一个选择问，要求受话人二选一作答，但使用了特指疑问词。如果将其译为汉语，大概有两种方式：一是将其处理为两个问句，其中前句是特指问，后句是选择问 (21b)；二是将其处理为特指问 (21c/d)。其中，选择连词 "or" 的处理也有两种，一是译为疑问式选择连词 "还是" (21b)，二是译为并列连词 "和" (21c/d)。从译文的不同处理可以看到疑问形式与意义之间的一些不对称关系。

1.2.2.4 正反结构

有些汉语语言学文献将正反问看作选择问的次类（参看 2.1.1 节）。从结构上看，二者确实非常相似，与一般选择问句的差异无非是正反问句中的选择项为一正一反，因此将正反问视为特殊形式的选择问有充分的依据。

不过，正反问句并不使用选择连词或功能相当的小词，这是其区别于选择问的一个重要形式特征。既然我们"以形式定类型"，应该据此将二者加以区分。

形义不对称也使得正反问句不易归入是非问或特指问中的某一类。形式上，正反问句不使用特指疑问词，而特指疑问词是特指问句的主要特征。语义上，正反问句不问"是""非"两极（不能用"是""非"作答），而问"正""反"具体信息（需选择"正""反"作答），这是特指问句的特征。例如，普通话"你去不去北京?"的答句不能是"是/不是"，但可以是提供具体信息的"去/不去"。

诸如此类由形式和意义不对称导致的是非问分类问题，以及其中涉及的一些语用方面因素，另参看 2.1.1 节。

1.3　方法和语言

1.3.1　方法论

　　本书的基本理论框架是语言类型学。主要关注类型学参项在跨语言中的共性与多样性（Plank 2007），涉及 85 种汉藏语系语言/方言的 11 个语法参项（其中 9 项疑问结构特征，2 项语序特征，详下），也涉及汉藏语（尤其是汉语）的不少方言；在此基础上，与世界语言的是非问结构作比较，例如 Greenberg（1966/1963）、Ultan（1978）、Dryer（2013a）、Dryer（2013b）几项与疑问相关的类型学研究分别涉及语言 30、79、955、884 种，有些还包括了中国境内若干种语言（参看第 3 章、第 8 章）。

　　作为当代语言类型学的开山之作，Greenberg（1966/1963）的重要贡献之一是将不同的结构参项关联起来。经典的操作程序是：选取合适的语言样本，观察若干参项的跨语言分布，按实证语言情况列出四分表（tetrachoric table），从中得出蕴含共性（implicational universal），并以"如果 P，那么 Q"的形式表达（参看陆丙甫、金立鑫 2015：20—25；刘丹青 2017b：85—108）。

　　例如，在 Greenberg 的 30 种语言样本中，有 14 种使用后置词（postposition），其领属结构的语序都是［领属者-中心名词，GN］；16 种使用前置词（preposition），其中 15 种的领属结构语序是［中心名词-领属者，NG］（唯一的例外是挪威语，领属者前置于中心名词）；即有如下四分表分布。

（22）附置词与领属结构的关联（Greenberg 1966）

(i)　Po, NG　14　*(ii)　Po, GN　0

(iii)　Pr, NG　15　　(iv)　Pr, GN　1

其中第（ii）种情况无实证语言，由此 Greenberg 得出其共性 2：
"使用前置词的语言中，领属语几乎总是后置于中心名词；而使用后置词的语言，领属语几乎总是前置于中心名词。"这条蕴含共性在附置词类型（Pr/Po；参看刘丹青 2003，Hagège 2010）和领属结构语序（NG/GN）之间建立了关联，而在此之前学界对这两个参项之间是否有联系、有何种联系知之甚少。

虽然 Greenberg 使用"优势""和谐"等理论概念解释语序共性，但他本人却在文章中明确表达了一种"去理论"的观点，他指出：

　　本文的主要部分是根据语言的经验事实提出的种种普遍现象，尽量少作理论性评述。最后一节是探索性的，试图找出一般的原则，至少前几节中的某些概括可以由它们推演出来。理论部分比起阐述普遍现象本身的部分来说，臆测的成分和不确定性要多得多。在某种意义上，我们宁可使获得的普遍现象尽可能少些，而不是尽可能多一些。（Greenberg 1966；陆丙甫、陆致极译 1984）

本书或多或少也持一种"去理论"的思路，在描述和概括各类结构特征时尽量做到"框架中立"（framework‑free；Haspelmath 2010abc）。类型学是语言学中的朴学，我们总愿意相信"理论发挥没有底，描写数据要具体"。当然，本书无意于沉迷语料和结构本身，只是在提出概括解释的时候，不依赖某种抽象的语法理论，因为这种做法的结果可能是"在比较语言学者的观念（或错误观念）而不是在比较各种语言"（Comrie 1989：x）。此外，我们也避免总是将（最终）解释归结为一些宏观原则，如经济原则、明晰原则以及二者的相互牵制，这些"宏大叙事"的原则似乎放之四海而皆准，显得缺少针对性和说服力。不过，把结构描写与理论解释完全区分开来也并非易事。本书通篇涉及的区域因素就是如此，例如区域偏向既可描述为共时分布特征，也常常是分布特征自身的历时来源。

　　本书没有对境内外汉藏语进行取样分析，而是将境内的汉藏语系语言合在一起讨论。这种做法显然与 Greenberg 式的取样分析有所不同，因为本书目标是探讨在特定区域长期共存的、有亲属关系的、相互接触影响的语言群体在某个语法范畴方面的整体面貌，主要是一种区域类型学（areal typology）的范式，研究旨趣和目标与一般类型学存在差异。

　　区域类型学与语言区域或者语言联盟（sprachbund）有关（Trubetzkoy 1923，1928；Muysken 2008），也与方言地理学相关（参看 Bloomfield 1933：321—345；柴田武 2018/1969），这些研究主要聚焦于某个区域语言的共同特征。区域类型学关注的是语言结构特征的区域分布，不是特定的语言区域（linguistic area）的特点。因此，与区域语言学只关注区域语言的相似性有所不同，区域类型学将区域语言的共性与多样性视为同等重要。也就是说，区域类型学关注的是类型学特征在某个特定区域的表现方式，尤其是有类型学价值的语言特征在某个区域的分布模式（Dahl 2001，吴福祥 2017；另参看 Campbell ［2006］、Koptjevskaja-Tamm ［2011］、Comrie 等 ［2013］对区域类型学的一般论述）。

　　区域类型学是类型学在 21 世纪的一个重要转向。类型学研究者们逐渐将结构特征与区域分布结合起来，尝试探究何种结构特征是地域邻近和接触的结果，以及相反，某种结构类型在某区域有何种分布特征（参看 Chappell［2006］、LaPolla［2006，2010］对汉语方言和汉藏语系语言接触的相关讨论）。正如 Bickel 所指出的：

相较于探究"什么是可能的（语言形式)?"，越来越多的类型学者开始探究"哪里有什么（形式)？为什么?"。探究"哪里有什么"旨在通过样本得出普遍特征和区域/谱系偏向，探究"为什么"旨在发现类型分布是如何历史形成和相互联系的。(Bickel 2007)

简言之，本书的基本理论框架是区域导向的类型学。该框架首先是类型学的，一如 Greenberg 所开创的研究范式，尝试将不同的结构参项关联起来，回答"什么是可能的语言结构"。同时，该框架也是区域导向的，即各语法参项有何区域分布特征，尝试从类型限制和区域（历史）接触中获得解释，尝试回答"哪里有什么"和"为什么"的问题。这也反映了本书的两种比较视角，一方面将各语言置于汉藏语系的背景中（小比较），另一方面将汉藏语置于世界语言的更广的背景之中（大比较）。

方法论"怎么比较"既已明确，所需确定的是具体路径"比较什么"，或者说选择什么样的类型学参项。围绕是非问句的结构特征及其类型学关联这个核心论题，参照 WALS 相关章节以及其他与疑问相关的跨语言研究（如 Greenberg 1966/1963；Ultan 1978；Sadock & Zwicky 1985；König & Siemund 2007；刘丹青 2005），我们认为以下 11 项语法结构特征尤为重要，并确定其为主要讨论范围。

表 1.2　本书的类型学参项

参项	WALS 章节	参项类型
仅用语调	（§ 116）	
疑问语气词	（§ 92, 116）	
正反结构	/	
选择连词的分合	/	
选择连词的位置	/	疑问方式
动词疑问形态	（§ 116）	
是非问表达方式	§ 116	
是非问小词的位置	§ 92	
特指疑问词的位置	§ 93	
附置词	§ 85	
主语、动词、宾语语序	§ 81	语序

　　这些参项的第 1—9 项属于疑问范畴（其中第 1—6 项为第 7 项的细化项），第 10—11 项属于语序范畴，大多与 WALS 有直接关系（章节序号加括号的表示间接相关）。不过，WALS 的语法参项远远不止这些，疑问范畴的结构特征还能列出更多，之所以选择这些参项作为讨论对象，主要是出于以下一些考虑：

　　首先是内容上的要求。本书的主体是探讨是非问的结构特征，自然要涉及与是非问表达方式相关的参项，包括语调、语气词及其位置、正反结构、选择结构和选择连词、特指疑问词的位置等等；此外，疑问和语序特征关联密切，因此也需要考察小句语序、附置词的位置（甚至还应该包括名词短语修饰语的语序）。

　　其次是参项的重要程度。这些参项也是基本的语法特征参项。假使翻阅一本参考语法书，书中不覆盖这些内容，恐怕读者也不会感到满意。一个参项是否重要，其标志之一是联系其他参项的能力。这些参项与许多其他参项都有广泛、深层的关联。附置词位置和小句语序是广为接受的经典参项，当代语言类型学的兴起主要就是以语序类型研究为标志的（Greenberg 1966；Hawkins 1983；Dryer 1991；Rijkhoff 2004）。

最后是语言多样性讨论的需要。例如，汉藏语中绝大多数语言的疑问语气词位于句末，许多语言使用正反问句，选择连词有陈述和疑问之分，甚至有些语言的选择连词在韵律上附着于选择前项，这些特征与世界其他地区语言相比显得颇有特色，因而都需要纳入考察（参项 2—5）。

1.3.2 汉藏语系语言

中国是汉藏语的故乡，也是汉藏语的主要使用地区。如果简要回顾一下学术史，汉藏语作为一个语系进行研究的历史还很年轻。"汉藏语"作为一个语系或者语群概念，最早的出现时间可能是在 1920 年代（之前还有一些藏缅语研究）。Przyluski（1924）第一个使用"汉藏"的法文名 Le sino-tibétain，并将汉藏语分为藏缅、汉、台等三个语群；稍后，Przyluski & Luce（1931）又率先使用了"汉藏"的英文名 Sino-Tibetan（参看黄成龙 2019）。李方桂先生（Li 1937）建立了汉藏语系的基本框架，认为它是一个有数百种语言的大语系，可以分为四个分支：汉语、台语、苗瑶和藏缅。James A. Matisoff 于 1968 年创办"国际汉藏语言暨语言学会议"（ICSTLL），Paul K. Benedict 在 1972 年系统地阐述"汉藏语系假说"（*Sino-Tibetan: A Conceptus*）（参看 Matisoff 1991b），马学良等于 1991 年出版《汉藏语概论》……虽然这些研究对汉藏语（分类）的认识不尽相同，经过一百年的努力，汉藏语系已经逐渐摆脱"假说"的地位，成为世界语言中的主要语系成员，为 Ethnologue、Glottolog、WALS 等重要的语言分类、语言类型学数据库所收录，此外也拥有众多的研究者，并创办了专业研究集刊《汉藏语学报》（2007 年创刊）。

汉藏语有其独特的研究价值。朱德熙先生谈道：

> 现代语言学的许多重要观点是以印欧语系的语言事实为根据逐渐形成的。采用这种观点来分析汉语，总有一些格格不入的地方。这是因为汉语和印欧语在某些方面（最明显的是语法）有根本性的不同。由此可见，如果我们不囿于成见，用独立的眼光去研究汉藏语系语言，就有可能对目前公认的一些语言学观念加以补充、修正甚至变革。从这方面看，汉藏语研究有十分重要的意义。（朱德熙 1991/2003，马学良主编《汉藏语概论》序）

随着研究的深入、语言的发现和记录，中国境内汉藏语系语言的数量也在不断"增加"。1980 年代出版的"中国少数民族语言简志丛书"（共 57 册）记录了 59 种少数民族语言，其中涉及汉藏语系语言 33 种（表 1.3），1991 年《汉藏语概论》有汉藏语 43 种（表 1.4），至 2007 年《中国的语言》及 2012 年《中国语言地图集·少数民族语言卷》已经包括 76 种。

对于这两个表格，有几点说明：第一，表 1.4 增加了 10 种语言，均属藏缅语族，其中羌语支 9 种、未定语支 1 种（加星号 * 表示）；因为其时有一些新出版的民族语言著作（孙宏开等 1980，戴庆厦等 1991），使得这种增补成为可能。第二，错那门巴语、墨脱门巴语在表 1.4 中合记为门巴语。第三，崩尼-博嘎尔语是珞巴语的一种（表 1.4 中记为珞巴语），怒苏语是表 1.4 中怒语的一种，毛难语即表 1.4 中毛南语。

表 1.3　"中国少数民族语言简志丛书"中的汉藏语（33 种）

语族	语支	语言
藏缅语族（19）	藏语支	藏语、错那门巴语、墨脱门巴语
	羌语支	羌语、普米语
	景颇语支	景颇语
	彝语支	彝语、傈僳语、哈尼语、拉祜语、纳西语、基诺语
	缅语支	载瓦语、阿昌语
	未定语支	崩尼－博嘎尔语、独龙语、怒苏语、土家语、白语
苗瑶语族（4）	苗语支	苗语、布努语
	瑶语支	勉语
	未定语支	畲语
壮侗语族（10）	壮傣语支	壮语、布依语、傣语
	侗水语支	侗语、水语、仫佬语、毛难语、拉珈语
	黎语支	黎语
	未定语支	仡佬语

表 1.4　《汉藏语概论》中的汉藏语（43 种；马学良等 1991/2003：2）

语族	语支	语言
汉语（1）	汉语	汉语
藏缅语族（28）	藏语支	藏语、门巴语
	羌语支	羌语、普米语、＊嘉戎语、＊道孚语、＊却域语、＊扎坝语、＊贵琼语、＊木雅语、＊尔苏语、＊纳木义语（纳木依语/纳木兹语）、＊史兴语
	景颇语支	景颇语

续　表

语族	语支	语言
藏缅语族 （28）	彝语支	彝语、傈僳语、哈尼语、拉祜语、纳西语、基诺语
	缅语支	载瓦语、阿昌语
	未定语支	珞巴语①、独龙语、怒语、土家语、白语、＊僜语
苗瑶语族 （4）	苗语支	苗语、布努语
	瑶语支	勉语
	未定语支	畲语
壮侗语族 （10）	壮傣语支	壮语、布依语、傣语
	侗水语支	侗语、水语、仫佬语、毛南语、拉珈语
	黎语支	黎语
	未定语支	仡佬语

　　本书的汉藏语分类基本参照《中国语言地图集》（第 2 版）和《中国的语言》，但稍有不同，这里略作说明。

　　首先，二书均将汉语列为一种语言，未将各大方言单独列出。这种做法与国际语言学界通行的语言分类和类型学文献差别极大，例如前文提及的 Ethnologue、Glottolog、WALS 等网络数据库，以及 Thurgood & LaPolla（2017）的汉藏语综合著作，几乎无一例外地将汉语普通话和汉语主要方言列为不同的语言，即"汉语支/汉语族"语言（Sinitic languages）。考虑到比较对象的多样性和区域特征的讨论，本书也将汉语十大方言单独列入讨论范围，并将普通话视为官话方言的代表；不过，出于专名使用习惯，一般不称"汉语支/汉语族

---

　　① 马学良等（2003：91）提及珞巴族有崩尼-博嘎尔语、义都语等多种语言。

（语言）"，而称"汉语（方言）"或者"汉语及其方言"。

其次，侗台语、苗瑶语在绝大多数分类中被视为汉藏语之外的独立语系（如上述三种英文网络文献以及 Thurgood & LaPolla 2017），但本书取国内的通行分类，将这两个语言群体视为汉藏语系中的语族。

最后，汉语之外的语言未作方言区分，一般均指其标准语，方言特点间或随文讨论，其中有些语言（是非问句）的方言差异较大。

因此，本书在汉语方言的归类上，取的是国外通行分类，但沿用"汉语方言"的名称；在侗台语、苗瑶语的归类上，取的是国内通行分类。这是一种折中的处理，也是一种求多求全的分类，主要是为了拓展讨论范围和丰富语言材料。本书行文如无特别说明，所讨论的"汉藏语（系语言）"均指这85种语言（方言），如表1.5所列。

表 1.5　中国境内的汉藏语系语言/方言（85 种，本书讨论对象）

语族	语支	语言/方言
汉（10）		官话、晋语、赣语、客家、湘语、吴语、徽语、闽语、粤语、平话
藏缅（47）	藏（4）	藏语、门巴语、白马语、仓洛语
	彝（13）	彝语、傈僳语、拉祜语、哈尼语、基诺语、纳西语、堂郎语、末昂语、桑孔语、毕苏语、卡卓语、柔若语、怒苏语
	景颇（9）	景颇语、独龙语、格曼语、达让语、阿侬语、义都语、崩尼-博嘎尔语、苏龙语、崩如语
	缅（6）	阿昌语、载瓦语、浪速语、仙岛语、波拉语、勒期语

续　表

语族	语支	语言/方言
	羌（12）	羌语、普米语、嘉戎语、木雅语、尔龚语、尔苏语、纳木依语、史兴语、扎坝语、贵琼语、拉坞戎语、却域语
	未定（3）	白语、撒都语、土家语
侗台（21）	侗水（9）	标话、侗语、水语、仫佬语、毛南语、莫语、佯僙语、拉珈语、茶洞语
	仡央（5）	仡佬语、布央语、普标语、拉基语、木佬语
	黎（2）	黎语、村语
	台（4）	壮语、布依语、傣语、临高语
	未定（1）	蔡家话
苗瑶（7）		苗语、布努语、巴哼语、炯奈语、勉语、畲语、巴那语

本书的主要讨论对象就是这 85 种汉藏语系语言（方言）。之所以做出这种选择，有一些理论和现实方面的考虑。

首先，境内的语言资源非常丰富，全部语言在 140 种以上，其中汉藏语在 85 种以上。但是，作为东亚最重要的语言群体之一，除汉语普通话以外，大多数汉藏语在跨语言比较文献中的讨论相对不足。本书选择境内汉藏语作为讨论对象，考察其是非问句的结构特征，以此作为一个区域类型学个案，期望对相关研究有所推进。

其次，这些汉藏语是区域类型学研究的理想样本。85 种语言（方言）中，汉语主要方言 10 种、藏缅语 47 种、侗台语 21 种、苗瑶语 7 种，这些语言在相当长的历史时期内相互接触和影响。例如，丝绸之路、蒙古人主中原、满人入主中原等重大历史交流活动和政权更迭事件，对阿尔泰语言与汉语及其方言（以及其他民族语言）之间的接触产生了重要影响（参看 Hashimoto 1976，1986；桥本万太郎 1985，1987；Bennet 1979；Wadley 1996）；又如，茶马古道是西南地区的重要经济、文化通道，也是汉语（方言）、藏缅语、苗瑶语、侗台语等诸语言之间的交流通道，对西南地区语言的接触和演变产生了重要影响（参看陈保亚 1996）；再如，1950 年代以来的推广普通话运动，已经将汉语普通话推广到全国各地，包括各大汉语方言区，也包括使用少数民族语言的地区，对各地的语言/方言产生了根本性的影响。这些语言有谱系亲属关系，长期处于活跃的接触状态，是合适的区域类型学研究对象。

最后，我们能够方便、准确地获得汉藏语是非问句的材料，这是本研究的重要保证。经过学界数十年的调查研究，汉藏语是非问结构的相关材料已经蔚为大观，直接便利了本文写作。在研究的过程中，我们感到，一些细微的结构特征的厘定只有母语人或者专业研究者才能做出准确的判断（最好是母语人兼语言学者）。虽然面对熟悉的材料有"习焉不察"或"熟视无睹"之弊，但这种研究的长处也显而易见，至少在分析区域偏向或历时因素时更加心中有数。

最大限度地掌握和利用语言材料是本研究开展的基础。本书语料主要来自三个渠道。

第一，多数语料来源于已出版的文献。特别是一些大型丛书，例如"中国少数民族语言简志丛书"（57 种）、"中国新发现语言研究丛书"（49 种）、"中国少数民族语言方言研究丛书"（近 20 种）、"台湾南岛语言丛书"（13 种）、"中国少数民族语言参考语法丛书"（10 余种）、"中国民族语言语法标注文本丛书"（22 种）、"中国濒危语言志"（30 种）以及孙宏开等主编《中国的语言》（2007）等等。

　　第二，赣语、客家话、吴语、粤语和官话的材料，部分是基于作者的语感以及作者对这些方言的既有认识。

　　第三，一些材料为作者调查所得。主要包括一些汉语方言，如赣语（吉安、乐平、泰和、永新，都昌、吉水、芦溪、南昌、余干），客家话（定南、会昌、龙南、信丰、于都，南康、全南），徽语（祁门、婺源），粤语（广州），闽语（台南、厦门、漳州），吴语（上海、宁波、台州），官话（重庆、涟水、鹿邑、天津），湘语（衡阳、祁阳），等等。

　　此外，藏语拉萨话（卫藏方言）、哈尼语绿春大寨话（标准语）、壮语东兰话（北部方言）、苗语吉首话（湘西方言）经作者调查；卡卓语、拉祜语、傈僳语、藏语安多方言、义都语、勉语、仡佬语等语言的部分材料也经作者向母语人和/或研究专家核实。

1.4　语料和标注

描写工作是语言学研究的基础。对描写的研究至少有三种视角：宏观视角讨论描写框架如何尽量做到避开特定的理论，或者说使理论框架中立（如 Haspelmath 2010abc；Newmeyer 2010）；中观视角探讨描写的内容，或者说哪些特征应该纳入描写范围以及以何种（问卷）形式获取（如 Comrie & Smith 1977；刘丹青 2017a）；在微观视角中，标注的方式和规范是关注不足的一个重要方面，即如何对语料进行加工，在准确呈现语法信息的同时保持文本的便读性。现有困境是，语料标注存在诸多问题，但同时语料又是跨语言研究的迫切需要和语言描写的基础工作；尽管足不出户的"安乐椅语言学家"（armchair linguist）常常招致批评，参考语法等文献仍然是获取语料最主要的来源之一。二手语料，尤其是经过适当注释加工的语料对于研究有至关重要的作用，语法标注的规范问题是（跨）语言研究的一项基础建设，这是不言而喻的。

跨语言比较研究有两大苦恼：一是所比较的材料不整齐，主要是材料的多寡之别①；二是材料的标注不整齐，主要是标注的规范与详略存在差异。材料的多少可以通过语言调查不断得到充实，材料的标注如果在调查之初有一定的规范可循，可以大大丰富语料信息，便利读者使用，避免不同标注系统下的技术障碍，使语言存档和参考语法

---

① 梅耶（Meillet 1925/1957：54）较早谈道："任何做过语法比较工作的人都知道，所比较的材料不整齐，要从这些材料里得出要点，如何令人苦恼。研究印欧语的比较语言学家所用的材料前后相距约三千年，有些时期材料太多，有些时期却一点也没有，有些区域可以找到材料，有些区域却完全没有一点线索。在比较之前，应当把所有的材料详细检查一下。"

类著作发挥其最大价值，真正起到存档和参考的作用。

　　语法标注首先要解决的两个问题是"标注什么"和"怎么标注"。围绕这两个问题，学界已有一些探索（如 Lehmann 1982，2004；Croft 1990/2003；Comrie et al. 2008/2015；黄成龙 2005），其中 Comrie 等"莱比锡标注规则"（The Leipzig Glossing Rules）、Lehmann（莱曼）"逐行语素标注规则"（Interlinear Morphemic Glossing）在语言类型学界影响最大、应用最广。比较而言，莱比锡标注非常简洁，但其缺陷是过于简洁（共 10 条规则、83 个缩略语），一些标注处理和术语缩略无从参考①；莱曼标注的好处是极其详尽（32 条规则、329 个缩略语），涉及基本标注规则、语素分界符号、排版规则等方方面面。两种标注一简一繁，有互补之效（分别参看陈玉洁等［2014］、罗天华［2023］的介绍）。

　　这一节在"莱比锡标注规则""莱曼标注规则"等文献的基础上，结合一些语言描写著作和类型学著作的标注实践，探讨标注内容、标注符号以及格式排版等问题，并说明本书例句的标注方式。

1.4.1 标注什么

　　明确标注基本的语法信息（如性数格、时体态、指称、语气等），是任何语法标注的应有之义。早期的标注有时会忽略一些重要的语法信息，例如"中国少数民族语言简志丛书"没有对标注系统的说明，基本都采用逐词对译的方式标注，并附整体释义。这种标注在形式上较为简洁，将整体释义置于第一行也可节约版面；不过，一

---

　　① 例如，《世界语言结构地图集》（WALS）和莱比锡标注规则的主要作者群体相同，但是 WALS 的标注方式和术语缩写也突破了莱比锡标注。WALS 的一些语素分隔符号不见于莱比锡标注（如第 51、81、84、85 等章），但见于莱曼标注，缩略语表也与莱比锡标注不同。

些重要的语法信息没有得到体现，如下例傈僳语（调号原文为声调符号）。

（23）傈僳语（徐琳、木玉璋、盖兴之 1986：82）

a. a^{55}ɣa^{55}　ma^{44}　dza^{33}　tho^{35}　dza^{31}.　母鸡啄食。

　　鸡　　　母　　啄　　食　　吃

b. e^{55}　　　xua^{55}　tʃhi^{31}　la^{33}ua^{44}.　　他明白了。

　　他　　　明　　白　　了

c. a^{31}ma^{44}　ne^{33}　ʒu^{33}　ha^{35}　ŋa^{33}.　　是谁捉到的。

　　谁　　（助）　捉　　到　　是

例（23a）中，a^{55}ɣa^{55}注为'鸡'，但查阅该书"名词"章节和词汇附录（徐琳等 1986：35，37，134），可知 a^{55} 为部分家畜以及与日常生活、生产有密切关系的名词词头，ɣa^{55} 为'鸡'，即 a^{55}ɣa^{55} 当注为'名词词缀－鸡'，名词词缀 a^{55} 在（23a）未能有效标注。例（23b）中，e^{55} 标注为'他'可能带来误导，因为该词也表示女性"她"，宜标注为'第三人称单数'；此外，la^{33} ua^{44} 模糊地标注为'了'也未能体现 la^{33} 是动词趋向、ua^{44} 是完成体标志，可分别注为'趋向''完成体'。在（23c）中，ne^{33} 注为'（助）'，括号有一定的识别作用，是一种语法类别标签；问题在于"助词"太多，如格助词、结构助词、语气助词、时态助词等，读者不能获得准确信息，此处或可注为'主语（标志）'。

"中国新发现语言研究""中国少数民族语言方言研究"两套丛书中，不少著作沿用了"简志"的标注方式，例如给语法语素的标注加括号。

（24）毕苏语（徐世璇 1998：109）

a^{55}lo^{55} sʅ^{31}　　min^{33}　　aŋ^{55}　　tɕi^{55} ɤ^{31}？

哪个　　　熟　　（助）（助）

哪个（果子）熟了？

　　在不改变释义行字体的情况下，加括号是一种增加识别度的办法，但这种处理也有一些局限。首先，括号一般表示可省略的成分（莱曼规则 1、7）或者"句中没有出现的意义"（黄成龙 2005：规则七），用于语法语素标注实属不得已而为之。其次，上例 aŋ^{55} 为情态助词表动作已行，tɕi^{55} ɤ^{31} 可能是语气助词（该书助词一节未见该词，仅列出 tɕi^{55}、ni^{55} ɤ^{31} 分别是陈述和疑问语气助词），都笼统地注为"（助）"并未起到区分的作用。

　　不过，"中国新发现语言研究丛书"总体上在语法标注系统方面有较多改进，有些著作在标注方法上做了一些新探索，已经使用相当精细的标注方式①。

（25）柔若语（孙宏开 2002：148）

ŋu^{55}　　n̦o^{33}　　kɔ^{33}　　pi^{31}ɕi^{33}　　xɯ^{31}　　xɯ^{31}　　　　ta^{53}　　tɕhi^{13}？

我　　你　　（助词）本事　　试　　（虚化动词）（前缀）有

我要试试你是否有本事？

　　例（25）标注动词重叠式 xɯ^{31} 为'虚化动词'，标注表疑问成分 ta^{53} 为'前缀'，均准确指明了这些成分的身份；但受动助词 kɔ^{33} 仍简

---

① 一个实际原因是该丛书出版周期较长：第一种于 1997 年出版，最新一种于 2020 年出版，后期出版图书在标注系统等体例上有所改进。

单地注为'助词'，ta^{53}虽然被注为'前缀'，却并未明确为何种前缀。不过，这些情况很快有所改变，例如：

（26）白马语（孙宏开、齐卡佳、刘光坤 2007：131）

tɕhø^{53}　　a^{13}pa^{53}　　tɕhø^{13}　　nɔ^{31}　　e^{53}　　nɔ^{31}？

你　　　爸爸　　家　　　（位助）（疑问）在

你爸爸在家里吗？

例（26）已经清楚注明 nɔ^{31} 为位格助词，e^{53} 为表疑问成分，且使用括号标识，读者可以快捷获知语料信息。但是，e^{53} 虽注为'疑问'却不知其独立性如何，是疑问副词、疑问小词、疑问附缀还是疑问前缀？此时，标注符号显得特别重要，即 e^{53} 与 nɔ^{31} 之间原本应该用什么符号连接，是空格、等号、加号还是短横？这些符号能够直接标明疑问语素 e^{53} 的身份。虽然这类疑问语素较多见于汉藏语，"绝大多数已经语法化为一个词头"（孙宏开 2004），但由于源文本没有标明符号，按照莱曼规则 9，在标注行中也无须标注。

总之，语法标注应覆盖基本的语法信息，其中性数格、时体态、语气、情态、人称、指示、一致、词缀、附缀、附置词等范畴可能尤为基础（参看"中国民族语言语法标注文本丛书"）。

1.4.2　怎么标注

中文文本的语法标注长期以来没有统一的标准，至今仍未形成较为通行的规范。语言学者不得不各起炉灶，结果是文献中的标注内容和标注方式千人千面。结合文献中的语法标注实践，最值得引起注意的可能是术语和形式两个方面：一是使用通行的术语和缩略语，二是使用常见的标注形式。

首先，使用通行的术语和缩略语。莱比锡标注、莱曼标注等常规标注规则已经包括的缩略语，都无须另外列出。

"中国新发现语言研究""中国少数民族语言方言研究"等丛书中有一些著作已经尝试建立标注规范，"中国民族语言语法标注文本丛书"甚至直接以语法标注为主题，这些著作对术语及其缩略形式均有充分关注。例如，江荻（2005，2013，2016）均在卷首附有详细的英文字母缩略语表，分别包括31、42、63个缩略语①。表1.6是江著三个缩略语表的比较。

表 1.6　江荻（2005，2013，2016）术语缩写

文献	术语缩写	一致的缩写
江荻 2005	ABL, AG, AUX, BK, C, CMP, CMT, DAT, DRT, DW, EXP, FAT, GEN, ICP, INS, ITE, LOC, M.W, NEG, NOM, OBJ, OT, PEF, PL, PRO, PSV, RC, REA, TEN, UD, UP（31）	**ABL**, **AG**, CAU, COC, CON, COP, **DAT**, DIR, **GEN**, ICP, IMM, IMP, IND, **INS**, INT, ITE, **LOC**, MER, NEG, NOM, **OBJ**, **PEF**, PL, PRO, PSV, REA, REC, TAP（28）
江荻等 2013	Abl, Ag, Alla, Ana, Atv, Cau, Cmt, Coc, Com, Con, Cop, Dat, Des, DIR-Aw, DIR-To, Gen, Hs, Icp, Imm, Imp, Ind, Ins, Int, Ite, Loc, Mer, Mo, Ncau, Nom, Obj, Pef, Pres/Hab, Prog, Pros, Psv, Rec, Res, Rou, Sem, Tap, Ter, Top（42）	
江荻 2016	1/2/3, ABL, ACT, AG, ALA, ANP, CAU, CAV, CHA, COC, COG, COMP, CON, COO, COP, COR, COU, DAT, DCC, DIR, DUR, EXC, EXI, FAT, FUT, GEN, HON, IMF, IMM, IMP, IND, INS, INT, ITP, LOC, MER, NAR, NEG, NMZ, NUP, OBC, OBJ, OBL, PAP, PEF, PER, PL, POS, PRM, PRO, PST, REA, REC, REL, RST, SEQ, SG, SOR, STA, SUF, TAP, VOP, VPR（63）	

----

① 另外，黄成龙（2005）列出了120个缩略语，与江著有不少差别；陆丙甫、金立鑫主编（2015）列出的基本都是莱比锡标注缩略语。

右列"一致的缩写"中，黑体字部分为三种文献都相同的，共8个（**ABL/AG/DAT/GEN/INS/LOC/OBJ/PEF**），非黑体部分为两种文献相同的（如CAU、COC），共20个，其余术语缩写差异较大。这种不一致有其客观原因，例如三种文献涉及的语言不同（分别是义都语、达让语、藏语拉萨话），不同的语言有一些特色标注；缩略语的名称变化和数量增加也反映了语法标注是一个不断探索的过程。不过，其中有些缩略语的形式与莱曼/莱比锡标注的缩略形式有差异，例如 ATV（ACT, active），ALLA（ALL, allative），C（CONJ, conjunction），PEF（PFCT, perfect），PSV（PASS, passive），等等（括号内是莱曼/莱比锡标注的缩略形式及英文全称）。

Croft（2003）书前的标注说明是莱比锡标注规则的源头参考文献之一，此版本与其1990版本相比也有大量修改。在术语数量上，1990版收缩略语94个，2003版收291个，数量扩充3倍以上。许多术语使用不同的缩写，例如"A"在新旧版本中分别表示 transitive agent（及物动词的施事）和 adjective（形容词），"M"表示 masculine（阳性）和 marker（of comparison）（比较标志），"N"表示 neuter（中性）和 noun（名词），等等。此外，在2003版中还有多个缩写表示同一术语的情形，例如 OBJ 与 O 均表 object（宾语），PRN 与 prn 均表 pronoun（代词），PURP 与 Purp 均表 purpose/purposive（目的），REL 与 Rel 均表 relative clause（关系小句），SBJ 与 S 均表 subject（主语），等等。

英文缩略语有一定的规则，常见的做法是取术语前面3—4个字母，如 AGT、ABL、CAUS、CL、CONJ、DAT、GEN、INST、LOC、REL、TOP 等等，这些基本的缩写形式应该统一。由于莱比锡标注和莱曼标注的缩略语表已经较为通行，简便的做法是尽量使用这些缩略语而不另造一套。如果某文献有一些成分高频出现但不在莱比锡缩略术语中，才可能需要自制缩略语。例如主事焦点（agent focus）是台湾诸南岛语言中颇具特色的语法范畴，可适时注为 AF 或者 AGENT. FOCUS；后一种处理将语法意义用小型大写字母直接标出，免去查对缩略语对照表之弊，这种方式一般适用于该语法意义出现频次较少和/或词形较简短的情形。

其次，使用常见的标注形式。怎么才算"常见形式"完全是一个见仁见智的问题，这里仅讨论其中三个方面。一是使用常见的标注分界符号。例如，"中国新发现语言研究丛书"的标注规范不统一，有些文献因地制宜使用了一些不太常见的符号。下面是徐丹（2014：237）在比较唐汪话和东乡话时所改编的东乡话例子：

（27）东乡话（徐丹2014：237）
bi gaga sənə agijə
我–哥哥–从格+反身领属–要+体标记
我跟我哥哥要吧。

例（27）采用短横标注语素意义的分界，用加号表示语素的多个意义，是一种创新。但这种方法不易将原文和释义对应，各项释义之间无间隔，短横的使用与其他标注规范有显著区别，加号的用法也相对较少（参看黄成龙2005），因而这种释义虽不失为精确，但在视觉上并不能一目了然地获取各种注释信息。

经核对东乡话语料原文，所见与徐著的引用形式有较大不同。

（28）东乡话（刘照雄 1981：42）

bi gaga-sənə agijə！

我 哥哥   要   我跟我哥哥要吧！

例（28）使用了逐词对译的方式，-sənə 虽做了切分但未加注释。从上下文不能直接得知-sənə 的意义，因此徐著在引用时将-sənə 注为'从格+反身领属'，并在动词 agijə'要'上加注'体标记'，是较为妥当的处理。不过徐著未切分-sə-nə（从格-反身领属），也未切分 agi-jə（要-祈使），并使用整体注释，也未遵守逐语素标注的原则。

二是尽量使用上下对齐的标注形式，并使用国际音标注音。"台湾南岛语言丛书"的标注方式较为简洁，各分卷均不列缩略语表，基本都采用上下对齐、逐语素标注的方式。不过，有时也采用类似随文注释的方式，如齐莉莎（2000：52）讨论鲁凯语构词法的例子：

（29）

| a-su baay | a-你 给 | 你为什么给？ |
| a-nu mukuLuDu | a-你们 怕 | 你们为什么怕？ |

（30）a-su   baay iniane ku   paysu？

　　［为什么-你   给   他   斜格 钱］

　　'你为什么给他钱？'

例（29）也是逐语素标注，所不同的是使用置于同一行的形式，类似随文标注，虽然使用了表格形式也无法做到原文与标注直观对应；该例也没有标注前缀 a-的意义，没有给整体释义加引号；此外，有的卷舌音记为大写字母 L、D（齐莉莎 2000：44—45），完全可以改用国际音标。例（30）是标准的逐词对译，注释行加方括号以示区分，语法语素的释义与词汇语素的释义一样，均使用宋体字；但是，按一般的标注规则，例句的释义无需使用方括号（按莱曼标注规则 24，方括号用于标注句法结构）。

用表格的好处是单元格内的文字不会移动，使源文本与标注对齐。考虑到文本美观，语法标注一般使用无框表格，除了在标注之前说明语言（方言）名称和语料来源以外，第一行是源文本，第二行是标注，第三行是整体释义。

三是同一文本使用统一的标注形式。语法语素的标注或者都用字母，或者都用汉字（语法语素的标注可以使用不同字体），字母与汉字、大写与小写都不夹杂，在便读的同时使文本简洁。

例（31）是雅美语例子。台湾南岛语言的特色之一是其焦点系统，如主事焦点、受事焦点、处所焦点等，分别用于强调动作发出者、动作遭受者、动作的地点。

（31）雅美语（张郁慧 2000：75）

ku-man-iwang　su　　paneneban.

［我-AF-开　　受格　门］

'我开门。'

上例主事焦点标志 man 注为缩略字母 AF（agent focus；其他焦点在该书也使用缩略字母），受格标志 su 却与其他词汇语素一样用汉字标注'受格'，标注形式不统一。这种语法语素兼用字母与汉字的做法可能使读者误以为 AF 有特殊含义，不能有效区分其中的词汇语素和语法语素（甚至"受格"的字体也与词汇语素一样），从而无助于对整句的快速理解。

最后，逐语素分行标注并不总是必需的。完整的句子一般用上下对齐的标注形式，随文举例一般用于词、短语以及较短的句子；如果本应简便的举例也需要逐行对译，在文本处理方面未免过于复杂，失去了"随文"的意义。

不过，与逐行语素标注一样，随文举例一般也应该包括语言名称、原文、标注、释义以及参考文献；如果标注对象是词的话，有时可以省去无关紧要的标注。例如匈牙利语 az ember ház-a （DEF 男人房子-3SG.M）'这个男人的房子'，意大利语 noi cred-iamo （1PL 相信-1PL）'我们相信'，英语 notwithstanding '尽管'（Comrie 1989：53—54，66），这几例都是在原文之后用括号标注，再用单引号整体释义。用括号表示标注，能够较好地与原文区分；用单引号（整体）释义，也较好地区分了例子原文以及一般引用的双引号。

中文文本在随文举例时，原文拉丁字母词或缩写都可不加引号，因为拉丁字母与汉字已有很好的区分度，再用引号并无必要。例如英语 He walk-s fast （3SG.M 走-3SG.PRS 快）'他走得很快'，英文部分不必加引号，读者也能迅速识别文本中的英语例句。

1.4.3 中文文本标注建议

作为基础建设的标注规范问题值得引起更广泛的重视。结合语法标注的既有理论与实践，这里尝试列出标注规范化中有待明确的若干基本规则，期望为语言调查和语料标注实践提供参考。

首先，内容通常比形式重要，但有时形式更重要。理想的语言描写工作需要统一的调查框架，也需要统一的标注规范。中文文本的语法标注该如何规范，江荻主编（2016/2020）已经给出了22种民族语言（方言）的范本。如果有更多的语言描写著作使用规范的标注系统（和描写框架），将成为语言研究的重要基础工作，使描写的内容既有可比性（没有前文所提"梅耶的烦恼"），又有可读性。如果这些语言标注材料后续能够上网，并持续建设"中国语言语法标注文本检索系统"之类的在线资源，读者可以随时访问、各取所需，使"安乐椅语言学家"真正成为可能——如果有数量可观的规范化语料，也许足不出户也是一种选择。

其次，目前的语料标注仍然显得杂乱，有许多传统和现实原因，例如各学派甚至各"门派"可能有一定的标注习惯；此外，不同期刊也往往有不同的标注规范，研究人员撰稿都需要按照不同的格式修改论文，标注形式千人千面，多种标注方式纷繁并存。我们注意到，"莱比锡标注规则"的最新版本已明确该规则经"语言学期刊编辑委员会"修订（2015）并负责后续更新，国内的语言学期刊（和其他期刊或丛书）尚无统一的标注规范，不少专业期刊中能读到标注形式多样甚至不加翻译的原文引用。毋庸讳言，期刊的导向是最直接也是最重要的指挥棒导向，中文语言学期刊尽早推动语料标注的规范化和标准化，是语言学人期待的一项基础工作。

最后，语法标注规范应该是一种弱规范或者基础规范。由于语言的多样性以及著作内容和目标等方面的差异，莱比锡注释规则、莱曼标注规则等都不可能囊括一切。确定其中一些较为基础的方面，使一些应用较广的规则更为明确，在实际标注应用中是开放的和留有余地的。莱曼本人也提倡标注规则要有足够的弹性，以保证使用者能有一定的自由度。要想以严格的条条框框对语言标注进行规范显然没有必要，因为即使勉强做到，在实践中也无法遵循。所能做的应该是一种

"弱规范"，或者说是一种"基础标注"（江荻 2016）。

　　作为这一节的结束，参考"莱比锡标注规则""莱曼标注规则"和中文文本的标注情况（如黄成龙 2005），我们认为以下一些方面在语法标注中值得引起注意，试表述为"中文文本语法标注规则"。本书的语料，也尽量按照这些规则处理加工。

（32）中文文本语法标注规则

I　标注基础的语法范畴。例如性数格、时体态、人称、指示、语气、极性等。

II　逐语素标注，上下对齐。例如用无框表格使源文本与标注相互对应。

III　分 3 行标注，分别是：原文、逐语素标注、整体释义；在标注之前说明语言名称和语料来源。

IV　语法意义使用小型大写英文字母缩写或者有别于词汇意义的字体。

V　使用莱曼缩略语表和/或莱比锡缩略语表。不轻易自制术语或缩写。

VI　统一标注符号。语素界线用短横；有多个语法意义且未切分或无法切分的语素，在各意义之间用点号；附缀用等号；中缀用尖括号；环缀用反向尖括号。

VII　整体释义用单引号。随文举例的整体释义也用单引号。

VIII　标注举例（两种标注方式）。

（33a）Latvian（Mathiassen 1997：181）　　　　　　语言和来源

　　　　　Bērn-s　　zīmē　　　　　　　sun-i.　　　　原文行

　　　　　小孩-NOM　画．PRES. 3　　　　　狗-ACC　　　标注行

　　　　　'那小孩正在画狗。'　　　　　　　　　　　　整体释义

（33b）Latvian（Mathiassen 1997：181）　　　　　　语言和来源

　　　　　Bērn-s　　zīmē　　　　　　　sun-i.　　　　原文行

　　　　　小孩-主格 画．现在时．第三人称　狗-宾格　标注行

　　　　　'那小孩正在画狗。'　　　　　　　　　　　　整体释义

1.5 内容和框架

本书讨论汉藏语的是非问句，研究对象主要包括语言形式的多样性和共性、语言形式和意义之间的互动关系、语言形式变异的区域与类型限制等三个方面。总的框架是：描写结构特征，解决"有什么"的问题；概括结构特征的区域/谱系分布，解决"在哪里"的问题；探讨特征的变异范围及其限制，解决"为什么"的问题。

1.5.1 是非问的表达方式

汉藏语的是非问表达方式。中国境内汉藏语系语言数量众多，这些语言如何表达是非疑问，是本书的第一项研究内容。我们将对现有文献进行整理爬梳，对研究尚不充分的语言作补充调查，以获取准确可靠的结构特征。

疑问方式的区域/谱系分布特征。本书将呈现汉藏语是非疑问结构的整体面貌：一是按语言谱系分类，使各语族、语支的情况一目了然；二是按疑问方式分类，使各类疑问方式都落实到具体语言。据我们考察，句末升调与疑问语气词在汉藏语系使用非常广泛，动词重叠问见于一些汉语方言和彝语支语言及个别苗瑶语，而动词疑问附缀多见于一些汉语方言和藏缅语。这些分布特征将在下文讨论中得到进一步提炼、深化。

1.5.2 是非问句的类型学特征

是非问与其他疑问类型的关联。正反问、选择问、特指问有各自的表达方式，这些表达方式与（语调/语气词）是非问的表达方式之间有一定的关联。朱德熙（1985）指出"可 VP"问句与正反问句多不并存；戴庆厦、朱艳华（2010b）提出，如果一种语言使用动词重叠（是非）问，那么也使用正反问。这些相关性是否可靠？是否广泛适用于汉藏语？是否还有其他相关性？此类问题在书中都有所反映。

是非问与语序的关联。据我们的不完全观察，SOV 语言比 SVO 语言更多地使用动词疑问附缀。其他语序特征，如名词短语修饰语语序，也可能与是非问结构有关。

是非问与附置词的关联。Greenberg（1966）指出，疑问小词/词缀在前置词语言中居首、在后置词语言中居尾。但是，绝大多数汉藏语可能是该共性的例外，本书也将检视汉藏语是否存在这种语序和谐关系（word order harmony；Hawkins 1983，Song 2012）。

1.5.3　是非问句结构变异的区域与类型限制

探讨共时表现形式的历时来源。在整理是非问表达方式在各亲属语言中的共时分布、厘清各种表达方式的来源和地位的基础上，勾画是非问接触与演变的路径。

对各疑问方式在区域/谱系上的分布特点及其成因做出解释，重点考察区域接触和优势结构的推动作用。例如，"可 VP"问句常被看作是一些江淮/西南官话和吴语的特征，但实际上有大量汉语方言使用该类问句，包括中原官话、赣语、客家话、闽语等；此外，许多藏缅语也使用该类问句，如安多藏语、白马语、木雅语等。这类动词前提问成分与古汉语"何""曷"可以追溯至原始汉藏语疑问语素 * ga（ng）、* ka（Benedict 1984），其中可能有演化速率不同和/或区域接触等原因。诸如此类的区域-历时-类型互动问题，也是本书的研究内容。

2 汉藏语是非问句的结构特征

本章概述汉藏语系语言是非问句的结构特征，涉及语言（方言）85 种，基本覆盖了已知的境内全部汉藏语（语言名称和分类参看 1.3 节）。本章不是取样研究，而是一项尝试"面面俱到"的概貌性扫描，聚焦是非问的各种表达方式，按谱系分类逐一理清汉藏语是非问句的基本面貌。

每一节的做法是，首先简介该语族语言的谱系分类，再按语族-语支-语言的顺序列出各类是非问的结构特征，最后对每一语族/语支中的一般现象和特殊现象进行说明（通常有一个总结表格）。本章的工作追求概貌性、资料性和手册性，对其中一些问题的进一步讨论则放到后续章节。

跨语言研究的一项烦恼是可比性。宏观层面有概念或者范畴的跨语言可比性问题，例如主语、形容词是不是普遍的跨语言概念（Keenan 1976；Dixon 1982），这些暂且撇开不谈。就具体层面而言，讨论某种结构或某项特征时，常常碰到的情况是：在一部著作中的描写较为充分，在另一部著作中可能找不到多少相关论述；如果这些著作是用不同的理论框架写作的，甚至是以不同的标注方式标注语料的（1.4 节），情况将变得更加糟糕。有鉴于此，本章将尽量以"框架中立"（framework-free，theory-neutral；Haspelmath 2010abc）方式描述语料，并采用"莱比锡标注规则"（Comrie et al. 2015/2008）和"莱曼标注规则"（Lehmann 1982，2004）对语料进行标注。

　　本章的目标是描述境内汉藏语系语言是非问句的结构特征和类型学特征，为后续章节及相关研究提供一些经过加工的基本资料和标注语料。全部的结构特征以表格形式附在全书之后（包括 85 种语言/方言的 11 项特征，共 935 条特征值）。

2.1 汉语及其方言

2.1.1 汉语普通话

2.1.1.1 疑问句分类

汉语普通话的是非问句研究，一个重要的方面是疑问句的类型划分。涉及疑问句分类的研究成果非常丰硕，相关文献浩如烟海，这里仅举例性地列出近半个世纪以来讨论较多的一些著述。

赵元任（Chao 1968）未对汉语疑问类型作出整体划分，但提出有两类疑问句，一类是选择问（包括"V 不 V"问句），另一类是加疑问语气词的问句。

Li & Thompson（1981：520—564）从形式和语义出发，将汉语疑问句分为三类：疑问语气词问句、选择问句（含"A 不 A"问句）、特指问句。

朱德熙（1982：202—204）的疑问句分类也是三分的：是非问、选择问（含正反问）、特指问。

范继淹（1982）提倡一种二分法，将汉语疑问句分为两大类型：选择问和特指问，选择问包括是非问、正反问和一般的选择问。在这种分类中，选择问似乎无所不包：是非问在"是""非"之间作选择，正反问在"正""反"之间作选择，一般选择问在选择项之间作选择（参看 Bolinger 1978，该文认为英语的是非问不是选择问）。

吕叔湘（1985）对疑问句的分类也是二分的：是非问（含正反问、选择问）和特指问。正反问被视为是非问的一种，因为正反问也是对某事物/事件（正反结构中的选择项）"是""非"真值的询问。

邵敬敏（2014：9—10/1996：6）则更激进，将所有的疑问句都视为选择问，其中是非问和正反问属于是非选择（是与非、A 与非 A），一般选择问和特指问属于特指选择（A 或 B、无定选择）。

黄正德等（Huang et al. 2009：236）将疑问句分为三类：是非问（语气词问句）、选择问（含正反问）、特指问。

我们将以上各家对汉语疑问句的分类列为表 2.1（参看罗天华、孙晓雪 2022）。

表 2.1　汉语疑问句的分类

文献	是非问	正反问	选择问	特指问
Chao 1968	语气词问	选择问	/	/
Li & Thompson 1981	语气词问	选择问	选择问	特指问
朱德熙 1982	是非问	选择问	选择问	特指问
范继淹 1982	选择问	选择问	选择问	特指问
吕叔湘 1985	是非问	是非问	是非问	特指问
邵敬敏 2014/1996	选择问	选择问	选择问	选择问
Huang et al. 2009	是非问	选择问	选择问	特指问

各家的分类差异较大，如果换一个角度考虑，从选择问出发，或许会对疑问句的分类有一些新启发。具体地，以上分类有三分、二分和一分，类别的多少取决于选择问的归属，甚至可以说，疑问句的类型划分事实上由选择问决定。如果将选择问视为与是非问、特指问的并列类型，就是三分；如果将选择问视为是非问的下位分类（或者相反），就是二分；如果将所有疑问类型都视为选择，就是一分。

国外语言学界常常将疑问句分为两类：是非问（极性问）与特指问，选择问不使用特指疑问词而多被归为是非问大类，但又不得不承认选择问有其自身特点，例如其答句与特指问相似（Bolinger

1978；Sadock & Zwicky 1985；Biezma & Rawlins 2012；Dixon 2012：376—433）。国内学界多将选择问归为与是非问、正反问、特指问并列的四大疑问句类之一（张斌 1987），这种四分法也见于不少《现代汉语》教材；不过，很多学者认为选择问与其他三类不是平行关系，而是错综交叉的关系，主要有三种观点：（i）选择问属于是非问的下位类型（吕叔湘 1985，1990/1944：281—300）；（ii）选择问属于是非问、特指问的平行类型（梅祖麟 1978；朱德熙 1982：202—204；陆俭明 1982，1984；邵敬敏 1994；张伯江 1997；刘丹青 2005；其中一些文献对正反问的归类有所不同）；（iii）选择问属于是非问的上位类型（范继淹 1982；邵敬敏 2014：9—10）。这三种分类概括为表2.2（第一行表头为通行的疑问句四分法；为了区分三种划分，在每一类前用上标数字标示）。

表 2.2 选择问在疑问类型中的地位

分类	是非问	选择问	特指问	正反问
第一种（二分）	[1]是非问	[1]是非问	[2]特指问	[1]是非问
第二种（三分）	[1]是非问	[3]选择问	[2]特指问	[1/3]是非问/选择问
第三种（一分）	[1]选择问	[1]选择问	[1]选择问	[1]选择问

这些分类差异可能有多种原因。例如，各家对疑问（特别是选择问）概念的界定不同，分类的出发点不尽相同。又如，"选择问"有狭义和广义之分，既可指与"是非问""特指问""正反问"并列的问句，也可包括所有的疑问句，即一切疑问都是选择（对选择问句分类和以上文献的详细讨论，参看 7.1 节）。

由于是非问和选择问（含正反问）的关系过于密切，本书将选择问（含正反问）视为是非问的一种；在行文中，考虑到其结构特点，仍然沿用选择问、正反问之名，或称选择结构、正反结构。如果基于**极性问**（polar questions）和**特指问**（content/information/*wh*-questions）两大疑问类型的对立，本书的"是非问"与"极性问"相当，即覆盖特指问之外的疑问类型。换言之，**"是非问"有狭义广义两层含义，狭义的仅指一般的（语气词/语调）是非问；广义的指极性问，包括（语气词/语调）是非问、选择问、正反问等特指问以外的各种疑问类型。本书取名"是非问句"，是取其广义。**

　　需要说明，对于一般的"是非问"（传统四分类型的一种），本书除了在引述相关研究及讨论时仍称"是非问"之外，一般均称其具体的结构类型，如"语调是非问""语气词是非问""可 VP 问句""谓词重叠问"等等。此外，严格说来，概念层面的"是非问"不等于具体表达层面的"是非问句"①，"特指问"也不等于"特指问句"，但本书行文不作这样的区分。

表 2.3　是非问的广义狭义之分

结构类型	是非问（广义＝极性问）	是非问（狭义）
语气词是非问	√	√
语调是非问	√	√
正反问	√	×
选择问	√	×
……（特指问以外的其他问句）	√	×

2.1.1.2　是非问表达方式

　　在理清疑问句的分类之后，本节简述汉语普通话的是非问表达方

---

① 如果确实能将二者区分，即"是非问"涵盖"是非问句""选择问句""正反问句"等具体问句类型，实际上无须考虑"是非问"的狭义广义之分。不过，这种处理要时时、处处区分一字之差的两个术语（"是非问/是非问句"），未必是佳选。

式。因为相关研究成果已经相当丰硕（参看陆俭明 1984、邵敬敏等2010、邵敬敏 2014/1996、陶寰等 2017、王珏 2023 及其引用文献），这里仅概要提一些讨论相对较少但值得注意的方面。

朱德熙（1985）较早提出汉语正反问句与"可 VP"问句不共现，后来有不少研究提出方言中的反例，如扬州话、溧水话（黄伯荣 1996：714）。刘丹青（1991）提出正反问句属于是非问的一种。

语调是非问的研究较少。刘月华（1988）认为有两种情形：一是用于回声问，即重复说话人的（部分）句子，加上疑问语调；二是偏向问，即用于进一步确证信息（尽管已经比较确信）。语调是非问对语境的要求非常高，往往仅用于对话双方都熟悉的话题，使用句末升调。

（1）汉语普通话

a. 张三国庆节去北京。↘

b. 张三国庆节去北京？/张三（去）？/国庆节去北京？国庆节（去）？/（去）北京？↗（回声问）

（2）汉语普通话

a. 张三不在这儿？↗（确证问）

b. 张三不在这儿。↘（陈述句）

关于语调是非问的特点，邵敬敏（2014：29）认为是"发问人对所涉及的话题基本持怀疑态度"，这种怀疑"具有明显的否定倾向，但是并没有达到反问句的完全否定"。不过，这里还有一个反预期和真值否定的问题。语调是非问有强烈的反预期性，发问人对问题内容持否定倾向，但不一定认为命题本身为假。例如，即使发问人已经亲见"张三"不在会场（如看到参会名单并已环顾会场），但仍然可以问"张三不在这儿？"以表达其讶异之情，发问人显然不会认为"张三不在这儿"这个命题真值为假①。

反问句常常也可以用语调是非问表达。例如在反问受话人的情形中（如"你不知道？""你不识字？"）都可以直接在句末加上升语调。不过，本书的重点在讨论疑问句的结构，对于反问句等修辞性问句（rhetorical questions）的语用特点一般不作讨论。

普通话语气词也是一个难题。不夸张地说，学界至今未理清基本的疑问语气词，数量多少、性质如何尚无广为接受的定论。陆俭明（1984）认为有"两个半"疑问语气词："吗""呢"和半个"吧"。

(3) 汉语普通话

a. 你是张三吗？

b. 我的书呢？

c. 这片地有二百亩吧？

"疑问语气词"与"疑问句中的语气词"的差别在于前者是构成

---

① 语调是非问的反预期性是一位国家社科基金项目鉴定专家指出的。与之相关的，专家还指出，"是非问句的主体是中性是非问句，即说话人没有预期、不了解情况的问句；反预期是非问、已经有所知道的求证性问句，都不是典型的是非问句，是是非问句的边缘成员，适宜适当分开研究。该书在归纳疑问手段时对这几项不加区分，如有些方言中性问句绝对不能用疑问语气词或单纯语调问，但是在反预期问句或求证问时允许这样的手段，作者不加区分地将其划为使用疑问语气词或纯语调的类型，这就不利于看清跨语言的事实"。这项意见指出了问题的关键。反预期问句和求证性问句都属于偏向问（biased questions），与中性问（neutral questions）的表达方式有差异，例如汉语普通话的偏向问更多使用否定词和区别性语调。修改书稿时，作者尽量复核了例句（及源文献），但是仍有不少情形难以判断。

疑问句的手段，后者则不一定由其构成疑问句。（3a）有"吗"的存在，直接确定了其疑问性质，该句采用何种语调已经无关紧要，甚至句末降调也不能取消该句的疑问性质。（3b）是类似一种缩略形式的特指问，或者说是一种"语义型特指问"，所提问的信息是"我的书在哪里"或者"我的书怎么样"，因此"呢"是这种特殊形式特指问的语气词（参看陆俭明1982）。"吧"介于疑信之间，其性质难以确定。吕叔湘（1955）谈到，"这片地有二百亩吧？"中的"吧"疑多于信，而答句"有吧"中的"吧"信多于疑。这也是陆俭明（1984）提出只有半个"吧"是疑问语气词的原因。不过，好奇的读者也许会提问："疑多于信""信多于疑"两者之间到底可以如何区分？何时是49%，何时是51%，何时是100%？

选择问的基本结构是"A还是B"。这看起来与其他许多语言都没有差别，但是也有一些问题值得探讨。例如，汉语选择问句中的连词不同于陈述选择，有"还是""或者/或是"之分；赵元任（Chao 1968）较早称之为 either 'or' 与 whether 'or' 之分。又如，选择连词前附于选择后项，在语流上构成"A，还是B"结构（逗号表示停顿），不同于一些语言的"A还是，B"结构（如老上海话"侬吃饭咾，面？"你吃饭还是吃面?；刘丹青2005/2017a：12）。再如，选择项的省略也有一定规律，黄正德（1988）提出，如果选择项的"语音相似"，可以省略选择连词。

（4）汉语普通话

a. 你吃饭吃面？（你吃饭还是吃面条？）

b. 你去北京南京？（你去北京还是南京？）

　　这种选择连词的省略也见于不少汉语方言，例如赣语宜丰话"你洗脚洗汤？"（你洗脚还是洗澡？）（邵敬敏等 2010：238）。这些问题将在第 7 章集中讨论，此不详述。

　　正反问句有一个突出的形式特点，即典型的正反结构中，否定词前成分的长度往往不高于否定词之后的成分，即倾向于取 X（P）-neg-XP 结构。XP 可以是动词短语、形容词短语，甚至是名词短语。

　　（5）汉语普通话

　　a. 小张吃饭不吃饭？小张吃不吃饭？小张吃饭不吃？

　　b. 小李漂亮不漂亮？小李漂不漂亮？＊小李漂亮不漂？

　　c. 小赵淑女不淑女？小赵淑不淑女？＊小赵淑女不淑？

　　d. ?小王帅哥不帅哥？＊小王帅不帅哥？＊小王帅哥不帅？

　　从例（5）可以看到正反问结构的并列项有一些限制。例如动词短语的结构最自由，甚至可以有 XP-neg-X 结构；形容词短语次之，一般没有 XP-neg-X 结构；普通名词短语一般不能进入该格式，只有极少数名词短语能进入该格式。

2.1.2　汉语方言

　　汉语方言主要使用五种方式表达是非问：疑问语调、疑问语气词、正反结构、选择结构以及附加形式。各方言之间的差异很大，结构特征极为丰富。限于篇幅和笔力，本节仅简述汉语方言中较有特色的一些方面，对于和普通话相同相似的地方则略过不提。

2.1.2.1　官话方言

　　使用语调是非问的方言有天门方言（卢红艳 2009：10）、习水方言（范艳 2010：22）等。

官话方言中，句末疑问语气词使用非常普遍，且各方言的语气词差异很大，如泰兴方言a/ŋa/pa（朱琳2011），长阳方言"啊"［a］、"呢"［tie/lie］、"吧"［pa］（宗丽2012：77—83），恩施方言"么"［mo］、"哦"［o］、"咇"［ʂa］、"唉"［e］、"呗"［pe］（皮婕2011：41）。

选择问结构最常见的构成方式是"（连词）A 连词 B（语气词）"，即第一个选择项之前的连词、第二个选择项之后的语气词常常可以省略，普通话也是如此。例如中原官话阜阳话、西南官话长阳话、天门话。

官话方言的正反问句结构较为复杂，普通话口语中常省略后一成分，形成［X neg（prt）］结构。在胶辽官话中，［X-neg-X］结构也不多见，例如在牟平、威海方言中用"是不/是没 X"结构，在龙口方言中在动词前加［ʃi］（马志红2007：19—20）。

（6）牟平官话（罗福腾1981）

a. 你是不看电影？（你看不看电影？）

b. 天是没黑？（天黑没黑？）

在江淮官话中，正反问意义常由"可 VP"问句表达，例如泰兴话（参看朱琳2011）。"可 VP"问句也见于一些中原官话如颍上、阜阳、睢宁等方言。此外，在一些云南官话中也很常见（如昆明话）。

2.1.2.2　晋语

在晋语中，"可 VP"问句、动词重叠问句都较为少见。表2.4总结了一些晋语方言是非问表达方式（据侯精一、温端政1993；郭校珍2005；郭利霞2010；太原话、运城话另经作者调查）。

表 2.4　晋语的是非问结构

疑问方式	晋语方言
语调	长治、大同、定襄、晋城、娄烦、文水
语气词	长治、大同、广灵、和顺、晋城、临汾、临县、娄烦、太原、忻州、运城
可-VP	临县、娄烦、平遥、山阴、太原、五台
谓词重叠	代县、偏关、平鲁、朔州、五台
正反问	X-prt-neg 汾阳、河曲、离石、娄烦、偏关、平遥、五台、孝义、阳泉
	X-neg 代县、大同、宁武、阳泉、运城
	X-neg-prt 长治、广灵、和顺、临汾、临县、太原、忻州
	X-prt-neg-（X）-prt 汾阳、晋城、太谷、武乡、孝义
	X-neg-X-prt 大同、汾阳、离石、娄烦、太原、五台、武乡、孝义
	X-neg-X 长治、大同、晋城、离石、太原
选择问	X prt Y prt／X（prt）disj Y（prt）长治、汾阳、晋城、娄烦、阳泉、原平

　　当然，具体的情况远比该表复杂。如果更深入地考察，还能看到一些较特殊的现象。例如"可 VP"问句虽然不多见，但也见于清涧、延川；［X-neg］问句也见于神木、吴堡，［X-neg-X］问句也见于延川，［X-prt-neg］也见于神木、吴堡、延川和绥德（其中有些方言否定词前的语气词还可叠用）。各地方言对于这些疑问结构的优选顺序有所不同，不同语气词所表达的语用效果也往往存在差异（参看邢向东 2005）。

（7）晋语陕北方言（邢向东 2005）

a. <神木> 天冷嘞不？（天气冷不冷？）

b. <吴堡> 你每庄稼收嘞不？（你们收了庄稼没有？）

c. <延川> 你回也/嘞也不？（你回不回？）

d. <绥德> 你是回也嘞不？（你回不回？）

2.1.2.3　赣语

仅用疑问语调在赣语中需要依赖语境或者共有知识。例如赣语永新话"你要去北京?"可以用于知道受话人可能要去北京而求确证的情形。在有语境依赖的情形下,这种问句也见于南昌、都昌、乐平、余干、吉水、泰和、芦溪等方言。

赣语的正反问句以缩略形式居多,即 X-neg-XP 比 XP-neg-XP 常见,X(P)-neg 形式使用不广,但也见于南昌、芦溪、乐平、吉水、芦溪等方言,永新方言里没有这种 X(P)-neg 问句。

赣语的选择问结构与普通话基本相同,都是"A 还是 B"。不同之处主要有两点,其一,有些方言没有选择连词,而使用语气词连接选择项(参看李曌2022)。例如永新话用语气词"么"［mã⁵³］连接选择项。

(8)赣语永新话

a. 你去北京么(去)上海?(你去北京还是上海?)

b. 你吃饭么吃面?(你吃米饭还是吃面条?)

其二,普通话连词有"还是""或者(或是)"的区分,前者用于选择疑问,后者用于陈述选择;在许多赣方言中没有类似"或者"这样的连词。各方言相应的表达方式有:(i)不用连词,这种方式较为普遍;(ii)用其他连词,比如永新话、芦溪话用并列连词"同(到)",南昌话用"跟(到)",都昌话用"和";(iii)用组合连词,例如乐平话用"要不……要不……",泰和话用"要么……要么……""不是……就……";(iv)借用普通话"或者",例如吉水话、永新话、余干话等。

表2.5总结了一些赣方言的是非问表达方式。

表2.5　赣语的是非问

方言	语调	正反问	选择问	疑问语气词
南昌	(+)	X-n (-X)	(d) XdY	a, la, po
都昌	(+)	X-n (-X)	(d) XdY	mo
余干	(+)	X-n (-X)	(d) XdY	le, lao
吉水	(+)	X-n (-X)	(d) XdY	mɔ̃, po
泰和	(+)	X-n (-X)	(d) XdY	(pa)
永新	(+)	X-n-X	(d) XdY	mă, măle, măla
乐平	(+)	X-n (-X)	(d) XdY	pei, peine, peila
芦溪	(+)	X-n (-X)	(d) XdY	mo, la, mone

2.1.2.4　客家话

　　客家方言的疑问语气词内部差异很大，表2.6列出了部分方言的情况。

　　从该表可以看到，客家方言最常见的疑问语气词是"么"。在一些方言中，更合适的记录字形可能是"无"或者"冇"，这涉及否定词虚化为语气词的问题，需要在具体方言中分别探讨。例如，我们在1879/1880年出版的香港新界客家话童蒙课本《启蒙浅学》中见到的疑问语气词是ma^{31}，记作"吗"（参看第6章）。王力先生（1958/2013：439—440）指出，"语气词'么'由'无'变来，现代方言可以为证。粤语大部分地区和客家话大部分地区，都拿'无'作为疑问语气词。粤语写作'冇'，客家写作'冇'或'无'"（参看6.4节）。

表 2.6　客家方言的疑问语气词

省份	方言	疑问语气词	文献
江西	上犹	mã⁵⁵, nẽ⁵⁵, mã⁵⁵nẽ⁵⁵	刘纶鑫 1999：740
江西	南康	mɔ̃³³, pʰa²¹³	刘汉银 2006：42
广东	梅县	mo；mɔ³¹	黄雪贞 1994；庄初升 2023
广东	新丰	mɔ, lei, tsa	周日健 1992
广东	龙川	a, ma；lɔ³³	邬明燕 2009；庄初升 2023
广东	大埔	mɔ	何耿镛 1993：81—82
广东	五华	mo¹³, a, au¹³, ne；mɔ⁴⁴	李芳 2009：47—48；庄初升 2023
香港	新界	ma³¹	庄初升、黄婷婷 2014：265
福建	宁化	pʰa, ha, lie, maʔ, mau, maŋ；mɒŋ²⁴	张桃 2020：214；庄初升 2023
广西	宾阳	mau	邱前进 2008：136
广西	临桂小江	maŋ¹³, a³⁵, pa²¹	陈辉霞 2008：108

　　客家话的选择问句总体上与普通话较为接近，使用"A 还系还是B"结构非常普遍。不过，有的方言使用语气词连接前后选择项，如大埔话用"A 啊 B"结构（何耿镛 1993：82）。还有的方言可能两种方式兼用，如梅县话"你去啊我去？""你去还系我去？"，甚至可以在这两个句末再加语气词（比较："你去啊我去欸？""你去还系我去欸？"）。

　　正反问句多用 X-neg-X（P）结构。但宁都话、田林话、临桂小江话有 XP-neg-X（P）结构（黄小平 2006：66；陈辉霞 2008：109），宁化话使用完整的 XP-neg-XP 结构（张桃 2020：215—216），梅县话、大埔话用 X-neg 结构（黄雪贞 1994；何耿镛 1993：81）。具体到各方言，情况可能非常复杂。例如，一百余年前的香港新界客家话，其正反问句兼用"VP 唔（曾）""有 NP 冇"两种结构并以前者为主，极少使用"V 唔 V"结构；但是"VP 唔（曾）"在当代客家话（包括新界客家话）早已式微，并被代以"VP 么/冇""V 唔 V"格式（庄初升、黄婷婷 2014：309—314）。

一些客家方言也使用"可 VP"问句和动词重叠问句。用"可 VP"问句的方言包括安远、崇义、大余、南康、上犹、万安、信丰、兴国（刘纶鑫 1999：748）以及龙川（邬明燕 2009），用动词重叠问的方言包括于都、会昌[①]、长汀、连城（项梦冰 1990；张敏 1990；刘纶鑫 1999：748，2001：335；参看 4.2.1 节）。

（9）客家话信丰方言（a. 作者调查，b. 庄初升 2023）

a. ni$^{325-31}$kɯ^{51}se^{55}？你可食？（你吃吗？）

b. kuə^{55}tʰiə^{325}kɯ^{51}se^{55}te^{31}xa^{31}？骨头可食得下？
（骨头吃得下去吗？）

（10）客家话于都方言（谢留文 1995；刘纶鑫 2001：335；邵敬敏等 2010：224—225）

a. 底只瓜食食得？（这只瓜能吃吗？）

b. 明朝你去去赣州？（明天你去赣州吗？）

2.1.2.5　湘语

湘语极少仅用疑问语调表达是非问，使用语气词极多。例如，长沙话的"啰"似乎无所不能，可以用于各种结构类型的疑问句（和祈使句）。一些邻近方言的句末疑问语气词差别较大，例如湘潭话

---

① 据我们调查，于都话、会昌话没有典型的动词重叠式疑问句，重叠式中间有否定词"唔"。

"不""啊"、衡阳话"啊"、益阳"啵""呗"、涟源古塘话"啊"。

（11）湘语长沙话（李永明 1991：559—560，576，582，585）

a. 你来得不啰？

b. 他肯不肯讲啰？

c. 你是吃烟呢，还是吃茶啰？

d. 要好多才够啰？（要多少才够呢？）

正反问结构在湘语中差异较大。多数方言使用 X-neg-XP 结构，例如长沙、湘潭、衡阳等方言，益阳话较多使用 XP-neg-X 结构，而涟源古塘话所有的 X-neg-X 结构都是合乎语法的。

在一些湘方言中，有一种在疑问语气词之后再使用句末语气词的结构，形成"句子+疑问语气词+句末语气词"的格局，例如邵阳话、城步话的"吗呢"问句（李小军 2009，谭朏朏 2010）。

（12）湘语邵阳话（李小军 2009）

a. 咯样搞要得吗？（这样做可以吗？）

b. 咯样搞要得吗呢？（这样做可不可以？）

在邵阳话中，与单用"吗"的问句相比，"吗呢"连用有询问"到底""究竟"之意，表达一种更急切的催促语气。这类"吗呢"问句属于是非问句，也见于一些粤语、赣语和客家等南方汉语方言。

2.1.2.6 粤语

广州话可以仅用语调构成是非问。彭小川（2006）认为，除了有高升语调表疑问外，广州话还存在一个表疑问的低平语调（并因此改变句末语气词的调值）；前者是诧异问，后者是求证问。

（13）粤语广州话（彭小川 2006）

a. 呢度点解咁热嘅？（这儿怎么这么热？）

b. 热↗？你正话喺出边入嚟啫。（热？你刚从外头进来罢了。）

c. 热啊→？热就开空调啦！（热呀？那就开空调吧！）

粤语广泛使用疑问语气词表达是非问，但各方言的语气词差异很大。例如，广州话用 ma^{33}、mɛ^{55}、kua^{33}、lɛ^{13}、lɛ^{21}、hɔ^{35} 等等（彭小川 2006；方小燕 2003：152—156；Yue-Hashimoto 1993：49），四邑地区台山话最常用的句末疑问语气词是 me^{33}，新会话是 mə^{33}，开平话、恩平话是 mɔ^{21}，但该地区也用 tseʔ^5、ha^{35}、la^{21}、wo^{13}、kua^{33} 等语气词（甘于恩 2002：62—63）。广西北流话常用的句末疑问语气词是 ma、pʰa^{35}、a、mɛ^{55}、wɔ^{55}、lɔ^{55}（徐荣 2008：58，69—71），甚至还有一种颇有特点的句末语气词连用现象。

（14）粤语北流话（徐荣 2008）

a. 王老师请着假嘛呢？（王老师请到了假吗？）

b. 你想去北流嘛咯？（你想去北流吗？）

这种"嘛呢/嘛咯"式问句往往传达出特定的语用效果，最常见的是表达说话人的不耐烦和催促。与湘语邵阳话、城步话"吗呢"、赣语永新话"吗呢"（见前文）、吴语上海话"伐啦"等问句有颇多相似之处，即前一个语气词决定句子的疑问性质，后一个语气词调节句子的语用功能，表达说话人的情感和态度（参看完权 2018，2021）。

选择问句中的连词也各异。广州话常用"抑或""定"（方小燕 2003：153—154；Yue-Hashimoto 1993：49）；在四邑方言中常用 mə^{11}（台山）、mu^{31} u^{55} 或者"还系"（开平）、"还系"（恩平；甘于恩 2002：74）；在北流话中用"是系"（徐荣 2008：61）。其中，广州话的选择连词显得尤为存古："抑（或）"用于选择问早在先秦就已出现，"定"较早见于唐诗（吕叔湘 1990：284—285/1956：288—289；梅祖麟 1978）。

（15）先秦汉语

a. 夫子至于是邦也，必闻其政，求之与？抑与之与？（《论语·学而》）

b. 将以穷无穷逐无极与？意亦有所止之与？（《荀子·修身》）

（16）唐代汉语

a. 闻汝依山寺，杭州定越州？（杜甫《第五弟丰独在江左》）

b. 不知西阁意，肯别定留人？（杜甫《不离西阁》）

粤语常见的正反问结构在方言的差异较大，但大致有 X-neg-X 和 X-neg 两种，例如广州话、四邑话用"X 唔 X""X 未"（方小燕 2003：154—156；甘于恩 2002：74）。不过，北流话用"X（是）无 X（语气词）"结构，与广州话"有无 X"问句相似。当然，这只是共时层面的粗线条勾勒，由于各地方言的演化速率和特征保留（pertinacity）情况不一，具体情况需要在具体方言之中厘定（参看 Cheung 2001）。

2. 1. 2. 7　闽语

闽南语漳州方言有"可 VP"问句，但泉州话没有这类问句。漳
州话的常用句末语气词是 $hē^{32}$、$hɔ̃^{32}$，但不用句末升调。在正反问句
的否定词前往往有一个语气词"啊"，形成 X-prt-neg-X 结构。台湾
的闽南话中也有"可 VP"问句，但其正反问句常省略否定词后的成
分，即 X-neg（冯爱珍 1998；陈曼君 2011；Wang & Lien 2001）。

闽语的附加问形式也各异。例如漳州话在句末添加"好啊不好"
（李少丹 2001；Yue‐Hashimoto 1991），厦门话常在句末加"好不"
（甘于恩 2007），闽侯话在句末用"会𣍐使" $a^2 ma^{243} çai^{33}$（可不可
以）、"怎其" $tsuoŋ^{21} ŋi^{51}$（怎么样）、"真其" $tçin^{44} i^2$（真的吗）（程
若茜 2017）。

（17）闽语闽侯话（程若茜 2017）

a. 明旦食炒饭，会𣍐使？（明天吃炒饭，可不可以？）

b. 明旦食炒饭，怎其？（明天吃炒饭，怎么样？）

c. 明旦食炒饭，真其？（明天吃炒饭，真的吗？）

表 2.7 列出了一些闽语方言的是非问表达方式，其中有一类比较有
特色的"可 VP"问句（参看 Peyraube［2001］对古汉语"敢"的讨论）。

汉语方言中，选择连词普遍有陈述与疑问之分，类似普通话
"或者"与"还是"的分工。在闽语中，有的方言没有这种区别，例
如厦门话、台南话的选择连词兼用于陈述选择和疑问选择，这是其有
别于汉语其他方言的一项突出特征。不过，闽侯话的选择连词呈现出
陈述与疑问的分工，即"故是"用于选择问，"或者"用于陈述句
（程若茜 2017；参看第 7 章）。

表 2.7 闽语的是非问表达方式

	厦门	泉州	闽侯	漳州	台南
语调	+	?	?	+	(+)
语气词	+	+	+	+	+
正反问	X-neg	X-neg	X-neg（-X）	X-（prt-）neg	X-neg
可 VP	（$k\bar{a}^{53}$-/kam^{53}-X）	-	?	$k\bar{a}^{53}$-/kam^{53}-X	kam^{53}-X
选择问	X disj Y	X disj Y	X disj Y	X disj Y	X disj Y（prt）
附加问	S, pos-neg	S, pos-neg	S, pos（-neg）	S, X-prt-neg-X	?

（字母缩写：S 句子，pos-neg 正反［结构］）

2.1.2.8 吴语

吴语一些方言有"可 VP"问句，例如苏州话、上海话；上海话也有正反问句，但苏州话一般不用正反结构。

（18）上海话、苏州话

a. <老派上海话> 侬阿去？（你去吗？）

b. <苏州话> 乃阿晓得？（你知道吗？）

仅用语调的是非问见于上海市区话（许宝华、汤珍珠 1987：466）、宁波话（阮桂君 2006：140）、台州路桥话，但未见于苏州话（李小凡 1998：124）。

正反问句的结构也有差别，例如上海话可用 X（P）-neg-XP，但不能用 XP-neg-X。在宁波话、台州路桥话中往往用全式 XP-neg-XP，或者省略否定词后的成分，仅留下 XP-neg（参看阮桂君 2006：152—153）。表 2.8 列出了上海、苏州、宁波、台州四种方言的是非问差异。

表 2. 8　吴语的是非问句

	上海话	苏州话	宁波话	台州路桥话
仅用疑问语调	+	−	+	+
疑问语气词	+	+	+	+
阿–VP	+	+	−	−
正反问	+	−	+	+
选择问	+	+	+	+

2. 1. 2. 9　徽语

徽语的一个特点是使用 X‑neg 问句，极少使用完全形式的正反问句（年轻人使用稍多），比如安徽绩溪、歙县、屯溪、休宁、黟县和浙江淳安、建德、寿昌、遂安（孟庆惠 2005：121，215，412）。不过，祁门以及婺源、浮梁、德兴等赣东北徽语的正反问多使用 X‑neg‑X（P）结构。

徽语旌占片方言（如柯村、旌德、占大）不使用 X‑neg（‑X）式正反问，而使用"可 VP"问句，这可能是该地区从邻近的江淮官话借用的结果。孟庆惠（2005：329）谈到，"普通话的反复问句，旌占片都习惯说成'可'问句。例如：可香（香不香?），尔可去过上海（你去没去过上海?）"。

（19）徽语（孟庆惠 2005：334）

a. <柯村方言> 佢吃了饭，尔可吃啦？

b. <占大方言> 香的很格是？

表 2. 9 列出了一些徽语方言的是非问表达方式（据孟庆惠 2005：124—128，218—225，276—281，330—335，414—420；胡松柏

2020：827—830；祁门、婺源方言另据作者调查）。

表 2.9 徽语的是非问表达方式

方言片	方言	语气词	X-neg (-X)	可 VP
绩歙	歙县	啊/吧	+	-
	绩溪	啊/吧/哇	+	-
休黟	屯溪	啊/哇	+	-
	休宁	啊/仂	+	-
	黟县	啊/吧	+	-
	婺源	吧/吗/啊	+	-
祁德	祁门	哇/呐/吧	+	-
	浮梁	吗/吧/啵	+	-
	德兴	吧/吗/啊	+	-
旌占	旌德	啊/吗	-	+
	柯村	啊/吧/啦	-	+
	占大	啊/吗	-	+
严州	淳安	啊/吗	+	-
	建德	啊/吧	+	-
	遂宁	啊/哇	+	-
	寿昌	啊	+	-

　　需要说明，各地方言语气词的读音差别很大，表中的记音字只是参考性质的。甚至同一方言在各乡镇的读音也不尽相同，赣东北的浮梁话、德兴话、婺源话无不如此，例如婺源话：溪头"吧"［pɐ⁰]、沱川"吧"［pɒ⁰]、紫阳"吧"［pa⁰]、中云"吧"［pa⁰]、许村"吗"［ma⁰]（胡松柏 2020：828）。不过，从上表也能看出一些大致的分布特点，例如赣东北徽语多用"吧"，安徽及浙江徽语多用"啊"。

　　赣东北徽语的正反问句还有一些特点。X-neg-X 结构广泛见于各地方言；其缩略形式 X-neg 在各地的使用情况不一，例如浮梁、德兴的一些乡镇较少用其表达未然事件，但可以用于已然事件；婺源话没有这种限制，全式和缩略式的使用都很自由（胡松柏 2020：829—830）。

（20）赣东北徽语（胡松柏 2020：829—830）

		'去南昌不去？'	'你吃过没有？'
a.	<浮梁经公桥>	（到南昌去吧？）	尔喫有喫过？
b.	<浮梁鹅湖>	（去南昌吧？）	尔喫过有？
c.	<浮梁旧城>	（去南昌啵？）	（尔喫过吗？）
d.	<浮梁湘湖>	去不去南昌？	尔喫过没有？
e.	<德兴新建>	（到南昌去吧？）	尔喫过不曾？
f.	<德兴新营>	（到南昌去吧？）	（尔喫过唛？）
g.	<德兴黄柏>	（到南昌去吧？）	尔喫过唔□nən^{41}？
h.	<德兴暖水>	去不去南昌？	尔喫过不曾？

加括号的例句表示不常用。从上文讨论和这些例句可以看到，在赣东北徽语中，正反问缩略形式 X-neg 的使用要少于其全式，并且缩略形式 X-neg 用于未然事件的情形要少于已然。换言之，如果 X-neg 问句可以用于未然，那么也可以用于已然。

2.1.2.10　平话

平话主要分为南北方言，北部方言主要使用于桂林、贺州附近，南部方言主要使用于首府南宁附近，南北方言为柳州所隔。我们翻检了北部平话 11 种方言的相关文献，包括永福塘堡、临桂两江、临桂义宁、阳朔葡萄、富川秀水、灌阳观音阁、全州文桥、贺州九都、兴安高尚、钟山、资源延东；就总体来看，桂北平话的是非问句内部差异不大，但也有其特点。

在这 11 种方言中，已知可以单用疑问语调表达是非问句的有 5 种：临桂义宁话、全州文桥话、灌阳观音阁话、贺州九都话、资源延东直话，其中前面 2 种都是微升调，后面 3 种的语调模式未知。

11 种方言都可在陈述句末加疑问语气词表达疑问，但各方言的语气词不完全一致。

正反问句通常使用 X-neg-X 格式。当 X 不是单音节时，前一个 X 常常只保留第一个音节。例如，若 X 是一个动词词组，则其结构多为 V-neg-VP。当然，多数方言也使用 V（P）-neg 和 VP-neg-V 等格式，但 V-neg-V（P）格式无疑是桂北平话最基本的正反问句格式。

桂北平话的选择问句与普通话基本一致，基本格式是"（是）X还是 Y"。有些方言也可能在各选择项之后加语气词"呢"，也可以干脆省略连词，仅保留语音上的停顿。

有两点值得一提。一是桂北平话正反问句中的否定成分。在 11 种方言中，有 3 种使用"冇"（富川秀水、贺州九都、钟山），3 种"冇""不""没"兼用（永福塘堡、临桂两江、临桂义宁），其余 5 种使用"唔""不""莫"等。也就是说，"冇"是桂北方言的正反问句中最基本的否定成分。"冇"作为基本否定词，在客、赣、粤、湘等南方方言中都相当常见，例如桂北地区的近邻湘南湘语也广泛使用"冇"。二是有些方言中（如全州文桥土话、资源延东直话）存在一种缩略形式的正反问，可以将正反结构中间的否定词略去，在形式上与谓词重叠问句无异。

（21）平话方言（唐昌曼 2005：280，244—245；张桂权 2005：247）

a. <全州文桥土话> 星期日你去（不）去开会？

b. <资源延东直话> 考试唔考试？考唔考试？考考试？

谓词重叠式问句将在第 4 章集中讨论。

2.2 藏缅语族

中国境内的藏缅语至少有 47 种，大致可以分为藏、羌、景颇、缅、彝 5 个语支；此外，还有一些语言的系属未定，如白语、撒都语、土家语等。其谱系分类见 1.3 节。本节按语支顺序概述这些语言是非问句的一些结构特点。

2.2.1 藏语支

境内的藏语支语言有 4 种：白马语、仓洛语、门巴语、藏语。

藏缅语是非问句的一个突出特点是使用动词疑问形态，例如白马语 a⁵³-/ə⁵³-（孙宏开、齐卡佳、刘光坤 2007：85—86，130—131），藏语拉萨话 e-/ə-（金鹏 1983：81—82，102—103），藏语德格话、改则话、拉卜楞话 ə-/e-（瞿霭堂、谭克让 1983：95；格桑居冕、格桑央京 2002：160—161，167，264—265）。又如藏语甘孜话，疑问附缀 ə³¹ 可以加在助动词、系词甚至是体标记之前。

（22）藏语甘孜话（燕海雄、江荻 2016：40—41）

a. hɔ⁵⁵   ɣə⁵⁵   ə³¹   tho⁵³？

　　2SG   来   Q   能

　　你能来吗？

b. ɬɔ⁵⁵   tɕha⁵⁵   ȵi³¹ te³¹   tɕhe⁵⁵çy⁵⁵

　　鞋   双   两   DEF   大小

　　dʐa¹⁴dʐa⁵⁵ ə³¹   re³¹？

　　一样   Q   COP

　　这两双鞋一样大吗？

c. $hɔ^{55}su^{31}$　　$tɕhɔ̃^{55}nũ^{53}$　$gə^{31}$　　　$khu^{55}wa^{55}$

2SG-GEN　　家　里　GEN　　　房子

$sa^{55}pa^{55}$　　$ga^{55}ga^{55}pə^{55}$　$ə^{31}$　　$tsha^{53}$?

新　　　完　盖　　Q　　　PRF

你们家的新房子盖好了吗?

藏语支语言一般不使用语调是非问,但藏语安多方言拉卜楞话可以使用句末升调表达疑问(格桑居冕、格桑央京 2002:265)。

藏语支语言没有典型的正反问句。选择问结构多为[X(prt)Y(prt)],即选择项之间的语气词可以省去。例如,白马语可以用语气词 fia^{13}、ia^{13} 连接选择项构成问句;虽然白马语也使用选择连词,如 $ʑe^{341}rɛ^{35}$、$xue^{13}/xue^{13}tʃe^{53}$(后者为汉语借词"或者"),但选择连词似乎不用于构成问句(孙宏开、齐卡佳、刘光坤 2007:131,122—125)。

(23)白马语(孙宏开、齐卡佳、刘光坤 2007:131)

$ʐo^{13}ko^{53}$　　$ndʑi^{53}$　$ʃa^{53}$　fia^{13}　$ʃɔ^{13}$　$ʃa^{53}$?

咱们　　走　　IMP　PRT　　休息　IMP

咱们走呢还是休息呢?

仓洛语的选择问句兼用[X prt disj Y]和[X prt Y prt]结构(张济川 1986:156—157);门巴语有[X disj Y(prt)]结构,如果选择项为一正一反则类似正反问句。

（24）门巴语（孙宏开等 1980：59）

ʔi⁴³　ᴢᴀ¹³　tᴀ¹³　mᴀ²³　ᴢᴀ²³？

你　吃　还　不　吃

你吃还是不吃？

2.2.2　羌语支

羌语支语言的突出特点也是使用动词疑问形态，最常见的是疑问前缀 a-，如尔龚语 a-（根呷翁姆 2019：201）、纳木依语（纳木兹语）a³³-。

（25）纳木依语（黄布凡、仁增旺姆 1991：169）

a. nuo³¹　ʁuo⁵³dzʉ³¹　mo³¹　a³³-dʐi⁵⁵？

你　藏族　人　Q-是

你是藏族吗？

b. nuo³¹　mo³³　sl³¹　dzi⁵³　a³³-ntɕhi⁵⁵　mæ⁵⁵-ntɕhi⁵⁵？

你　马　肉　吃　Q-有　NEG-有

你曾否吃过马肉？

（25b）是［a³³-X neg-X］结构，是疑问前缀和正反问结构的结合。不过，正反问结构在羌语支语言中较为少见，除纳木依语之外，仅尔苏、贵琼 2 种语言报道有"肯定加否定"型问句（孙宏开 2007a：966，2007b：1029），但未给出例句。宋伶俐（2011：162）提及贵琼语的"正反问"结构是在正反项之间再用一个连词，即有［X CONJ NEG X］结构。

（26）贵琼语（宋伶俐 2011：162）

nũ³⁵	me³³	tɕiɛ̃⁵⁵	wu³³	dʐʅ³⁵	la⁵⁵	me³³	dʐʅ³⁵	ȵi³³?
你	不	想	NOM	是	CONJ	不	是	PRT

你是不是不想要？

不过，因为有连词居中连接，该句已经不是正反问而是选择问了。尔龚语的情况与之非常相似，没有严格的正反问句，只有一种在正反项之间加连词"或者"（sa/sɛ）的选择问句（根呷翁姆 2019：222）。再如蒲溪羌语、松潘羌语、兰坪普米语等，均没有正反问句（黄成龙 2007：169—171；黄成龙等 2019：175，179；蒋颖 2019：182）。看来，羌语支语言（和藏语支语言）是非问句的一项特征是不使用正反问，这在汉藏语中显得颇具特色。

羌语支语言的疑问语气词一般位于句末，但嘉戎语疑问语气词 mə/mo 可以位于句末或者谓词之前（林向荣 1993：391—392）。嘉戎语小句的基本语序是 SOV，如在动词前添加疑问语气词，则位于倒数第二的位置。

（27）嘉戎语（林向荣 1993：391—392）

a. no　kə　pa　tə-ŋos　mə?
你　汉　人　2-是　QP
你是汉人吗？

b. no　kə　pa　mo　　tə-ŋos?
你　汉　人　QP　　2-是
你是汉人吗？

c. no　na-pu　mə　mʃor?

你　孩子　　QP　漂亮

你的孩子漂亮吗?

表 2.10 总结了羌语支语言是非问的一些表达方式。除了上文提及的一些特点之外，另一项颇有特点的是却域语选择连词的位置：后附于选择前项（陆绍尊 2007）。

表 2.10　羌语支语言的是非问表达方式

语言	语气词	选择问	正反问	动词疑问形态
尔龚语	da, na	X disj Y	-?	a-, eː-, -a
尔苏语	+	+	(+)	$-a^{55}-$
贵琼语	la^{35}, $m\tilde{u}^{35}$	X disj prt Y	(+)	$\tilde{\varepsilon}^{33}-$, $a^{33}-$
拉坞戎语	$\text{ç}u^{53}$, $t\text{ç}hu^{53}$	X prt disj Y prt, disj X disj Y	-?	$ji^{55}-/\text{ç}ə^{55}-$
木雅语	ra^{33}	n/i	-?	$(-)$ $æ^{55}-$
纳木依语	ja^{33}	X prt, Y disj	-?	$a^{33}-$
普米语	ma^{13}, a^{13}	Xdisj Y	-	$\varepsilon^{55/13}-$, $-si\varepsilon^{31}$, $-\text{ʒ}u\varepsilon$ (ŋ)^{55}
羌语	a, me, ma, ba	X prt Y	-	-?
却域语	+?	X disj, Y	-?	$a^{55}-$, $-a^{55}$
嘉戎语	mə	X prt Y	-?	mo-
史兴语	+	X prt Y	-?	$ʔa^{55}-/ʔ\varepsilon^{55}-$, $-ʔ\varepsilon^{33}$
扎坝语	$mɪ^{33}$, $m\varepsilon^{33}$	X prt Y	-	n/i

2.2.3　景颇语支

在景颇语支中，崩如语、格曼语、苏龙语已有报道使用正反问句，其他语言暂未见报道。未报道有正反问句的语言大多有 [X prt neg X] 结构，不过，这不是典型的正反问，而是一种选择问。

（28）阿侬语（孙宏开、刘光坤 2005：128）

ŋa³¹　tian³⁵ sʅ³⁵ tɕi⁵⁵　ŋ³¹-vɛn³⁵-ɛ³¹　mɛ⁵³　m³¹　ŋ³¹-vɛn³⁵　mɛ⁵³?

2_SG　电视机　　　　2-买-_ASP　　_PRT　_NEG　2-买　　_PRT

你买不买电视机?

有些语言在正反问句方面还存在方言差异。例如怒江独龙语使用正反问句，独龙江独龙语不使用，但两种方言都用动词疑问前缀。

（29）独龙语（孙宏开 1982：202—203）

  a.　ǎŋ⁵³　　　gɯ⁵⁵-khe⁵⁵?　　（怒江独龙语）

   3_SG.M　　_Q-吃

   他吃了吗?

  b.　ǎŋ⁵³　　　ma⁵⁵-kai⁵⁵?　　（独龙江独龙语）

   3_SG.M　　_Q-吃

   他吃了吗?

刘璐、恩昆腊（1959：148）谈到，景颇语"在谓语的主要谓词之前往往用有副词 ʒi³ 表示征询的口气，说明该疑问包括肯定与否定两方面的意义"，例如 ʒi³ sa³（疑问 去）'去不去?'；这种"副词"就是谓词疑问前缀，表达与正反问相当的意义。

2.2.4　缅语支

缅语支语言有一个共同的句末疑问语气词 la（载瓦语除外）。选择问的表达方式各异，例如波拉语用选择连词，阿昌语、浪速语、载瓦语用语气词连接选择项，勒期语用话题标记连接选择项（戴庆厦、李洁 2007：248—257）。

（30）勒期语（戴庆厦、李洁 2007：253）

naŋ⁵³　wɔm³³　lɔː⁵⁵　tsɔː³³　mə⁵⁵ke³³　lɔː⁵⁵　juːp⁵⁵　la⁵³？

2SG　饭　去　吃　TOP　去　睡觉　PRT

你是去吃饭还是去睡觉？

正反问句也见于阿昌语、波拉语、勒期语，但未见于浪速语、仙岛语；无正反问句的语言往往有类似的选择问结构［X prt neg X］。

（31）浪速语（戴庆厦 2005：119）

khauŋ³⁵　tsɔ³⁵　la̠³¹？　mə̆³¹　tsɔ³⁵　la̠³¹？

玉米　吃　QP　不　吃　QP

吃玉米？还是不吃？

（32）仙岛语（戴庆厦等 2005：140）

nɔŋ⁵⁵　tat⁵⁵　nɛʔ³¹la⁵¹，　n³¹　tat⁵⁵　la⁵¹？

2SG　会　PRT　不　会　PRT

你会不会？

2.2.5　彝语支和其他语言

彝语支语言是非问句的突出特点是谓词重叠式问句。在一些彝语支语言中，例如彝、卡卓、拉祜、傈僳、纳西、撒都、堂郎等语言都有谓词重叠式问句（Matisoff 1973，1991a；陈士林等 1985：84；和志武 1987：63；陈康 1996；盖兴之 2002；木仕华 2003：208—266；白碧波、许鲜明 2012：97；参看刘丹青 2008）。

（33）彝语（陈士林等 1985：94；陈士林等 2007）

a. la^{33} '来'   la^{44}la^{33} '来吗？'

b. lɔ^{55}pɔ^{21} '帮助'   lɔ^{55}pɔ^{21}pɔ^{33} '帮助吗？'

（34）纳西语（和即仁、姜竹仪 1985：49）

a. buɯ^{55} buɯ^{33} le^{33}？

　　去   去   PRT

　　去不去呢？

b. phiə^{55} phiə^{33} le^{33}？

　　喜欢   喜欢   PRT

　　喜不喜欢呢？

（35）堂郎语（盖兴之 2002）

mʏ̩^{53} χã^{33} χã^{33}？

雨   下   下

会下雨吗？

在一些语言中，有一种谓词重叠与正反问句叠加的问句，如基诺语。吴福祥（2008）认为这是彝语支语言自有的谓词重叠式与汉语的正反结构叠合的结果。

（36）基诺语（盖兴之 1987）

nə^{42} zo^{44} zo^{44} mɔ^{44} zo^{44}？

2SG   走   走   不   走

你走不走？

在纳西语和柔若语中有一些疑问成分用于谓词之前，例如纳西语"疑问副词"el 和 ə^{55}（和即仁、姜竹仪 1985：78；和志武 1987：88，115）、柔若语疑问前缀 ta^{53}（孙宏开 2002：90—91，148，171）。在绿春大寨哈尼语中，也可在谓词前添加词缀 pha^{33}‑表示提问（参看 5.4 节）。这些表疑成分均紧接于谓词之前，虽然有的文献称之为"疑问副词"（一个原因可能是较早著作所用术语不同），但应当都是藏缅语中常见的谓词疑问形态。

（37）纳西语（a. 和即仁、姜竹仪 1985：78；b—c. 和志武 1987：88，115）

a. u^{33} tʂɯ^{33}ȵi^{33} ə^{55} bɯ^{33} le^{33}？

　　你　今天　　　是否去　　呢

　　你今天是否要去呢？

b. wu ser zzvl el bbee lei？

　　你　砍　柴　是否　去　　呢

　　你是否去砍柴呢？

c. el　　ga leiq？

　　是否　好　呢

　　好不好？

（38）柔若语（孙宏开 2002：91）

a. ȵo^{33}　mia^{33}　xo^{33}　ta^{53}　tso^{33}　ku^{55}？

　　2sg　马　肉　Q　吃　　PRT

　　你吃过马肉吗？

b. ŋo³³　io³³　xɯ³¹　ta⁵³　li³³？

　　2SG　拿　　Q　　重

　　你拿拿看重不重？

　　彝语支语言较少使用语调是非问，但卡卓语、傈僳语均有报道（Roop 1970：243—247；木仕华 2003：85，88，209）。

　　白语的是非问表达颇具特色，往往需要疑问语气词（如 mo³³、nε⁵⁵、ma³⁵）与谓词声调配合使用，如果其（单音节）谓词是 35 调或 55 调则需要把声调拉长一些，如果是其他声调则改读 35 调并且拉长（徐琳、赵衍荪 1984：88）。

（39）白语（徐琳、赵衍荪 1984：88）

a. no³¹　pe³⁵　mo³³？　　($pe^{35} < pe^{44}$)

　　2SG　去　QP

　　你去吗？

b. na⁵⁵　ka³⁵　mo³³？　　($ka^{35} < ka^{31}$)

　　2PL　冷　QP

　　你们冷吗？

　　谓词重叠式问句在第 4 章集中讨论。此外，第 5 章单独介绍了哈尼语的是非问句，作为藏缅语的一个个案分析。

　　综合本节的讨论，藏缅语的是非问有几项非常突出的结构特征：一是有一个使用很广的疑问语素，最常见的是用作谓词疑问形态，也广泛用于构成特指疑问词，还用作句末语气词（参看孙宏开 1995，2004）；二是正反问句的使用远不如其他语族语言广泛，其中藏语支和羌语支语言几乎不用正反问；三是有一种谓词重叠式问句，其中使用较广的是彝语支语言（参看第 4 章）。

这三项特征中，第一项在文献中作为一种疑问语素和/或谓词疑问形态的讨论较少，但可能是汉藏语乃至世界其他地区语言的常见特征；第二项正反问的相关研究极多，但正反问句在藏缅语的分布不均，在汉藏语之外则是相当少见的现象；第三项特征的讨论文献不多，但可能是世界语言中更为罕见的是非问表达方式（参看刘丹青 2005，2008，2012；Dryer 2013a）。一旦将比较的范围扩大，将汉藏语各（族/支）语言置于汉藏语系的背景中，进一步将汉藏语置于世界语言的大背景之中，一些共性与个性常常会显得更加清晰。

2.3　侗台语族

侗台语经常被认为是与汉藏语系并列的独立语系，如 Ethnologue、Glottolog、WALS 等文献（数据库）无不如此。按照国内的分类习惯（如《中国的语言》《中国语言地图集》），本书也将侗台语视为汉藏语系的一个语族，包括侗水、仡央、黎、台（壮）等 4 个语支（蔡家话的系属未定），共 21 种语言（参看 1.3 节）。

2.3.1　侗水语支

侗水语支语言的是非问有较多共同特点。例如，均使用语调是非问，均为句末升调（标话、毛南语、水语的语调情况暂时未知）；选择问都使用连词而不是语气词连接选择项；正反问也广泛见于各语言。

当然，各语言（方言）的某些疑问结构也存在差异。例如正反问句，佯僙语必须使用全式；茶洞语、拉珈语、毛南语、莫语、仫佬语、水语常将否定词之后的成分略去，仅用省略式 X-neg；潘洞水语全式与省略式均可；大岗标话则根本不用正反问句，而在谓词前加疑问标志 a[42]。

（40）莫语（杨通银 2000：100）

an^5　ŋ^2　kau^5　man^1　me^2?

愿　　你　　见　　他　　不

你愿不愿（想不想）见他？

（41）潘洞水语（夏勇良 1989）

a. ȵia⁴² mjat⁵⁵ mje⁴² mjat⁵⁵ man³⁵?
　　你　　爱　　不　　爱　　她
　　你爱不爱她？

b. ȵia⁴² tɕiə¹² tjaŋ³⁵ ljeu⁴² mei⁴⁴?
　　你　　吃　　饱　　PST　　未
　　你吃饱了没有？

c. ȵiə⁴² paːi¹² hõ³⁵ man¹² lieu⁴² a⁴⁴?
　　你　　去　　看　　他　　PST　　PRT
　　你去看他了吗？

d. ȵiə⁴² mjat⁵⁵ man¹² mje⁴² mjat⁵⁵?
　　你　　爱　　他　　不　　爱
　　你爱他还是不爱？

（41a—b）的最后一词的声调都有改变，即 man¹² > man³⁵、mei⁵³ > mei⁴⁴。夏勇良（1989）谈到，潘洞水语的疑问语气词不多，句末音节的声调变化是一种重要补充，如果句末有疑问语气词（如 j⁵³/a⁴⁴/ma⁴⁴/dje⁴⁴/i⁴⁴，参看 41c）或者句末音节为促声（如 41d），则句末音节的声调不改变。

（42）大岗标话（陈延河 1990）

a. a⁴² ʔɔ⁴² tsiːə⁴⁴ pui³¹?
　　Q　　买　　肉　　肥
　　买肥肉吗？

b. mɐn⁵¹　　　ke⁴²　　　mɐ⁴⁴　　　a⁴²　　　pui³¹?

　　他　　　GEN　　　猪　　　Q　　　肥

　　他的猪肥吗？

c. noi⁴⁴　　　tsu⁵¹　　　mia1³²　　　a⁴²　　　jɔt⁴⁴　　　lɐi⁵⁵　　　fai⁴⁴?

　　DEF　　　CL　　　马　　　Q　　　跑　　　RES　　　快

　　那匹马跑得快吗？

d. noi⁴⁴　　　tsu⁵¹　　　mia1³²　　　jɔt⁴⁴　　　lɐi⁵⁵　　　a⁴²　　　fai⁴⁴?

　　DEF　　　CL　　　马　　　跑　　　RES　　　Q　　　快

　　那匹马跑得快不快？

有些学者认为吴语和侗台语有亲属关系（竟成 1988；陈延河 1990；参看丁邦新 2020）。2.1.2 节提及吴语上海话、苏州话有一种"阿 VP"是非问，大岗苗语的这类问句可能也是支持这些语言之间亲属关系的某种（零星）证据。

2.3.2　仡央、黎、台语支和蔡家话

仡央语支语言的正反问句差异较大。一些语言使用 [X-X-neg] 而不是常见的 [X-neg-X] 结构，例如仡佬语、拉基语仅用前者，而村语、黎语、布央语两者兼用。在仡佬语内部，不同的方言也存在差异。例如，普定仡佬语的正反问表达方式非常多样。

（43）普定仡佬语（张济民 1993：94）

a. ka⁵⁵　　maɯ¹³　　ka⁵⁵　　maɯ¹³　　ʔa¹³?　　[XP XP neg]

　　吃　　饭　　吃　　饭　　不

　　你吃不吃饭？

b. ka⁵⁵ maɯ¹³ ka⁵⁵ ka⁵⁵ ʔa¹³？　　　　　［XP X X neg］

c. ka⁵⁵ maɯ¹³ ka⁵⁵ ʔa¹³？　　　　　　　［XP X neg］

d. ka⁵⁵ ka⁵⁵ ʔa¹³？　　　　　　　　　　［X X neg］

平坝仡佬语的正反问句则多用［X（P）（disj）X neg］结构。选择连词也见于年轻人的口语，但较少见于老派（张济民 1993：156）。

六枝仡佬语的正反问句结构也比较自由，一般是［X（P）neg（X）］。六枝仡佬语的选择问句显得更有特点，一般用语气词连接选择项，也可以在选择项之间再加一个借自汉语的选择连词"还是"（李锦芳、曾宝芬、康忠德 2019：242—243）。

（44）六枝仡佬语（李锦芳、曾宝芬、康忠德 2019：242）

a. mɯ³¹　ɯ⁴⁵　ka³¹　maɯ³³　maŋ³³　ɯ⁴⁵　zan³³　plɯ³¹？

你　　要　　吃　　饭　　　呢　　　要　　喝　　酒

你要吃饭呢还是要喝酒？

b. çin³³ tçi³¹ lɯ³³bɯ³³　maŋ³³　xa³¹sʅ⁴⁵　çin³³　tçi³¹　qə³³çuŋ³³？

先　　穿　　衣服　　　呢　　　还是　　　先　　　穿　　　裤子

先穿衣服呢还是先穿裤子？

村语的正反问句可以略去否定词之后的成分，还可以在否定词前加连词，构成［X disj neg］结构；布央语、黎语与之类似（欧阳觉亚 1998：150—151，181—189）。

（45）村语（欧阳觉亚 1998：189）

a. na⁵　　bən⁴　　vɛn³　　bən⁴?

他　　来　　不　　来

他来不来？

b. na⁵　　bən⁴　　si⁵　　vɛn³?

他　　来　　还是　　不

他来不来？

c. mɔ⁵　　zai³　　vɛn³?

你　　去　　不

你去吗？

现代黎语的正反问结构借自汉语，其较早的结构是［X（disj）neg］，这种结构仍为老派母语人所使用（欧阳觉亚 1983：569；苑中树 1994：76—77）。表 2.11 列出了 5 种黎语方言的正反问句结构。

表 2.11　5 种黎语方言的正反问句（欧阳觉亚 1983：568—569）

	保定	通什	白沙	西方	加茂
V-neg	+	+	+	+	
V-neg-V		+	+		+
V-disj-neg	+				+
V-disj-neg-V				+	+

类似的差异也见于形容词作谓语的情形，如例（46），其中（46b）比（46a）更常见。

（46）黎语（苑中树 1994：76—77）

a. ʔaːu¹za¹　haɯ²　fei¹　kuːn¹　zɯːn³　ta¹　　　　zɯːn³?

老人　　那　　走　路　　快　　不　　　　快

那老人走路快不快?

b. ʔaːu¹za¹　haɯ²　fei¹　kuːn¹　zɯːn³　tsha³ta¹　ta¹?

老人　　那　　走　路　　快　　或者　　不

蔡家话、仫佬语、壮语一般使用全式的正反问，否定词后的成分不可省略（如佯僙语）。台语支语言也多用全式正反问 [X-neg-X]，黎语支语言兼用全式与 [X-X-neg]，而仡央语支主要使用 [X-X-neg]。

2.4　苗瑶语族

苗瑶语的是非问表达方式有较强的内部一致性。绝大多数语言都有语调是非问，此外，都使用句末疑问语气词、选择结构和正反结构（表2.12）。

白午苗语（一种黔东南苗语）、标敏勉语还使用谓词重叠问句。在这两种语言中，谓词重叠结构的构成方式都是：略去正反结构中的否定词，并将否定词的声调移至前一动词。

（47）白午苗语（胡晓东2008）

a. ti^{33}a^{55}ti^{33} 　　　→ 　ti^{55}ti^{33} 　　'打不打？'

b. men^{22}a^{55}men^{55} 　→ 　men^{55}men^{22} 　'吃不吃？'

c. ma^{53}a^{55}ma^{53} 　　→ 　ma^{55}ma^{53} 　　'砍不砍？'

（48）标敏勉语（毛宗武2004：239）

ŋ̍^{31}ŋwai^{33} 　nin^{33} 　ta^{31} 　ŋ^{24} 　ta^{31} 　ŋ̍in^{42} 　ŋaŋ^{24}？

今天　　他　来　不　来　吃　饭

今天他来不来吃饭？

例（48）可以通过省略否定词并将否定词的声调（24调）移至前一动词，即ta^{24}ta^{31}，构成重叠式疑问。在标敏勉语中，情态动词也可以通过这种省略否定词的方式构成谓词重叠式问句（毛宗武2004：239—240，299）。

在文界巴哼语中，我们所见到的正反问表达方式与白午苗语和标敏勉语略有不同。不是用全式的正反结构，而是在否定结构前加一个表示"是否"义的（提问）成分。

（49）文界巴哼语（李云兵 2018：122）

mʉ⁴⁴	pa³¹	ŋfi³³	kɛ³¹	nfiɔ³³	ŋ³¹-mpfiɛ³¹?
你们	是否	不	敢	吃	DEF-蜗牛

你们敢不敢吃蜗牛？

巴那语是苗瑶语中研究相对较少的语言，以下是我们仅见的 2 例疑问句，都是否定形式的是非问，其中（50a）是［VP-neg］结构，（50b）看起来是一个语调是非问句，二例中的"啊"［a⁰ᐟ³¹］可能是普通的句末语气词。

（50）巴那语（贺福凌、吴思兰 2020）

a.
ŋ̍⁴⁴	mi³⁵	tjou²²	doŋ³⁵	tɕʰi⁵⁵	i³⁵	mo³¹	a⁰?
你	闻	著	香气	了	不	啊	

你闻到香气了没有？

b.
ŋ̍⁴⁴	mo³¹	ho⁵⁵	tɕi³¹	a³¹?
你	不	喝	油茶	啊

你不喝油茶啊？

苗瑶语是非问句的主要表达方式列为表 2.12。

表 2. 12　苗瑶语的是非问句

语言	语调	选择问	正反问	语气词
巴那语	(+)	?	(+)	(+)
布努语	上升	X disj Y	+	lɣ⁶, ni²
巴哼语	+	X disj Y	+	+
苗语	+	X disj Y (disj)	+	+
炯奈语	上升	X disj Y	+	+
勉语	+	X disj Y	+	dza³, ma³³, ba³³
畲语	+	X disj Y	+	ma^{1/6}, nji⁶/ne¹/e¹

2.5 小结

本章概述了 85 种汉藏语系语言（方言）的是非问表达，其中有些语族/语支的结构特征和分布特征较为突出。

汉语（方言）表达是非问的主要手段有 4 种：句末升调、疑问语气词、正反结构、选择结构。有些汉语方言还使用谓词前疑问标记、谓词重叠等方式。

在藏缅语中，动词疑问形态是突出的特点，句末升调和正反问相对少见，藏语支和羌语支语言几乎都不用正反问；此外，彝语支语言常有谓词重叠问句。

侗台语和苗瑶语的是非问句与汉语（方言）在某些方面较为相似，例如句末升调、语气词、正反问、选择问等 4 种主要疑问表达方式均为常见。

汉藏语的疑问语气词普遍偏好出现在句末，使用正反问结构较多，这与世界其他地区语言在总体上有较大差别。其中，正反问结构大多借自汉语，这种借用只发生在境内的汉藏语，不见于一些境外的亲属语言（参看第 3 章、第 8 章）。

对本章内容更具体的一些概括性表述，另参看 8.3 节和第 9 章。

3 汉藏语的疑问语气词

Dryer（2013a）概览了世界范围 955 种语言的是非问表达方式，其中涉及中国境内语言 38 种；Dryer（2013b）讨论了世界范围 884 种语言疑问语气词的位置，包括 35 种中国语言，与其 2013a 一文相比，少了粤语广州话、纳西语、普米语 3 种语言。

按 Dryer（2013ab），有 16 种中国语言无疑问语气词，其中汉藏语 7 种。按 Dryer（2013b），在 884 种语言中，疑问语气词的位置偏好为：句末（314 种）、句首（129 种）、句次（52 种）、其他（8 种）、任意（26 种）、无语气词（355 种）。

总体上，汉藏语乃至中国境内的其他语言使用疑问语气词都非常广泛，且疑问语气词的位置偏好出现在句末。一个随之而来的问题是：Dryer（2013ab）的观察是否切合汉藏语的实际情况？本章将对此作出回应。主要围绕两个方面展开讨论：一是语气词的位置，即语气词在句子的出现序次，汉藏语疑问语气词的位置放在世界语言的大背景中是共性多还是个性多；二是汉藏语语气词的分布，即哪些语言有什么疑问语气词，Dryer 对各语言有无疑问语气词的判断是否准确。

在进入讨论之前，先区分两组概念：一是"疑问语气词"和"疑问句中的语气词"，二是疑问语气词和一些类似附加问（tag questions）的成分。

在许多汉藏语中，特别是在汉语（方言）中，有些句末语气词能够确定句子类型。例如汉语普通话"吗"一般被视为是非问句的标志，"嘛""罢了"是陈述句的标志，如表 3.1。

表 3.1　汉语普通话的语气词

语气词	陈述	疑问				祈使
		语气词是非问	选择问	正反问	特指问	
嘛	+	−	−	−	−	−
吗	−	+	−	−	−	−
呢 ne	+	−	−	−	−	−
呢 nē	−	−	+	+	+	−
吧	(+)	(+)	−	−	−	+
啊（呀/呐）	(+)	(+)	(+)	+	+	+
的	+	−	−	−	−	−
了	+	−	−	−	−	+
罢了	+	−	−	−	−	−

　　从表 3.1 可以看到，"呢（nē）""啊"可以用于多种问句，但问句不一定使用这些语气词，有些语气词还可用于更多句子类型。在处理各语言的是非问语气词时，我们仅讨论与汉语"吗""吧疑问"功能相似的语气词，即自身可表达疑问的语气词；有的语气词如"啊"（及其变体"呀""呐"）可出现在疑问句，但句子疑问不由其表达，因而被排除在外（参看陆俭明 1984；王珏 2020，2023；Luo & Wu 2017）。

　　我们也区分疑问语气词和一些附加问形式。这类附加问形式一般含有"是/不""（不）对"等极性判断类词，例如汉语普通话"对吧""不是吗"，吴语"对伐"，英语 isn't it'不是吗'，德语 nicht wahr'不是吗'、oder（nicht）'还是（不是）'。附加问一般被视为是非问的一种，常常出现在句末，在语流中可能弱化而显得形式较为短小（如英语 isn't it→innit），与语气词有相似之处。不过，疑问语气词和附加问在结构上存在不少差别，主要有三个方面：（i）位置不同，附加成分几乎总是位于句末（按 Dehé & Braun［2013］，英语附加问的位置比较自由）；语气词的位置比较多样，不一定出现在句末（参看 3.1 节 Dryer［2013b］的统计）。（ii）语流停顿不同，附加问之前的停顿更常见，而语气词问句不需要在语气词之前停顿。（iii）结构复杂度不同，附加问比语气词问句更复杂，因为附加问常常含有动词或情态词，而语气词是封闭词类（参看 Ladd 1981，König & Siemund 2007 以及前文 1.2.1 节）。

3.1 疑问语气词的位置

Dryer（2013a）讨论了世界范围内 955 种语言的是非问表达方式，其中涉及中国境内语言 38 种，覆盖了 Dryer（2013b）的 35 种中国语言，此外，还包括纳西语、普米语、粤语广州话 3 种汉藏语（表 3.2 中加星号 * 表示）。

表 3.2　38 种中国境内语言的是非问表达方式（Dryer 2013a）

疑问方式	语言
疑问语气词（22）	阿昌语、阿卡语、白语、侗语、独龙语、苗语、景颇语、拉祜语、彝语（腊罗）、汉语普通话、勉语、藏语（标准口语）、壮语、*粤语、*纳西语、*普米语（16，汉藏语） 泰耶尔语、达斡尔语、鄂温克语、柯尔克孜语、蒙古语、塔吉克语（6，非汉藏语）
动词疑问形态（13）	毕苏语、嘉戎语、义都语、傈僳语、土族语、羌语、藏语（现代书面语）（7，汉藏语） 乌孜别克语、保安语、东乡语、卡尔梅克语、朝鲜语、满语（6，非汉藏语）
仅用疑问语调（3）	阿侬语、排湾语、鲁凯语（3，非汉藏语）

Dryer（2013ab）均未提及粤语广州话、纳西语和普米语疑问语气词的位置。事实上，这 3 种语言的疑问语气词均出现在句末位置，普米语同时还使用动词疑问前缀。

（1）粤语广州话（方小燕 1996）

nei	jika	fan	ŋuk	kʰei	ma?
2sg	而家	返	屋	企	QP

你现在回家去吗？

（2）纳西语（和即仁、姜竹仪 1985：85）

ngv	mə	bɯ	la?
2SG	不	去	QP

你不去吗？

（3）兰坪普米语（陆绍尊 1983：65，81—82）

a. təgɯ pɛtɕĩ nãu xəʒəsi ma?

　3SG.M 北京 PRT 来 QP

　他从北京来吗？

b. nɛ sĩ tʃhø ɛ-dziɯusi?

　2SG 早饭 Q-吃

　你吃早饭了吗？

　　表 3.2 也可以看到，Dryer（2013a）使用"动词疑问形态"的中国语言 13 种，其中 7 种为汉藏语。但是，这 7 种语言也都使用疑问语气词；在疑问方式兼用的情况下，不宜直接划定其属于某一种疑问方式。又如，阿侬语也使用疑问语气词，但 Dryer 将其划为"仅用疑问语调"一类。

　　区域特征值得类型学比较研究注意。中国境内语言几乎都偏好使用疑问语气词，这是一项区域共性；在这个区域内的语言，如果判断为"无疑问语气词"需要十分小心。语言在自身承继发展的同时，也在与区域内其他语言共生发展。讨论一种语言的结构特征时，应该参照其所在区域其他语言的特征，避免孤立地看待某种语言。上文 Dryer 对粤语、纳西语、普米语特征的概括不准确，主要原因可能是区域视角的欠缺。类似的情况还有一些，例如 Dryer（2013a）涉及

Nakh-Daghestanian 语言 11 种，认为仅 2 种有疑问语气词，其他 9 种都没有；但是，针对这 9 种"无疑问语气词语言"，Forker（2013）明确列出了其中 8 种语言的疑问语气词。

理论上，疑问小词没有位置限制，可以出现在句子任何位置。不过，Dryer（2013b）在对 884 种语言疑问小词进行考察的基础上，发现疑问小词最常见的位置是句末，其次是句首（如法语句首疑问小词 est-ce que）。

表 3.3 世界语言疑问小词的位置（884 种；Dryer 2013b）

句首	句末	第二	其他	任意①	无小词
129	314	52	8	26	355

我们将 85 种汉藏语的疑问语气词位置与之比较（表 3.4），两组数据差别巨大。

汉藏语几乎都使用句末疑问语气词（巴那语也可能有，却域语的情况未明），只有嘉戎语是可能的例外，嘉戎语疑问语气词的出现位置一般是句末动词前后（林向荣 1993：391—392）。

（4）广卡德昂语（倪娜 2007：17）

a. kɤ^{55}piok^{55} ʔau$^{51/21}$ tʃhiː^{51} lɒ^{21}？

　　衣服　　　1SG　　　漂亮　　QP

　　我的衣服漂亮吗？

b. kʒ$^{412/55}$ hau$^{412/51}$ tʃɔ^{55} lɒ^{21}？

　　3PL　　　去　　　PFT　　QP

　　他们去过了吗？

———————

① "任意"指表格前面（左边）4 种之中任意 2 种位置。

c. moh⁵¹   lɒ²¹   loŋ⁵¹/²¹   pʒ⁴¹²?

是   QP   园子   2PL

是你们的园子吗？

d. mai˙⁵¹/⁵⁵   ha⁵¹   lɒ²¹   tɛu⁴¹²   ni˙⁴¹²/²¹?

2SG   吃   QP   菜   DEF

你吃这菜吗？

表 3.4   汉藏语疑问语气词的位置（85 种）

句首	句末	第二	其他	任意	无小词	不明
0	82	0	0	1	0	2

（5）嘉戎语（林向荣 1993：391—392）

a. no   kə   pa   tə-ŋos   mə?

2SG   汉   人   2-是   QP

你是汉人吗？

b. no   kə   pa   mo   tə-ŋos?

2SG   汉   人   QP   2-是

你是汉人吗？

c. no   na-pu mə   mʃor?

2SG   孩子 QP   漂亮

你的孩子漂亮吗？

汉语普通话口语及一些方言的语气词也可以出现在句中，但这些情形都远不如在句末常见。

（6）<普通话口语>你看吗《红楼梦》？（你看《红楼梦》吗？）

（7）<赣语永新话>你吃吗糖？（你吃糖吗？）

在这些例子中（6）—（7），如果省略疑问语气词后的名词性成分，句子仍然成立。这种句子相对有限，因为宾语要求有一定的定指性，如果无定则不合格，例如将例（6）"《红楼梦》"替换为无定的"书"、例（7）"糖"替换为无定的"东西"。

（8）<普通话口语>?你看吗书？（试图表达：你看书吗？）

（9）<赣语永新话>＊你吃吗东西？（试图表达：你吃东西吗？）

在例（6）—（7）中，语气词后都需要有语流停顿，并伴以上升语调，如"你看吗↗《红楼梦》？"；这种句子在形式上是在问句后追加信息，类似两个句子合并，比较英语"Do you know him? The professor from Germany.（你认识他吗？那位德国教授。）"。因此，句中位置不是这些语气词最常见的或者无标记的位置，这些语言（方言）也不是语气词居中型语言。

3.2　"无疑问语气词语言"再探

Dryer（2013b）的 16 种"无疑问语气词"语言如表 3.5，其中 7
种为汉藏语。

表 3.5　Dryer（2013b）的 16 种"无疑问语气词"语言

语系	语言
汉藏（7）	阿侬语、毕苏语、嘉戎语、傈僳语、羌语、义都语、藏语（现代书面语）
阿尔泰（7）	保安语、东乡语、朝鲜语、满语、乌孜别克语、土族语、卡尔梅克语（卫拉特语）
南岛（2）	鲁凯语、排湾语

据我们的考察，Dryer 所涉及的 7 种汉藏语事实上都使用疑问语
气词。另外，7 种阿尔泰语中有 6 种使用疑问语气词（仅卡尔梅克语
缺乏相关材料，情况未知），2 种南岛语无疑问语气词。以下是 7 种
汉藏语的语气词情况。

阿侬语的是非问句常用句末疑问语气词，如 $m\varepsilon^{53}$、da^{53}（孙宏
开、刘光坤 2005：118—119，127—128）。

（10）阿侬语（孙宏开、刘光坤 2005：119）

ηa^{31}　a^{55}　$a^{31}nu\eta^{31}$　$t\mathrm{s}^{55}$　$\eta\mathrm{u}^{31}$　$i\varepsilon^{33}$　$m\varepsilon^{53}$？

2SG　DEF　怒　族　2　是　QP

你是怒族吗？

毕苏语的常用疑问语气词是 la^{31}（徐世璇 1998：125—126）。

（11）毕苏语（徐世璇 1998：78）

$ʐa^{31}ki^{33}$ $xa^{33}sʅ^{31}$ tsa^{31} khi^{31} la^{31}?

小孩　　　芭蕉　　　吃　　会　　QP

小孩会吃芭蕉吗？

嘉戎语的常用疑问语气词是 mə，用于句末或者动词之前（常变读为 mo）。嘉戎语的基本语序是 SOV，因此疑问语气词通常出现在靠近句末动词的位置，即 SO *mə /mo* V（参看3.1节例5）。

傈僳语的常用疑问语气词有 uɛ、ŋɛ、ŋaha、mo 等（徐琳、欧益子 1959：112—114；徐琳等 1986：88，103）。

（12）傈僳语（徐琳、欧益子 1959：112）

nu^3 mi^5 $ʑi^4$ gu^4 $uɛ$?

2SG　活　做　完　QP

你做完活了吗？

羌语的是非问句常用疑问语气词和句末升调。羌语各方言之间的疑问语气词差别很大（刘光坤 1998：2），最常用的语气词是/a/，如表3.6所示。

（13）麻窝羌语（刘光坤 1998：205）

kuə mupuji ŋu?

2SG　冷　QP

你冷吗？

表 3.6 羌语方言的疑问语气词

羌语方言	疑问语气词	参考文献
桃坪（理县）	mi, ma, n̠i, ua	孙宏开（1981：144, 167—168）
蒲溪（理县）	a, me, ba	黄成龙（2007：156, 168—171）
麻窝（黑水县）	ŋu, a	刘光坤（1998：204—205, 232—234）
雅都（茂县）	a, ŋua, ja, tɕa, ŋui, luʁua, wa	LaPolla（2003：179—186）
曲谷（茂县）	a, tɕi	黄布凡、周发成（2006：171—173, 228—230）
小姓（松潘县）	ma	黄成龙等（2019：175）

义都语的常用疑问语气词是 ja^{31} 和 a^{31}，均位于句末（江荻 2005：169—170）。

(14) 义都语（江荻 2005：169）

n̠u^{33} i^{55}gu^{53} ja^{33}?

2$_{SG}$ 巫师   QP

你是巫师吗?

藏语拉萨话常见一般疑问语气词有 pas 及其在前一音节不同韵尾条件下的各种变体 gas、bas、as 等。书面藏语另有一套疑问语气词：gam 及依据前一音节韵尾产生的多种变体 ngam、dam、nam、bam、mam、ram、lam、sam、tam、-vam（江荻 2016：51—52）。

（15）藏语拉萨话（江荻 2016：52）

a. a pha phun tshogs　　nga　ngoshes　kyi mi vdug　gas?

　　PN　　　　　　　　　1SG　认识　　NEG-DUR　　QP

阿巴平措，你怎么不认识我啦？

b. mi tshos　　　nga　　ni　　drang　　　bden byed

　　人们　　　　1SG　　PAP　老实　　　　做

　　mkhan　　　ma red zer　　gyi ma red　　pa?

　　NOMIN　　　不是　说　　　NEG-PRO　　　QP

人们呢不就会说我不正直吗？

藏语甘孜话也有典型的是非问语气词，用于句末。还有许多其他方言也用句末疑问语气词，如日喀则话 pa、德格话 do/ji/le、改则话 ne、拉卜楞话 ni/ko/ri、普里克话 a 等等（参看 Bailey 1915；格桑居冕、格桑央京 2002：61，68）。

（16）藏语甘孜话（燕海雄、江荻 2016：41）

khɔ^{53}　wo^{31}　lo^{55}tṣe^{55}　re^{31}　tə^{14}?

3SG　也　学生　　COP　QP

他也是学生吗？

综上所述，Dryer（2013b）所涉及的 7 种"无疑问语气词"汉藏语系语言，事实上都使用疑问语气词，且位置多位于句末。只有嘉戎语可能是例外，其疑问语气词除了出现在句末，也经常出现在（句末）动词之前。

3.3 特指问句中的语气词

汉语普通话中，出现在特指问句中的语气词主要有三种：（i）构成特指问句的，是特指问句的标志，如"呢""呐"；（ii）出现在特指问句，但特指问不由其构成的，如"啊""呀""呢"；（iii）将特指问句性质改变成为是非问句的，如"吗"。

（17）汉语普通话

a. 我的书呢/呐？（我的书在哪里？）（较少解读：我的书怎么样？）

b. 你吃了什么啊/呀/呢？（你吃了什么？）

c. 你吃了什么吗？（你吃了什么东西吗？）

（17a）的结构是"名词短语+呢/呐"，构成所谓"语义特指问"或者"缩略特指问"（参看陆俭明 1982）；如果拿英语来比较的话，语义上类似"where is…?"，少数情况下与"how about…?"相近。其内部还有一些小类，如动词短语后的"呢"和附加问的"呢"，前者大致类似英语"what if…?"，后者相当于"and how about…?"。

（18）汉语普通话

a. 他不来呢？（如果/要是他不来呢？）

b. 我有自行车，你呢？（你怎么样？/你有吗？）

（17b）这类句子中，特指问不由语气词表达，因为语气词"啊/呀/呢"等都可省略。有无语气词的差别主要是语用上的：用语气词时，句子增加了深究或者礼貌的意味，具体视句子的语调而定。类似的情形也见于其他一些语言，如 Malayalam 语（Jayaseelan 2012）；但是也有一些相反的情况，如 Tlingit 语 sá、Sinhala 语 da、日语 ka 等小词在一些特指问句中必须使用（Cable 2010；参看 Wachowicz 1980，Bailey 2013）。

（17c）中的"吗"将特指问变成是非问。"吗"是是非问的专职标志，即使在特指问句中，只要能加"吗"，句子总是询问极性信息。不过，"吗"用于特指问句总体上较为少见，其中有一些是为了构成回声问，用于（部分）重复说话人的问题。

（19）汉语普通话（参看吕叔湘 1984，陈振宇 2010：352—372）

a. 甲：谁是张老三？

b. 乙：（谁是）张老三吗？（你是问谁是张老三吗？）

特指问句能不能加语气词，各语言/方言存在较大差异。例如，赣语吉水话的特指问句末几乎不使用任何语气词，赣语南昌话（老派）也较少使用；具体细节需要在各语言/方言中厘定。表 3.7 列出了 24 种汉语方言的情况。

从表 3.7 可以看到，特指问和缩略式特指问中的语气词存在系统差别：前者的数量远多于后者，此外，前者/a/常见，后者/ne/ /le/常见。李小凡（1998：105—106）认为吴语苏州话"呢"［nəʔ²¹］用于缩略式特指问句可能是晚近受到官话影响的结果。

表 3.7   汉语方言特指问句中的语气词（24 种）

语言	方言片	方言	特指问	缩略特指问
官话	北京	北京	啊（呀/呐）、呢	呢
	胶辽	龙口	lo, la	ne
	西南	长阳	sa	lie/tie
	西南	恩施	ʂa	le
	西南	浠水	le, ma	an
吴语	太湖	上海	a, la	ne
	太湖	苏州	tɕiaʔ^{55}, nəʔ^{55}, n^{44}, lɒ^{44}	nəʔ^{21}
	太湖	宁波	la, n̠i	n̠i
粤语	广府	广州	a^{33}, ka^{33}, pɔ^{33}, wɔ^{33}, nɛ^{55}	nɛ^{55}
	勾漏	北流	a, ne, lo	ne
客家	宁龙	南康	o	ne
	宁龙	信丰	kiæ^{51}	nĩ^{55}
赣语	昌都	南昌	a, o, ne	ne
	吉茶	永新	la^{42}, le^{35}	le^{35}
湘语	长益	长沙	lo	n̠ie
	娄邵	祁阳	la, ne	ne
	娄邵	涟源古塘	a, lɔ, la	lɛ, la
闽语	泉漳	台南	a, le, han, hio	le
晋语	并州	太原	liɛ^{44}, le^{44}	le^{44}
徽语	祁德	祁门	a, ne, na	ne
	休黟	婺源	a, ne	ne
平话	北部	永福塘堡	ai^{31}, au^{31}, lie, nie	æ^{35}, lie, nie
	北部	临桂两江	æ^{33}, le^{13}, le^{35}	le^{13}, le^{35}
	北部	阳朔葡萄	lie^{44}	lie^{44}, e^{44}

语气词在特指问和缩略式特指问之间的这些差别，在汉藏语系其他语言之中也有体现。表 3.8 列出了一些其他汉藏语的情况。

根据表 3.7—3.8，似乎可以提出一条汉藏语的区域共性：句末语气词常可见于特指问，但能构成（缩略式）特指问的语气词相对少见；如果某语言有用于缩略式特指问的语气词，那么也有用于特指问的语气词。

表 3.8　部分汉藏语特指问和缩略式特指问中的语气词（13 种）

语族	语言	特指问	缩略特指问
藏缅语	独龙语	da^{55}	da^{55}
	格曼语	tauŋ^{35}	lo^{55}
	阿侬语	da^{53}	le^{53}
	羌语	a（na，ŋua），mi，ma	ȵi
侗台语	壮语	ne，ni，da，ha	ne
	临高语	ni^2	ni^2，ni^5
	标语	ni^1	ni^1
	水语	ndje^4，ɣo^2	ni^4
	仫佬语	ja^5，ni^5	nɛ^5/lɛ^5
	佯僙语	ȵi^0	ȵi^4
	六枝仡佬语	a^{45}/ne^{45}	ne^{45}
苗语	勉语	njɛ^{42}，ləi^{24}，səi^{33}	lɛ^5
	畲语	nji^6	ni^1

此外，有三个问题值得提出来讨论。一是有些语言的特指问加语气词之后成为反问句，如基诺语、彝语。

（20）基诺语（盖兴之 1986：119；1987）

çe^{33}　khɛ^{53}　nɛ^{35}　a？

DEF　哪　2SG. GEN　FP

这哪是你的？

（21）彝语（李生福 1996：139—140）

na^{21}　e^{55}　xa^{55}　a^{21}so^{33}　mu^{21}　ɣa^{21}　kɯ^{21}　ɣa^{33}？

事　DEF　CL　谁　做　PRT　能　PRT

这样的工作谁不会做呢？

　　二是特指问句中语气词的位置。例如彝语的语气词组合使用，前一个不位于句末，这在汉藏语乃至境内其他语言都较为罕见，六枝仡佬语（侗台语）和台湾巴则海语（南岛语）是我们仅见的类似例子。

（22）六枝仡佬语（李锦芳、曾宝芬、康忠德 2019：242）

kan^{33}　a^{45}　na^{33}　au^{31}　la^{45}　mɯ^{31}？

CL　　PRT　哪　是　娃　2SG

哪一个是你的小孩？

（23）巴则海语（曾思奇 2007）

asaj　paj　mini？

什么　PRT　DEF

这是什么？

　　有些汉藏语的特指问句不用语气词，如藏语、苏龙语、扎话（李大勤 2004：166；李大勤、江荻 2001）；还有一些语言的情况我们还不大清楚，如嘉戎语（藏缅语），以及布依语、侗语、拉基语、蔡家话（侗台语）等等。

　　三是语气词的借用问题。这些语气词的音节结构总体非常简单，看起来与汉语（方言）颇多相似。至于汉藏语系其他语言是否从汉语借用了语气词（或者相反），常常不容易确定；但是也有一些脉络清晰的证据，例如壮语语气词 ne、ni、da、ha（韦庆稳、覃国生 1980：55—56），都是典型的汉语借词。

3.4　小结

本章主要尝试理清三个问题，即汉藏语疑问语气词的位置、一些语言是否使用疑问语气词以及特指问句中语气词的一些情况。在此基础上，比较了 Dryer（2013ab）两项世界语言样本的情况，得出了一些差异较大的结论。

汉藏语的疑问语气词几乎一律位于句末（82/83），比例远远超过世界语言（314/884）；此外，汉藏语极少有语序较为自由的疑问语气词（1 种），但世界语言中语气词的位置非常多样。

Dryer（2013b）的"无疑问语气词"语言包括了境内 7 种汉藏语系语言（另包括阿尔泰语 7 种和南岛语 2 种），这 7 种语言事实上都使用疑问语气词。

语气词可以用于许多汉藏语系语言的特指问句之中。例如，在汉语普通话（以及许多汉语方言）中，句末语气词对特指问句有较大影响；句末加"吗"可以将特指问变成是非问或者回声问，加"呢""呀"等语气词可以增加问句的深究意味甚至表达反问。句末语气词对特指问句的这种影响，也广泛见于汉藏语系其他语言。

用于缩略式特指问的语气词数量要少于用于一般特指问句中的语气词，这在汉藏语中是较为普遍的现象（比较表 3.7 和 3.8）。在特指问句中的语气词方面，汉语（方言）与汉藏语系其他语言存在较多共性，一个可能的原因是一些语言从汉语中借用了语气词。

4 汉藏语的谓词重叠问句

本章讨论的"谓词重叠疑问句",是指使用谓词重叠形式构成疑问的一类极性问句,例如客家话于都方言的"明朝你<u>去去</u>北京?"。在不同语言或方言中,其对译可能是汉语普通话里的一般是非问句,如"明天你去北京吗?";也可能是正反问句,如"明天你去不去北京?";甚至是类似"可 VP"的谓词疑问形态问句(interrogative verb morphology),如"明天你可去北京?"。

以往的谓词重叠疑问句研究散见于汉语方言(张敏1990,黄伯荣1996,邵敬敏等2010),对境内少数民族语言的相关讨论较少,主要涉及若干彝语支语言(戴庆厦、傅爱兰2000,刘丹青2008)。本章拟扩大范围,考察汉藏语系中的谓词重叠问句,主要包括三个方面内容:

一、全面检视汉藏语的谓词重叠疑问句,理清有哪些语言(方言)使用这类疑问句,以及这些语言的谱系/区域分布特征;

二、发掘汉藏语的动词重叠疑问句的类型学特征,讨论谓词重叠疑问与其他疑问类型、其他类型学参项之间的相关性;

三、结合以往研究(如项梦冰1990,刘丹青2012,Liu 2016),对汉藏语动词重叠问句的形成和来源作出解释。

谓词重叠问是汉藏语一种颇有特色的疑问类型,在其他语言中非常罕见。本章首先从形式和意义两个方面界定谓词重叠问句(4.1节),理清其在汉藏语系各语言(方言)中的分布(4.2节),在此基础上探讨其结构类型以及来源问题(4.3—4.4节)。

4.1　重叠与谓词重叠的形式

什么是谓词重叠问？解决这个问题，首先要理清"重叠"的范围。

西方语言学的基本认识趋于一致，大多认为重叠是对词干的重复，或完全重复，或部分重复，以此表达不同的（语法）意义。

例如，Crystal（2008/2000：301）将此定义为："形态学术语，指前缀/后缀形式反映词根的某些音系特点的一种重复。"例如希腊语词根的首辅音在一些语法形式中（完成体）重叠，如 λῦω /ˈluːɔː/ '我丢失'变为 λέλυκα /ˈleluka/ '我已丢失'；英语与这种重叠相似的是"重叠复合词"，如 helter‑skelter '手忙脚乱'、shilly‑shally '犹豫不决'（参看 Matthews 1991：134—136）。

Beard（2001：48）定义为：复制全部或部分词干作为词缀的形态操作。例如 Dakota 语（一种北美 Siouan 语系语言）通过重叠可将形容词变为动词，比较 puzy 'dry'（干燥的）~ puspuza 'be dry'（是干燥的），čʰepa 'fat'（胖）~ čʰepčʰepa 'be fat'（是胖的）。

Dixon（2010：139—140）定义为：重复完全或部分词干，置于词干之前或之后；较复杂的重叠还可能重复词根中的音节。

Rubino（2013）认为，完全重叠是指重叠整个词、词干（词根及词缀）或词根，部分重叠的方式较多，不完全的重叠都是部分重叠，例如辅音叠音、元音拉长等等。

完全重叠在世界语言中相对少见，或被视为一种构成复合词的手段。例如 Tamil 语 vantu '来'重叠后变为 vantu‑vantu '来多次'，viyāparam '生意'重叠后变为 viyāparam‑kiyāparam '生意等'；英语也有类似复合词，如 higgledy-piggledy '杂乱'、hotchpotch '大杂烩'（Fabb 2001）。

从跨语言比较看，重叠可能带来丰富的（语法）意义变化。例如名词重叠，可能表达复数、小称，甚至是领属、选择（Dixon 2010：139—140）：

（ⅰ）复数，如 Dyirbal 语 yuri '袋鼠' ～ yuri. yuri '很多袋鼠'；

（ⅱ）小称，如 Salish 语 sqa'yux '男人' ～ sqe'qeyux '男孩'；

（ⅲ）第一人称领属，如 Parecis 语 atʸu '婶婶/叔叔' ～ atʸuatʸu '我的婶婶/叔叔'；

（ⅳ）选择，如 Amharic 语 rajjim '长的' ～ rajjim. rajjim '那些长的'。

动词重叠也可能带来丰富的（语法）意义变化，例如：

（ⅴ）动作重复，如 Yuma 语 amá·n '升起' ～ manamá·n '升起降下'；

（ⅵ）动作剧烈，如 Tomkawa 语 walapa '煮' ～ wawalapa '剧烈地煮'；

（ⅶ）持续发生，如 Siriono 语 erasi '他生病了' ～ erasirasi '他持续生病'。

这些由重叠导致的意义变化，有些在汉藏语中较为常见，例如名词重叠表复数、动词重叠表动作重复；有些似乎不见于汉藏语，例如名词重叠表领属和选择。马学良等在《汉藏语概论》中对重叠问题已有讨论，引述如下：

　　汉藏语系各语言……或多或少都有一些形态变化，包括语音交替（辅音、元音、声调等），添附加成分（前加、中加、后加），重叠等语法手段。……

　　汉藏语言有丰富的重叠词。比较普遍的是形容词、量词的重叠。形容词重叠大多表示性质状态的程度。如阿昌语陇川话 na^{55} "红" 和 na^{55}na^{55} "红红（的）"，lum^{31} "圆" 和 lum^{31}lum^{31} "圆圆（的）"；勉语大坪江话的 ŋie^{52} "重" 和 ŋie^{52}ŋie^{52} "重重（的）"，pɛ^{12} "白" 和 pɛ^{12}pɛ^{12} "白白（的）"。通常重叠总表示程度提高。量词重叠表示 "每" 的意思，如侗语榕江话的 nan^{55} "个" 和 nan^{55}nan^{55} "每个"，ta:u^{53} "次" 和 ta:u^{53}ta:u^{53} "每次"。在许多语言中，名词、代词、动词也能重叠。汉语名词重叠表示 "每"，如 "人人"。景颇语重叠名词表示多数，如 phun^{55} '树' 和 phun^{55}phun^{55} '有些树'，kɯ̃^{31}thoŋ^{31} "寨子" 和 kɯ̃^{31}thoŋ^{31}thoŋ^{31} "有些寨子"。载瓦语重叠疑问代词表示多数，如 o^{55} "谁" ——o^{55}o^{55} "哪些（人）"，xai^{21} "什么" ——xai^{21}xai^{21} "一些什么"。彝语凉山话的人称代词重叠后可构成反身代词，如 ŋa^{33} "我" ——ŋa^{33}ŋa^{33} "我自己"，ŋo^{31} "我们" ——ŋo^{31}ŋo^{31} "我们自己"。汉语动词重叠表示 "做一做"，如 "走走" "打打" "商量商量"。纳西语动词重叠表示 "相互"，如 la^{55} "打" ——la^{55}la^{55} "打架"，tsha^{55} "咬" ——tsha^{55}tsha^{55} "互相咬"。彝语凉山话动词重叠却表示疑问，如 la^{33} "来" ——la^{33}la^{33} "来吗"，bo^{33} "去" ——bo^{33}bo^{33} "去吗"。（马学良主编 2003/1991：8—10）

　　这是非常有见地的论述。首先，将重叠视为一种形态变化，并认为是汉藏语重要的语法手段之一。其次，指出重叠的范围，见于形容词、量词、名词、代词、动词等，并指出形容词和量词重叠较为普遍，名词、代词和动词重叠较少。最后，例举了一些颇有特色的重叠，如量词重叠有周遍义，纳西语动词重叠表相互义，凉山彝语人称代词重叠成为反身代词、动词重叠表示疑问。由此理清了重叠的性质归属及其在汉藏语系语言中的主要表现。

不过，作为概论性著作，该书对彝语支语言的动词重叠表示疑问着墨不多，仅涉及彝语和纳西语（马学良主编 2003：433，451）。随之而来的几个问题是：这种动词重叠疑问句是否还见于其他汉藏语？如果有，在结构上有何特点？除动词之外，是否还有其他词类也能进入这种重叠式疑问？

作为一种广泛使用的形态手段，大而言之，世界语言大致可分为三种类型：不使用重叠作为语法手段、使用完全重叠或部分重叠、使用完全重叠。

完全重叠指重叠整个词、词干（词根+词缀）或词根，例如 Nez-Perce 语（一种美国 Sahaptian 语系语言）重叠整个词，Tagalog 语（一种菲律宾南岛语）重叠词根。

（1）Nez Perce 语（Aoki 1963：43）

té:mul　　~　　temulté:mul

冰雹　　　　雨夹雪

（2）Tagalog 语（Rubino 2013）

mag-isip　　~　　mag-isip-isip

思考　　　　认真思考

部分重叠的方式较多，不完全的重叠都是部分重叠，例如辅音叠音、元音拉长等等。例如，Pangasinan 语（一种菲律宾南岛语）可用多种部分重叠手段构成名词的复数形式（Rubino 2001：540）。

表 4.1 Pangasinan 语的部分重叠方式（Rubino 2001：540）

重叠方式	单数	复数
CV-	toó '人'	totóo
-CV-	amigo '朋友'	amimígo
CVC-	báley '镇子'	balbáley
C_1V-	plato '盘子'	papláto
CVCV-	manók '鸡'	manómanók
Ce-	duég '水牛'	deréweg

据 Rubino（2013）对 368 种世界范围语言的考察，其中能产型重叠形态手段（productive reduplication）有如下分布：

表 4.2　世界语言的能产型重叠形态手段（Rubino 2013）

重叠方式	语言数量
完全或部分重叠	278
完全重叠	35
不用重叠	55

部分重叠与完全重叠之间可能有蕴含关系：一种语言如果使用能产的部分重叠，往往也使用完全重叠（Moravcsik 1978：328）。

重叠实际落实的语音形式根据原有词汇形式和重叠规则而定，所以实际上是个操作过程。但是特定的重叠规则有特定的功能，如"年年"和"人人"所重叠的具体语音完全不同，却有着相同的"每个"这一"周遍性"意义。为了保持形式与功能的一致性，就必须把重叠处理为一种形态形式，尽管其形式是抽象的操作过程，好比普通话"儿化"所落实的具体读音不同，但都处理为同一个儿化语素一样。

汉藏语重叠形式的一个突出特点是完全重叠非常普遍（参看上文马学良［2003］凉山彝语的例子）。具体到疑问形式，除了动词以外，形容词也经常用作谓语，也经常用于构成重叠式是非问。我们将重叠形式限于以下4种：

表 4.3　谓词重叠问的 4 种形式

	重叠问形式		正反问形式
（i）	VV	<	V-neg-V
（ii）	V (n) V	<	V-neg-V
（iii）	AdjAdj	<	Adj-neg-Adj
（iv）	Adj (n) Adj	<	Adj-neg-Adj

表中第（i）（iii）类是典型的重叠，即两个重复的谓词之间没有否定词、连词等成分；第（ii）（iv）类是不典型的重叠，例如谓词之间否定词的省略或保留较为自由（如省略仅有个人风格差异或语体差异），或者在其间留有语流停顿，或者有某种声调变化等等①，都视为谓词重叠（参看 4.2 节）。

---

① 表中将可以省去或者弱化的否定词记作（n），区别于正反问句中的全式否定词 neg。

4.2 谓词重叠问的分布

谓词重叠问句见诸报道的主要涉及汉语方言和彝语支语言（马学良主编 2003/1991：9—10，433，451）。不过，有些研究的观点差异较大，例如戴庆厦、傅爱兰（2000）提出这类问句仅见于彝语，其分布非常有限。

本节呼应这些研究，尝试系统理清汉藏语中的相关现象与材料，在此基础上探讨这类问句的结构类型差异。

4.2.1 汉语方言

汉语方言中的谓词重叠疑问句分布非常广泛，至少见于官话、客家、晋语、闽语、吴语、湘语等六大方言。

(3) 官话方言（张敏 1990：15，67；黄伯荣 1996：696，700）

a. <淮阴> 你没没上学啊？

b. <涟水> 你哥哥有有儿子？

c. <沭阳> 你吃吃饭？

d. <泗阳县城> 能能洗干净？

e. <洪泽> 没没起来啊？

f. <浠水> 三大缸子水，你喝喝不了？

这些官话方言中，动词重叠问几乎都用于肯定式疑问，但淮阴话、洪泽话也可用于否定式疑问，这是比较有特点的。在连城新泉客家话中，也有类似的否定式重叠疑问表达，如"无无新衫？"（有没有新衣服？）（项梦冰 1990）。

泗阳郑楼话的谓词重叠问已经向另一个极端发展，由［VVP］变为［V-P］，将第一个音节拉长为两个音节（下例用破折号表示），同时省略第二个音节。

(4) 官话泗阳郑楼话（张敏 1990：67）

a. 你还有——钱啊？

b. 这件衣服合——身啊？

张敏（1990：67）认为泗阳郑楼话的紧缩过程分为两步：第一步是省略否定词，构成谓词重叠式问句［VVP］；第二步是将前两个音节［VV］缩略为一个拉长的音节［V-］，从而构成［V-P］式问句。这不失为一种合理的说法。不过，具体发展过程是分为两步，还是直接将动词的时长拉长，可能仍然值得探讨，例如普通话的问句也常可将谓词时长拉长，在口语中尤其如此（比较"你知道吗？""你知——道吗？"）。

谓词重叠问广泛见于官话方言，除上文提及的方言之外，还包括合肥、扬州、盐城（黄伯荣 1996：700）以及安徽省的一些江淮官话，如阜宿片、肥芜片（张敏 1990：30）。此外，还见于随州、仙桃、来凤、重庆、舟曲、宾县等西南官话、中原官话、东北官话的一些方言。

在西南官话随州方言中，正反问句中的否定词"不"完全脱落，仅用动词重叠结构，并且动词之间没有任何语流停顿；这种重叠方式与淮阴话非常相似（李文浩 2009）。

（5）官话随州话（黄伯荣 1996：695；邵敬敏等 2010：224—225）

   a. 去去？

   b. 去去得？

   c. 去去（得）了？

   d. 去去看戏？

不过，随州话的形容词没有［AA］式问句，一定要在形容词中间保留否定词，即用［A不A］结构。

前文提及，客家方言中也有这类谓词重叠问，见诸报道的有连城、长汀、于都、会昌等地方言。

（6）客家话于都方言（谢留文 1995；刘纶鑫 2001：335；邵敬敏等 2010：224—225）

   a. 底只瓜食食得？（这只瓜能吃吗？）

   b. 明朝你去去赣州？（明天你去赣州吗？）

（7）客家话会昌方言（邵敬敏等 2010：224—225）

   a. 底些果子食食得？（这些果子能吃不能吃？）

   b. 你曾曾食饭？（你吃了饭没有吃饭？）

不过，在笔者的调查中，客家话于都方言和会昌方言都没有这类谓词重叠问句。与例（6）—（7）对应的说法均要求使用否定词，偏好的问句结构是（V-）neg-V（P）。

(8) 客家话于都方言

a. 你（食）唔/冇食饭？（你吃饭吗？/你吃了饭吗？）

b. 你冇去（呢）？（你去了那里吗？）

(9) 客家话会昌方言

a. 你明朝去唔去赣州？

b. 会去？（去吗？）

c. 唔去？（去不去？）

我们的调查材料与文献中的情况存在差异，可能有多方面原因。首先，发音人有新老之分，调查地点也可能不一致，在县域内可能有方言差别。其次，对否定词是否脱落的认识不同，例如弱化、语流停顿、声调迁移等是不是脱落，也可能有所差别。

在连城新泉客家话中，正反问句有多种变式，其中有些是谓词重叠问句（10c）。

(10) 客家话连城（新泉）方言（项梦冰 1990）

a. 喜欢唔喜欢这件？çi^{51}fa^{33}-ŋ^{35}-çi^{51}fa^{33} tʂa^{11} kʻie^{11}？

b. 喜唔喜欢这件？çi^{51}-ŋ^{35}-çi^{51}fa^{33} tʂa^{11} kʻie^{11}？

c. 喜喜欢这件？çi^{35}çi^{51}fa^{33} tʂa^{11} kʻie^{11}？

d. 喜欢这件？çi^{3551}fa^{33} tʂa^{11} kʻie^{11}？

（10c）的条件是否定词"唔"的声调［35］移至前一动词；（10d）的条件是"二次合音"，即将否定词的声调［35］和后一动词的声调［51］均移至前一动词，从而形成一个复杂的声调

［3551］。这与江淮官话泗阳郑楼方言的时位拉长有某些相似之处
（前文例4）。

客家话长汀方言的正反问句也可以通过省略否定词构成谓词重叠
问句。与连城话类似，否定词的声调也移至前一音节；但是长汀话没
有类似连城新泉话的"二次合音"现象。

（11）客家话长汀方言（邵敬敏等 2010：225）

  a. 做^{24}做工？

  b. 削^{24}削皮？

谓词重叠问句也散见于闽语福州方言、湘南土语桂阳方言、晋语
五台片（如朔州、平鲁、代县、岚县等）和大包片（山阴）一些方
言；此外，在浙江吴语的分布也较为广泛。

（12）闽语福州方言（邵敬敏等 2010：226；参看黄伯荣 1996：
266—267）

  a. 你洗洗？（你洗不洗？）

  b. 伊买买？（他买不买？）

（13）湘南土语桂阳方言（欧阳国亮 2009）

  a. 你吃吃夜饭？

  b. 桂阳街上你明日去去？

（14）晋语（郭利霞 2010）

a. <朔州> 他在在?

b. <平鲁> 今年收成不赖，是是?

c. <岚县> 讲讲不清楚?

d. <山阴> 是不是? /是是? /是——?

山阴与朔州、平鲁毗邻，（14d）的"是是?"相当于"是不是?"；"是是?"还可进一步缩减为"是——?"，但其时长需要拉长。山阴话的否定词脱落、谓词的缩减和时长拉长与江淮官话泗阳郑楼方言完全相同，也与连城新泉客家话有异曲同工之处，这反映了背后可能有共同的语言机制在起作用。

谓词重叠问在吴语的分布较为广泛，在浙江吴语中似乎更为多见，如绍兴、金华、嵊县（嵊州）、武义、诸暨等方言中均有报道。

（15）吴语（张敏 1990：66；黄伯荣 1996：701；邵敬敏等 2010：224—225）

a. <绍兴> 伊来来东屋里?

b. <金华> 侬愿愿去?

c. <嵊县> 晚稻种（勿）种来?

d. <武义> 阿本书侬望望?

e. <诸暨> 你书有有咸?

吴语的谓词重叠问也应当来源于否定词的脱落，嵊县方言的否定词"勿"可用可不用，就是一个例证。当然，从逻辑上也可以从相反的方向假设，即正反问来源于谓词重叠问；但考虑到 V（P）-neg

–V（P）在汉语史中早于 V（P）–V（P）出现，这种假设成立的可能性较小。

4.2.2 其他汉藏语

除汉语方言以外，彝语支和苗瑶语族也有不少语言使用谓词重叠问，其中彝语支语言甚至以谓词重叠问为最基本、最常用的疑问表达方式。

在彝语中，动词重叠式表达疑问非常常见，这是一种屈折变化，其方式是词或词的最后一个音节重叠并转换声调，转换变化的规则如表 4.4。

表 4.4　彝语动词重叠的声调转换

（末位）动词音节	动词重叠音节
V^{55}	$V^{55}V^{33}$
V^{44}	$V^{44}V^{33}$
V^{21}	$V^{21}V^{33}$
V^{33}	$V^{44}V^{33}$

彝语动词重叠的声调规则是：后一个动词变为 33 调；前一个动词保持本调，如果前一个动词是 33 调的话则变为 44 调。

（16）彝语（陈士林等 1985：94；陈士林等 2007）

a. la^{33} '来'，$la^{44}la^{33}$ '来吗？'

b. $lɔ^{55}pɔ^{21}$ '帮助'，$lɔ^{55}pɔ^{21}pɔ^{33}$ '帮助吗？'

不过，彝语方言的谓词重叠问和正反问结构比较复杂，各方言之间有一定差异，表 4.5 列出了一些方言的情况（该表主要参考陈士林等 1985：166—167，186—187，192—193，199—200，208—209，214—215）。

表 4.5　彝语的谓词重叠问和正反问结构

方言	V–neg–V	A–neg–A
北部	VV, V–prt–neg–V	AA, A–prt–neg–A
东部（威宁）	VV–prt, V（–disj）–neg–V	AA–prt, A（–disj）–neg–A
东部（禄劝）	V（–disj）–neg–V	A（–disj）–neg–A
南部（峨山、新平、邱北）	VV, VV–prt	AA, AA–prt
南部（仆拉）	不明	AA
西部	V（–prt）–neg–V	A（–prt）–neg–A
中部（姚安）	VV, V–disj–neg–V	AA, A–disj–neg–A
中部（大姚）	V–neg–V	A–neg–A
东南（弥勒、宜良）	VV, V–neg–V	AA, A–neg–A

戴庆厦、傅爱兰（2000）认为藏缅语中只有彝语使用动词重叠式疑问，"重叠式只出现在彝语中"。不过，我们也在其他彝语支语言中见到了一些动词重叠问结构，例如丽江纳西语（属纳西语西部方言）。

(17) 丽江纳西语（和志武 1987：63）

a. nvq　leel　lee　lei?

　　2sɢ　来　来　prt

　　你是否来？（口语）

b. bbigv　tv　heeq　bbaiqnei　ddol　ddoq　ddeq?

　　林中　雉　箐鸡　扒着　　见　见　　prt

　　是否看见林中的雉鸡在扒土嬉戏？（东巴经）

和志武指出，丽江纳西语"有些动词在句中重叠后，表示疑问；

不过这种表示法在现代口语中已很少使用"。木仕华（2003：209—210）也谈到"这种现象在现代纳西语中已经基本消失"。此外，和即仁、姜竹仪（1985：49）也报道了丽江青龙乡纳西语的谓词重叠问，并且前一个动词的声调一律变为高平调（这与彝语改变后一动词声调的方式刚好相反）。

（18）丽江纳西语（和即仁、姜竹仪 1985：49）

a. $buɯ^{55}$ $buɯ^{33}$ le^{33}？（去 去 呢）'去不去呢？'

b. $phiə^{55}$ $phiə^{31}le^{33}$？（喜欢 喜欢 呢）'喜欢不喜欢呢？'

c. $suɯ^{55}$ $suɯ^{33}$ le^{33}？（知道 知道 呢）'知道不知道呢？'

木仕华提及，纳西语有极少数动词重叠后加句末助词可表疑问，其例句由和即仁提供。不过，和即仁、姜竹仪（1985）仅列出几个动词重叠问的例子，惜未作详细讨论。从例（17）—（18）可以得知纳西语动词重叠问句的一些信息，例如能重叠的动词至少包括"来""见""去""喜欢""知道"等 5 个，动词重叠之后在语音形式上可能略有差异（例［17］的 leel ~ lee 和 ddol ~ ddoq），前一个动词取高平调［55］，等等。

在其他彝语支语言中，堂郎语、卡卓语（嘎卓语）有类似的谓词重叠问。此外，据木仕华（2003：210），哈尼语、拉祜语、傈僳语3种彝语支语言也有该类问句（但木著未举例说明）。

（19）堂郎语（盖兴之 2002）

a. ʐi³¹　ʐi³¹?

　　去　　去

　　去不去？

b. mv⁵³　χã³³　　χã³³?

　　雨　　下　　　下

　　会下雨吗？

（20）卡卓语（a–b. 木仕华 2003：211—212；c. 和即仁 2007，木仕华 2003：87）

a. nɛ³³　ʐŋ⁵³　ʐŋ⁵³?

　　2SG　睡　　睡

　　你睡吗？

b. nɛ³³　ŋ²⁴　mo³²³　mo³²³?

　　2SG　看　见　　　见

　　你看见［了］吗？

c. ne³³　na²⁴　na²⁴　　ua³³?

　　2SG　好　　好　　　PRT

　　你好了吗？

卡卓语的动词、形容词均可构成重叠问句。如果是动补式动词，重叠后的音节结构是颇有特色的 ABB 式，如"看见见""听见见""睡着着""折断断"。

在苗瑶语中，也有少量语言使用谓词重叠式问句，如白午苗语、乳源勉语；这两种语言在谓词重叠时都伴有声调变化。

（21）白午苗语（胡晓东 2008）

ti^{33}a^{55}ti^{33}	→	ti^{55}ti^{33}	'打不打？'
ma^{53}a^{55}ma^{53}	→	ma^{55}ma^{53}	'砍不砍？'
men^{22}a^{55}men^{22}	→	men^{55}men^{22}	'去不去？'

（22）乳源勉语（Liu 2016）

nin^{33}　ɲiet^5　ɲiet^2　ŋaŋ^{21}？

3$_{SG.M}$　吃　　吃　　饭

'他吃不吃饭？'

　　汉藏语系有不少语言使用谓词重叠问句，我们将上文涉及的语言列为表 4.6。需要说明的是，按《中国语言地图集》（第 2 版），湘南土话的系属未定，这里暂且放在汉语（方言）之中。

表 4.6　汉藏语系中的谓词重叠问语言

语族/语支	谓词重叠问
汉语（6/10）	官话、晋语、闽语、吴语、客家话、湘南土话（桂阳）
彝语支（7/15）	彝语、纳西语、堂郎语、卡卓语、哈尼语、拉祜语、傈僳语
苗瑶语（2/7）	苗语（白午）、勉语（乳源）

　　在表 4.6 中，第一列分数的分子是实证语言数量，分母是该群语言的数量（仅统计中国境内）。使用谓词重叠式问句的语言数量达到 15 种，大大突破了以往研究的一些认识，例如有文献认为藏缅语的谓词重叠问仅见于彝语。

　　还有一个典型性的问题值得一提，即谓词重叠问的判定可能是一个程度问题。例如，本章将赣语列为无谓词重叠问的语言，但事实上一些方言的正反问句在语流中留给否定词的时长很短甚至几乎没有，对于母语人来说当然能知道两个谓词之间原有一个否定词，但非母语人可能浑然不觉。例如赣语永新话正反问句"去唔去?""吃唔吃饭?"，在实际会话中语速较快，可能完全丢失否定词"唔"［ŋ］而变成"去去?""吃吃饭?"。因此，如果将这种语流中（部分）丢失否定词的正反问句也视为谓词重叠问，表4.6的成员数量还可能大幅增加。又如前文提及的客家话于都方言、会昌方言，有文献报道这两种方言使用谓词重叠问，但我们的调查结果与之截然不同。出现这种不一致，除了前文提及的外部原因（如发音人、调查点不同）和主观原因（如对否定词脱落的认识不同）之外，还可能有一个"客观"原因，即调查人可能受到语音假象（phonetic illusion）的误导，因为有时听不出这种正反问结构中有否定词的存在。

4.3 谓词重叠问的结构与类型

上文讨论了 15 种使用谓词重叠问句的语言，其中汉语还涉及多种方言，以下分析将汉语方言归为一组，少数民族语言归为一组。主要讨论两个问题：一是谓词重叠问的结构特征，其中突出的是声调变化；二是动词重叠与形容词重叠问句之间的差异。

先看第一个问题。在汉语方言中，谓词重叠问句的结构类型主要有两种：（前一）动词变调和动词不变调，其中动词变调内部又有一些不同的类型（例子见 4.2 节）。

动词变调见于客家话连城新泉、长汀和于都方言，也见于湘南土话桂阳话。在客家话连城方言和长汀方言中，否定词脱落，并且其声调移至前一动词上，形成［Vⁿ V］式结构（n 上标表示否定词 neg 的声调）。在客家话于都方言中，前一音节不使用否定词的声调，但异于本调，如"吃⁵ 吃饭""喜⁵ 喜欢""标⁵ 标致"（邵敬敏等 2010：225），这是一种［Vˣ V］式结构（x 上标表示声调来源未知，此处为 5 调）。在湘南土话桂阳话中，否定词脱落，前一动词（或形容词）用轻声（44 调），后一动词用本调，即［V⁴⁴ V］，这也是一种［Vˣ V］式结构。

表 4.7 客家话（3 种）和湘南土话（1 种）谓词重叠变调的类型

方言/语言	声调变化	说明
客家话连城、长汀方言	Vⁿ V	否定词声调移至前一动词
客家话于都方言	V⁵ V	前一动词用［5］调
湘南土话桂阳话	V⁴⁴ V	前一动词用［44］调

前文提及，在有些汉语方言中，如官话泗阳郑楼话、晋语山阴话，动词重叠问句结构还可以进一步缩减，在形式上类似一个动词，但时长拉长（用短横表示）。

（23）谓词重叠问的缩略路径

VP neg VP	$\rightarrow$	V^{n}V（P）	$\rightarrow$	V-（P）
（正反问）		（谓词重叠问）		（缩略式谓词重叠问）

许多汉语方言的谓词重叠没有声调的变化，在重叠的动词或形容词之间没有任何停顿或其他标志，而是直接重叠在一起。这些方言包括随州话、淮阴话以及数种浙江吴语。

在其他汉藏语中，谓词重叠问结构的已知语言有 6 种：彝语、纳西语、白午苗语、乳源勉语、堂郎语、卡卓语，分属 4 种结构方式（例子见 4.2.2 节）。

表 4.8 6 种汉藏语系语言谓词重叠问的结构

语言	重叠式	说明
彝语	VV^{33}	后面动词变为 33 调（若前面动词为 33 调同时变为 44 调）
纳西语	V^{55}V	前面动词变为 55 调
苗语（白午）	V^{n}V	否定词声调移至前面动词
勉语（乳源）	V^{n}V	否定词声调移至前面动词
堂郎语	VV	不变调
卡卓语	VV	不变调

再看第二个问题，即动词重叠和形容词重叠的差异。本章题为"谓词重叠问句"，是考虑到不少汉藏语的动词和形容词都能作谓语；

不过，具体到各语言（方言），可能有一些差别。

例如，客家话连城新泉方言的动词和形容词均有重叠问形式，都是最常见的表达正反问意义的问句。不仅动词、形容词无区别，重叠时的音节结构也无区别。如果是单音节谓词，重叠的形式是 $A^{35}A$；如果是双音节，重叠的形式是 $A^{35}AB$；即前一音节无论其词性和本调如何，一律读成［35］调，如"看看［ȵia³⁵ȵia³³］看不看""甜甜［tha³⁵tha⁵⁵］甜不甜"。

淮阴话的动词和形容词均有重叠问形式。如果提问部分是单音节，直接重叠该音节；如果提问部分是多音节，则重叠第一个音节。例如"走走走不走""甜甜甜不甜""对对对不对"等等（李文浩2009）。

湘南土话桂阳话的动词重叠问与形容词重叠问的构成也无差别，都是脱落否定词，前一音节用［44］调，后一动词用本调，即［V^{44}V］。例如"晓⁴⁴晓³¹得""愿⁴⁴愿⁴²意""厉⁴⁴厉⁴²害"等等（欧阳国亮2009）。

在官话泗阳郑楼话、晋语山阴话中，动词重叠问句还可以进一步缩减，在形式上是一个动词，但时长拉长，如山阴话"是——？"（是不是）。此外，山阴话谓词重叠仅限于动词，形容词不能构成重叠式问句；而邻近的五台片方言，如朔县、平鲁、代县等方言中有动词重叠问，但也没有这类缩略式动词重叠问句（郭利霞2010）。与晋语五台片方言类似，官话随州方言有动词重叠问，却没有形容词重叠问；即没有［AA］式问句，一定要在形容词中间保留否定词，用［A不A］结构。

卡卓语的动词、形容词均可构成重叠问句。如果是动补式复合词，重叠后的音节结构是颇有特色的ABB式，如"看见见""睡着着"（参看木仕华 2003：87，212）。

　　总的来说，动词重叠问句比形容词重叠问句更为常见，尚未见有形容词重叠问而无动词重叠问的语言。因此，可能存在这样一条蕴含共性：如果一种语言使用形容词重叠问句，那么它也使用动词重叠问句。

4.4 谓词重叠问的形成

谓词重叠问是如何形成的？其来源如何？这都是尚未妥善解决的问题。自 1990 年代以来，学界陆续对该类型问句提出解释，例如"（二次）合音"（项梦冰 1990），因脱落造成的"句法结构蜕化而来的次生重叠"（刘丹青 2008，2012），"声调悬浮"（Liu 2016）等，对于全面认识该类问句均有启发。

我们倾向于认为，谓词重叠问源于否定词的脱落。否定词脱落之后，因为形式简化表达疑问信息不便，重叠的谓词在形式上（包括语法形式和语音形式）需要做一些变化，这是一种补偿标记手段，其功用是传递疑问信息。

4.4.1 合音

项梦冰（1990）提出，重叠是由合音形成的，例如"红红"等于"红唔红"，"$A^{35}A$"其实就是"A 唔 A"，即否定的声调移至前一音节。换言之，正反问句是原式，重叠形式的正反问是一种"并合式"，因为这种重叠式正反问都无一例外可以还原为常规的正反问格式。

（24）客家话连城新泉方言（项梦冰 1990）

a. ［$ȵia^{35}ȵia^{33}$?］看看（看不看？）←
   ［$ȵia^{33}ŋ^{35}ȵia^{33}$?］看唔看（看不看？）

b. ［$çi^{35}çi^{51}fa^{33}$?］喜喜欢（喜不喜欢？）←
   ［$çi^{51}（fa^{33}）ŋ^{35}çi^{51}fa^{33}$?］喜（欢）唔喜欢（喜[欢]不喜欢？）

项文所说"合音",指否定词的声调移至重叠式的前一音节,同时前一音节的本调脱落。严格来说,这不是合音,而是"声调转移"。连城客家话的谓词重叠问可以进一步缩略,以至于形式上类似一个复合词的"二次合音",这才是真正的合音,因为否定词"唔"的声调〔35〕与后面动词"喜欢"首音节声调〔51〕叠合。

(25) 客家话连城新泉方言(项梦冰 1990)

$[\,çi^{3551}fa^{33}\,tṣa^{11}\,k^hie^{11}?\,]$ 喜^{3551}欢这件?(喜[欢]不喜欢这件?)

无论是不是一个合适的描述这类现象的标签,"合音"这一概念并没有解释谓词重叠问句的形成原因。当然,通过"合音"能够知晓这类现象经历了某些语音变化甚至是"二次"变化,但是好奇的读者也许会继续追问:除了语流中脱落音变的原因,为什么有这些变化?其背后动因如何?这些问题仍然值得进一步探讨。

4.4.2 声调悬浮

刘鸿勇(Liu 2016)提出,谓词重叠问句的形成是"声调悬浮"作用的结果。

刘文将使用谓词重叠疑问的汉语方言分为三类,即(a)动词的重叠成分和否定语素有同样的声调,(b)动词的重叠成分有自己独特的声调,(c)动词的重叠成分声调和动词的原调一样;认为(a)(b)两类经过两个阶段(表 4.9 中 I、II)的变化,殊途同归,都向(c)类完全重叠式〔VV〕发展。

表 4.9　谓词重叠问在汉语方言中的发展路径（据 Liu 2016）

	（a）类	V 不 V	$Q_{[声调]}$ V	（b）类
I	（否定语素的声调得以保留）→	V^nV	$V_{[声调]}$ V	←（表疑问的悬浮声调得以实现）
II	（V1 和 V2 声调上的区别消失）→	VV		←（V1 和 V2 声调上的区别消失）

　　刘文认为凉山彝语、乳源勉语等语言谓词重叠问的来源也与此相同，有两个源头：〔V 不 V〕和〔$Q_{声调}$ V〕（QV 指类似"可 VP"的问句），因为前后动词的声调区别消失和结构重新分析（非重叠结构分析为重叠结构），从而形成〔VV〕式问句。

　　具体地，凉山彝语的动词重叠问句的声调格局是〔$V^{本调}V^{33}$〕，刘文提出，承担疑问语气的〔33〕调是一个"漂浮"在动词附近的疑问语素，其功能与动词前的疑问语素相似，动词重叠是为了给该悬浮声调提供一个可附着的音节。

表 4.10　凉山彝语动词重叠的"声调悬浮"模式（据 Liu 2016）

原式	音节复制	悬浮疑问声调	重叠式
$ŋo^{21}bo^{21}$ '劳动'	+bo	+33	$ŋo^{21}bo^{21}bo^{33}$ '劳动不劳动？'

　　我们不完全同意刘文的"声调悬浮"分析，原因有二。首先，如何判定凉山彝语〔33〕调是"漂浮"在动词附近的疑问语素，缺乏形式上的验证。在藏缅语族中，在动词前添加疑问成分（如 a-/ə-/ɛ-）是普遍使用的表达方式，凉山彝语独用动词后疑问声调的话，与同族语言差异太大，这种疑问方式也未见于其他语言。其次，"声调上的区别消失"不可能真正做到，动词的声调或多或少都有一些差别。例如，有些语言要求变换前一个动词的声调（如连城客家话），有些语言要求变换后一个动词的声调（如凉山彝语），凉山彝语的前后音节如果都是〔33〕调，还要求前一音节改为〔44〕调；

此外，湘南土语桂阳话直接规定前一音节为独特的 ［44］调（欧阳国亮 ［2009］称为"轻声"）；这都是区别性声调的体现。

4.4.3　区别性声调

那么，谓词重叠问的性质和来源如何？

我们倾向于将汉语方言、彝语支、苗瑶语的谓词重叠问作统一解释，认为这是一种"区别性声调"标记策略，异于一般的正反结构或者并列结构中的声调。

首先，从标记策略来看，特殊、少见的结构更需要额外的形式标记加以识别，这是跨语言、跨结构的常规标记方式。在世界语言中，正反问已经很少见，谓词重叠问是一种更少见的疑问方式，例如 König & Siemund（2007）、Dryer（2013a）均未将其列为是非问的表达方式之一。

其次，汉藏语使用谓词重叠问的语言几乎都使用正反问句。正反问句中的否定词脱落是众多汉语方言产生谓词重叠问的原因（项梦冰 1990；张敏 1990）。汉语正反问句已经推广到境内几乎所有的少数民族语言，这是一种典型的接触引发的演变（参看吴福祥 2008）。"合音"说描述了连城客家话的否定词脱落之后，动词的声调经历了某种变化；但"合音"这一术语也不完全准确，实际上不是合并，而是动词与否定词声调替换或者说否定词声调前移。"声调悬浮"说在解释凉山彝语重叠式的后一音节声调变化方面颇有新意，但是似乎未注意到重叠式的一个重要特征就是其区别性。在此背景下，与其说重叠式因为"合音""悬浮"的驱动而形成，毋宁说只是一种标记疑问式的策略，因为不同于一般的重叠式而采取不一样的区别性声调。

再次，当谓词的声调无区别时，"区别性声调"更能说明问题。

例如凉山彝语谓词重叠问的声调变化规则是后面动词变为 33 调，即 [VV^{33}]；但是，如果前面动词本调也是 [33] 调时，需要变为 [44] 调（见前文 4.2.2 节）。这种变化目的无疑是增加区别性，以提示该结构是表疑重叠式，而不是一般的重叠式。

4.5 谓词重叠问的共性

本章首先讨论了类型学中对重叠形态的定义，即重叠是对词干的（完全或部分）重复，以此表达不同的（语法）意义；在此基础上，认为谓词重叠可视为一种"疑问形态"，VV、V（n）V、AdjAdj、Adj（n）Adj 等 4 种形式的问句都是谓词重叠问。本章采用较广意义上的重叠概念，包括典型的重叠，即两个重复的谓词之间没有否定词、连词等成分；也包括不典型的重叠，如谓词之间否定词的省略或保留较为自由，或者在其间留有语流停顿，或者有某种声调变化等等。

中国境内的汉藏语至少有 15 种语言/方言使用谓词重叠问句（汉语方言 6 种、彝语支 7 种、苗瑶语族 2 种）。这个数量大大突破了以往研究的一些认识，例如认为该类型问句仅见于彝语。此外，如果将语流中（部分）丢失否定词的正反问句也视为谓词重叠问，使用该类问句的语言数量还可能有所增加。

汉藏语各语言的谓词重叠问的结构特征主要有三个方面。其一是声调变化，即谓词要求有声调变化（和/或谓词之间有语流停顿）；这是一种疑问标记策略，使之区别于一般的重叠式。其二是动词重叠与形容词重叠问句之间存在差异，即形容词重叠的情形少于动词重叠，使用形容词重叠问的语言都使用动词重叠问。其三是谓词重叠问的情形少于正反问，使用谓词重叠问的语言几乎都使用正反问。因此，可以提出 2 条语言共性：

共性（I）：一种语言如果使用形容词重叠是非问，那么也使用动词重叠是非问。

共性（II）：一种语言如果使用谓词重叠问，那么也使用正反问。

最后，谓词重叠问句可能是汉藏语的独有特征。汉语方言的谓词重叠问极可能来自正反问句，彝语支、苗瑶语族谓词重叠问也可能来自汉语，这是一种典型的由文化接触引发的演变（参看吴福祥2008）。这种独特性和来源是可以预料的，因为正反问本身在中国境外语言中较为罕见，而谓词重叠问作为正反问的一种特殊结构（脱落否定词），自然显得尤为少见和特殊。如果考虑类型学"共性"和"多样性"之间的关系，要给这类疑问结构贴一个标签的话，我们认为也是一种"谓词疑问形态"。

5 哈尼语的是非问句

5.1 哈尼语的是非问研究

  哈尼语是藏缅语族彝语支语言，彝语支是藏缅语中数量较多的一支，除哈尼语外，该支语言在境内还有彝、傈僳、拉祜、基诺、纳西、堂郎、末昂、桑孔、毕苏、卡卓、柔若、怒苏、土家、白语等10余种语言。

  以往对哈尼语疑问句的研究，大多散见于一些概论著作和语法通论之中。较早的可以追溯到 1940—1950 年代发表的成果，如袁家骅 "峨山窝尼语初探"（1947）、高华年 "扬武哈尼语初探"（1955）、中国科学院少数民族语言调查队第三工作队哈尼语组《哈尼语语法概要》（1957）等，这些著作或多或少都有篇幅讨论疑问系统。

  袁家骅（1947）可能是最早涉及哈尼语疑问句的中文文献。该文是一篇语法概要，未讨论是非问句，但记录了 ɔ^{51} ɕɿ^{55} "谁"、e^{33} tɔ^{55} "什么"、e^{33} tɔ^{55}/ɔ^{33} tɔ^{55} "那里、哪里"（原文是 "彼处、何处"）等 3 个疑问代词和 5 例特指问句。

(1) 峨山窝尼语（袁家骅 1947）

a. $ɔ^{51}çɪ^{55}$ $ŋɤ^{55}$ $ʈɪ^{35}$?

　　谁　　是　　助

　　是谁呀？

b. $e^{33}tɔ^{55}$ $tɕ‘i^{51}ʂɤ^{33}$ $k‘ɤ^{55}$ $ɔ^{55}$?

　　什么　　时候　　到　　了

　　到了什么时候啦？

c. $e^{33}tɔ^{55}$ $kɤ^{33}$ $mɪ^{55}ts‘ɔ^{51}$ $ŋɤ^{55}$ $ʈɪ^{35}$?

　　什么　的　　地方　　　是　　助

　　是什么地方呢？

d. $e^{33}tɔ^{55}$ $ŋɤ^{55}$ $ʈɪ^{35}$?

　　哪里　是　　助

　　是哪儿？

e. $ɔ^{33}tɔ^{55}$ $ɔ^{33}tɔ^{55}$ $ŋɤ^{55}$ $ʈɪ^{35}$?

　　哪里　　哪里　　是　　助

　　是什么地方？

　　值得注意的是这些疑问句中的句尾成分 $ʈɪ^{35}$，可能与是非问句有一定关联。袁文将 $ʈɪ^{35}$ 注为"助"，但未注明具体是何种助词。从例句推测应当是语气词但不是疑问语气词，因为这些句子都是含有疑问代词的特指问句。虽然袁文没有更多讨论和语料，$ʈɪ^{35}$ 与是非问疑问语气词的关系无法确定；但是，语气词 $ʈɪ^{35}$ 与其他哈尼语方言可能有相似之处，例如新平县扬武哈尼语（特指问）句末助词 ti^{13} "表示加重疑问的意思"（高华年 1955；参看下文语气词部分）。

袁家骅（1947）之后，高华年（1955）是第二篇涉及哈尼语疑问句的中文文献。高先生于 1940 年代赴云南新平县扬武坝开展语言调查，记录了当地一种濒危的哈尼语方言①。高文谈道：

这里的哈尼人，因为受了汉人和彝人的影响，现在七八岁的小孩子差不多都不会讲自己的话。他们都以汉语和彝语作为交际的工具，只有一些年纪大的才讲自己的哈尼语。那个时候我恐怕这里的哈尼语不久就会消灭掉，因此就把它记录一些下来，预备将来作进一步研究的阶梯，或者给将来汉藏系语言作比较研究时的一些参考。（高华年 1955）

高文明确提出，扬武哈尼语的疑问句在形式上可以分为三种：用疑问代词在句中表示疑问，用助词 la^{55} 在句尾表示疑问，用助词 la^{55}……i^{31} 在句中表示疑问。各举一例如下。

---

① 高华年调查新平县扬武哈尼语的时间，文献记载略有差异。一说 1941 年。罗常培先生在记述其 1941 年 5 月至 8 月从昆明到四川旅途见闻的《蜀道难》中写道，"这几年来……高华年君治纳苏语和窝尼语，都有相当的成绩"（罗常培 1944：31）。高华年 1941 年 1 月起为北京大学文科研究所研究生（1943 年获硕士学位），极可能在 1941 年或者稍早已经（调查）研究过哈尼语（窝尼语）。一说 1943—1946 年间。高华年在其自传提到，"1943 年至 1946 年在昆明西南联大、南开大学工作时，曾先后调查过昆明西南郊彝语，新平县纳苏语、哈尼语，峨山县青苗语，路南县白彝语等"（高华年 2013：2）。（1941 年之说，另参看曹明煌 2003；此外，还有 1942 年一说，参看杨艳 2021：7）。另据杨艳（2021：7），至 2015 年，该地仅有几户窝尼（哈尼）人家，并且都已转用汉语。

（2）新平扬武哈尼语（高华年 1955）

a. nu^{55} ɔ^{31}çi^{55} ŋə^{55}

　你　　谁　　是

　你是谁？

b. nu^{55} lɔ^{55} xə^{55} la^{55}

　你　来　　敢　　PRT

　你敢来吗？

c. lu^{33}sə^{21} mə^{21} la^{55} lu^{33}li^{55} mə^{21} i^{21}

　新　　好　或者 旧　　好　　PRT

　新的好还是旧的好？

　　这就清楚地描写了特指问、（语气词）是非问和选择问三种基本疑问结构。高文还非常精确地将语气词 la^{55}（……i^{31}）用于选择问句的情形称为"助词用作连接语"，并注意到其组合使用形式。

　　与高文略有不同，1957 年油印的《哈尼语语法概要》多处谈到（第 26—27、36—37、42、50—51 页），哈尼语疑问句的表达方法主要有三种：用疑问代词、用疑问助词、重叠动词加否定词。

（3）绿春大寨哈尼语（《概要》第 26—27 页）

a. Hix mox haxgirq ŋa?（这 个 什么 是）'这是什么？'

b. Nox hoq zaq uxax?（你 饭 吃 QP）'你吃饭吗？'

c. Aqioq eix maq eix?（他 说 不 说）'他说不说？'

　　这种分类明确将正反问列出，但没有列出选择问。后来的一些哈尼语疑问句研究，其框架与高华年（1955）、《概要》（1957）基本相似，只不过在具体疑问类型的取舍上略有不同。例如，李永燧、王尔松（1986：126—127）谈到，哈尼语的疑问句主要有三种表达方式（与《概要》基本相同）：（i）用疑问代词，如 $a^{31}so^{55}$'谁'、$xa^{55}dzi^{31}$'什么'、$xa^{55}me^{55}$'怎样'、$xa^{55}mja^{33}$'多少'；（ii）用疑问助词，或者疑问助词与疑问代词同时使用，常见的疑问助词有 la^{31}、a^{31}等；（iii）用肯定和否定相叠的方式，例如 $a^{31}jo^{31}la^{55}ma^{31}la^{31}$?（他来不来）'他来不来?'。

与这种从表达方式出发的分类略有不同，李永燧（1990：186—189）对哈尼语疑问句的另一项分类主要依据的是结构特点，并增加了选择问句：（i）特指问，问人、事物、性质/状态/方式、处所等；（ii）是非问，用疑问语气助词 la^{31}、a^{31}；（iii）选择问，用连词 ma^{31} na^{33}（a^{31}）+语气助词；（iv）反复问，肯定和否定相叠。

无论是完全从疑问表达方式出发，还是从疑问结构概括的类型出发，这些研究都提供了哈尼语疑问句的基本结构特点，为后续研究建立了基本的参照系。当然，两种不同的出发点涉及疑问范畴的描写取向或者路径问题，即以何种角度切入，是在繁复的语言事实（疑问表达方式）上进行概括，还是用经过概括的结构类型去印证语言事实，孰优孰劣另可评说，但在哈尼语疑问句的描写方面，二者是殊途同归的。

据 Dryer（2013a）对世界范围 955 种语言的分析，是非问的表达方式非常多样，至少有 7 种编码方式。如果对照 Dryer（2013a），哈尼语是非问句的表达方式仅有疑问语调、疑问语气词和动词疑问形态三类；这样的结果不符合哈尼语是非问结构类型多样的事实，也未必适用于境内其他语言的描写和讨论。比较而言，一些中文著作的框架更贴近哈尼语的事实，也更适用于哈尼语是非问句的描写。综合既有研究文献（部分见上文），我们将哈尼语是非问的表达方式大致总结如下：

(4) 哈尼语是非问句的表达方式

a. 仅疑问语调

b. 疑问语气词

c. 动词疑问形态

d. 正反结构

e. 选择结构

f. 附加形式

本章主要从这些疑问表达方式出发，以绿春县大寨哈尼话（哈尼文标准音）为主要讨论对象，描写其是非问的基本类型，并与一些方言作比较（新平扬武坝话、新平窝尼话、墨江碧约话等），在此基础上概览哈尼语是非问的编码方式。需要说明的是，将是非问（极性问）视为语调/语气词是非问、正反问和选择问的上位类型存在一些不同意见（参看2.1节），但事实上这种做法在汉藏语疑问句研究中早有先例。例如，宋金兰（1995）大体将汉藏语的疑问形式分为语气词和谓词粘附成分（前后缀）两种，戴庆厦、傅爱兰（2000）将词缀、重叠、助词、反复、选择（加/不加连词）等形式都视为藏缅语是非问的表达方式；本书从表达方式角度给疑问句划分类型，部分也是受到了这些研究的启发。

5.2 语调是非问

最简单化的语调模式一般分为句末降调与升调两类，降调往往伴随事件陈述，升调大多与疑问语气相关，这是相当普遍的语调模式，在语言共性研究中已经有不少讨论。例如，Greenberg（1966）"共性8"提出"如果可以根据语调模式区分是非疑问句和其相应的陈述句，那么语调模式中的每一种语调上的区别性特征表现在句末，而不是句首"，Ultan（1978）"语调共性1"认为"是非问的语调模式多为句末升调"等等。

如果细究起来，语调模式与句子语气类型之间的关联未必如此简单。从跨语言比较来看，语调/语气词是非问多用句末升调、特指问多用句末降调；但是，是非句也可以用降调表示；据 Ultan（1978）对 53 种语言是非问的考察，有 3 种语言用降调，另有 3 种语言兼用升调和降调。又如选择问句，一般认为其语调模式多为前扬后抑，但汉语普通话选择问的句末语调既可以是升调也可以是降调，因为选择结构本身已负载疑问信息，句末升调（有时还伴有语气词）可算作羡余信息（参看邵敬敏 2014：80）。在汉语方言选择问中，语调情况也多有差异。例如，夏俐萍（2017）认为，湘语益阳方言的选择问句可在第一个选择项的末尾音节上叠加一个［45］升调，第二个选择项仍然读本调；这种语调模式与一些语言/方言中谓词重叠问句的"声调悬浮"现象颇为类似。

在哈尼语的是非问句中，语调显得特别重要。同一个句子经过下降或上扬的语调变化，可以分别表达陈述和疑问。

（5）a.　a^{31}jo^{31}　　xɔ^{31}ma^{31}　　ma^{31}　　tʂhi^{31}↘

　　　　他　　　　碗　　　　不　　　洗

　　　　他不洗碗。

　　　b.　a^{31}jo^{31}　　xɔ^{31}ma^{31}　　ma^{31}　　tʂhi^{31}↗

　　　　他　　　　碗　　　　不　　　洗

　　　　他不洗碗？

　　上例没有疑问语气词，通过语调的抬升受话人可以感知疑问信息，无须改变语序，末位音节之后也没有任何其他标记。此外，无论末位音节的声调是降调还是平调，其疑问语调一律上扬。这种句末上扬语调显然有功能上的需求，因为没有其他句法或形态手段体现陈述与疑问之分，在句末体现出这种区别性语调显得必要而自然。

　　语调是非问的语用功能相当细微，常常因语调模式不同而有差异，在各地哈尼语方言中的表现也不尽相同。例如，在绿春大寨话中带有明显的反预期意味（例5），在新平窝尼话中可用于表达发问人已有预期答案的情况（例6）。

（6）新平窝尼话（杨艳2021：291—292）

　a.　ku^{31}tsu^{31}　　zɔ^{13}phɔ^{33},　　kɔ^{55}mɔ^{33}　　mɔ^{31}　　phin^{31}?

　　　山　　　那边　　　　路　　　不　　平

　　　山那边的路不平？

　b.　mɔ^{31}　　　phin^{31}.

　　　不　　　　平

　　　不平。

　　当然，语调是非问用于表达反预期和确证在许多语言里都很常见（参看刘月华［1988］关于汉语普通话的讨论），以上对这些句子语用功能的说明只是粗线条的，具体情况需要在会话语境中细致区分。

5.3 语气词是非问

在 Dryer（2013a）的 955 种世界语言样本中，用疑问小词表达是非问的语言数量最多，共 585 种。疑问语气词（疑问小词）也是哈尼语表达是非问最常见的形式，常用的疑问语气词有 la^{31}、a^{31}、$a^{31}\,e^{33}$，均出现在句末，以下分别说明。

疑问语气词 la^{31}。这是哈尼语是非问中最常用的语气词。

(7) no^{55} xo^{31} $dʑa^{31}$ a^{55} la^{31}?

     你 . NOM   饭   吃   了   Q

     你吃饭了吗？

(8) no^{55} $mi^{31}\,ȵe^{31}$ $ɔ^{55}$ sa^{31} a^{55} la^{31}?

     你 . NOM   事情   干   完   了   Q

     你干完活了吗？

疑问语气词 la^{31} 还可以与陈述语气词 $ŋa^{33}$ 连用，构成新的疑问语气词 $ŋa^{33}la^{31}$；其使用范围较广，可以出现在动词、系词、形容词之后，不用于名词性成分之后。

(9) $a^{31}jo^{31}$ $mi^{31}\,tɕi^{33}$ $ɔ^{55}$ $ŋa^{33}a^{31}$?

     他   火柴   要   Q

     他要火柴吗？

(10) no^{55} $mi^{31}\,ȵe^{31}$ $ɣa^{33}$ $ɔ^{55}$ si^{31} $ŋɯ^{55}$ $ŋa^{33}a^{31}$?

     你 . NOM   事情   要   做   还   是   Q

你还要干活是吗？

（11）phe^{55}xɔ^{31}-mo^{55}　　 dʑa^{31}tɕhu^{55}　　ŋa^{33}a^{31}？

衣服-DEF　　　　漂亮　　　　Q

衣服好看吗？

疑问语气词 a^{31}。该语气词一般不单用，需要和陈述语气词 li^{55}、ŋa^{33}、u^{55}连用，组成 li^{55}a^{31}、ŋa^{33}a^{31}、u^{55}a^{31}复合语气词，大都跟在动词或动词性成分后面。

（12）çi^{31}ge^{33}　so^{31}ɣa^{31}　dʑa^{33}　li^{55}a^{31}？

这里　书　　　有　　Q

这里有书吗？

（13）a^{31}ni^{55}　phju^{55}　gu^{31}　ŋa^{33}a^{31}？

弟弟　钱　　　需要　Q

弟弟需要钱吗？

（14）no^{55}ja^{33}　a^{31}ɣo^{31}　gu̠^{31}　u^{55}a^{31}？

你们　针　　缝　　Q

你们缝衣服吗？

这些语气词中，u^{55}a^{31}对语境的依赖较强，如果脱离语境很容易产生歧义。例如，例（14）可以有"你们在缝衣服吗？""你们要缝衣服吗？"两种语义，具体作何种解读取决于不同的会话情景。另外，疑问语气词 li^{55}a^{31}还常常出现在回声问句中。

（15）a. ŋa^{55}　　ɔ^{55}　　ŋ̩a^{33}　　li^{55}.

　　　我.NOM　　做　　会　　FP

　　　我会做。

　　b. no^{55}　　ɔ^{55}　　ŋ̩a^{33}　　li^{55}a^{31}？

　　　你.NOM　　做　　会　　Q

　　　你会做吗？

疑问语气词 a^{31}e^{33}。该语气词只用于句中有否定副词的是非问句，同时还需要陈述语气词 ŋa^{33}配合使用。

（16）ɯ^{55}tɕu^{31}　　ma^{31}　　dɔ^{31}　　ŋa^{33}　　a^{31}e^{55}？

　　　水　　不　　有　　PRT　　Q

　　　没有水吗？

（17）yo^{31}pa^{31}　　ma^{31}　　de̠^{31}　　ŋa^{33}　　a^{31}e^{55}？

　　　青菜　　不　　长　　PRT　　Q

　　　没长青菜吗？

哈尼语语气词是非问句的语调模式比较自由，不一定使用句末升调，相反，大多数使用句末降调，这与语调是非问的情况完全不同。这种情形是可以预期的，因为这类问句已经有疑问语气词来区分句子的语气类型，无须再用语调来区别疑问与非疑问；语调不负载传疑功能，使用何种模式不影响疑问的表达。这也符合跨语言的语调模式，据 Ultan（1978）"语调共性 1"，疑问语调下降的语言都属于后置词语言。

疑问语气词在哈尼语方言中有一些差异。例如新平扬武哈尼语

la^{55}、ti^{13}（高华年 1955），墨江碧约哈尼语 pɿ^{53}、ŋɛ^{53}／ŋe^{55} ja^{31}、pu^{33} lo^{31}、le^{53}（经典 2015：161—163），新平窝尼话 lɔ^{55}（杨艳 2021：231），这些疑问语气词与绿春大寨话均有所不同，见下表。

表 5.1　哈尼语的疑问语气词

方言	疑问语气词	参考文献
绿春大寨话	la^{31}、a^{31}、a^{31}e^{33}	李永燧、王尔松（1986：103—105）
新平扬武话	la^{55}、ti^{13}	高华年（1955）
新平窝尼话	lɔ^{55}	李艳（2021：231）
墨江碧约话	pɿ^{53}、ŋɛ^{53}／ŋe^{55} ja^{31}、pu^{33}lo^{31}、le^{53}	经典（2015：161—163）
峨山窝尼话	（tɿ^{35}）	袁家骅（1947）

绿春大寨话 la^{31}、新平扬武话 la^{55}、新平窝尼话 lɔ^{55}、墨江碧约话 le^{53}可能是同一个语气词，或者说是同一个语气词的方言变体。具体而言，可能是元音在不同的哈尼语方言中发生了高化链移现象，即 a>ɔ>o>e 的演变。

当然，出现这种情形，可能还有语言之外的原因。例如各家对疑问语气词的认定不同，有些研究求多求全、有些文献仅列出典型成员，以及对（疑问句中的）语气词与疑问语气词的处理不同等等。

5.4 谓词疑问形态

哈尼语的是非问可以通过在谓词前添加疑问前缀 pha³³-表达。该疑问标记既可用于动词、系词前，也可用于形容词前。

(18) a³¹jo³¹   pha³³-dza³¹   a⁵⁵?

他   Q一吃   FP

他吃吧？

(19) ɣo³¹tʂhø³¹-dø⁵⁵   a³¹jo³¹   ne³³   tɕa³¹-la³¹   ɣ³³   pha³³-ŋɯ⁵⁵   a⁵⁵?

菜—DEF. PL   他   NOM   煮—PRF   NOMIN Q 一是   FP

那些菜是他煮的是吗？

(20) la³¹xø⁵⁵-mo⁵⁵   pha³³-go³¹   a⁵⁵?

房子—DEF   Q一高   FP

那房子高吧？

这种疑问表达方式与汉语方言的"可 VP"问句在结构上有颇多相似之处。不过，二者在语用方面的差异很大。汉语方言的"可 VP"问句大多是中性询问，例如"他可去？"问的是"他去不去？"或者"他去吗？"（这也是不少方言不兼用"可 VP"问句与正反问句的原因；参看 2.1 节）；而哈尼语使用动词疑问前缀的问句是偏向问，更多地是求证某种推测和可能性，用于说话人对所谈论事件半信半疑的情形。

在藏缅语彝语支语言中，这种谓词疑问形态不是特别常见。见于报道的仅有纳西语 ɔ⁵⁵/el 和柔若语 ta⁵³（参看 2.2.5 节）。

5.5　正反问

　　哈尼语的正反问句可以分为无语气词的 X-neg-X 和有语气词的 X-neg-X-prt 两种结构，后者中的语气词常常可以省略。正反问用肯定和否定相叠的方式提问，无论是从形式还是语义上看都属于选择问，只不过所选择的是一个项目及其否定项。下面分别讨论。

　　无语气词的正反问。这类问句中的正反并列项一般都是谓词，与汉语正反问句的结构无异。

(21)　no⁵⁵　　ɔ⁵⁵　　　　ma³¹　ɔ⁵⁵?
　　　你.NOM　要　　　不　　要
　　　你要不要?

(22)　a³¹ma³³　yo³¹tshø³¹　tɕa³¹　ma³¹　tɕa³¹?
　　　妈妈　　菜　　　　煮　　不　　煮
　　　妈妈做没做菜?

(23)　la³¹tshø-mo⁵⁵　mɯ³¹　ma³¹　mɯ³¹?
　　　裤子-DEF　　　好　　不　　好
　　　这裤子好不好?

　　当动词进入正反结构时，后面可以再接能愿动词或者情态动词。

（24）a.　no^{55}　　　　ɔ^{55}　　　ŋa^{33}　　ma^{31}　　ɔ^{55}　　ŋa^{33}?

　　　　　你.NOM　　做　　会　　不　　做　　会

　　　　　你会做不会做？

　　　b.　no^{55}　　　　ɔ^{55}　　　mo^{31}　　ma^{31}　　ɔ^{55}　　mo^{31}?

　　　　　你.NOM　　做　　想　　不　　做　　想

　　　　　你想做不想做？

有语气词的正反问句。这类正反问句除了可以在正反并列项之后添加语气词外，与第一类正反问几无差别；语气词主要是由陈述语气词和疑问语气词组合而成的 ŋa^{33}a^{31} 和 li^{55}a^{31}（例 25a）。此外，语气词可以同时出现在两个并列项之后，也可以只出现在某一个并列项之后（例 25b-c），不过这已经不是正反问而是选择问了。以下是几个问句及其直译（语气词 ŋa^{33}a^{31}、li^{55}a^{31} 可以自由替换）。

（25）a.　a^{31}jo^{31}　ɔ^{55}　　ma^{31}　　　　ɔ^{55}　ŋa^{33}a^{31}/li^{55}a^{31}?（正反问）

　　　　　他　　　要　　不　　　　要　　PRT

　　　　　他要不要呢？

　　　b.　a^{31}jo^{31}　ɔ^{55}　ŋa^{33}a^{31}/li^{55}a^{31}　ma^{31}　ɔ^{55}　ŋa^{33}a^{31}/li^{55}a^{31}?（选择问）

　　　　　他　　　要　　PRT　　　　　　不　要　　PRT

　　　　　他要呢不要呢？

　　　c.　a^{31}jo^{31}　ɔ^{55}　ŋa^{33}a^{31}/li^{55}a^{31}　ma^{31}　ɔ^{55}?（选择问）

　　　　　他　　　要　　PRT　　　　　　不　要

　　　　　他要呢不要？

有些研究也将正反并列项之间有语气词的问句视为正反问，这种处理有一定依据，例如哈尼语这三个句子的结构和意义均高度相似，将其归为不同类型似乎没有多少必要。不过，从恪守形式标准的角度，我们还是认为正反并列项之间有语气词的问句是选择问，其中语气词用于连接选择项，起到了选择连词的作用。

5.6 选择问

关于哈尼语选择问句的结构特点，早期研究如高华年（1955）、《概要》（1957）已经有一些非常细致的讨论，尤其是都注意到语气词的作用。

高华年（1955）谈到，新平扬武哈尼语的选择问句可以通过"助词"la^{55}来表达，并提及其组合形式 $la^{55}\cdots i^{31}$。

（26）新平扬武哈尼语（高华年 1955）

a. ie^{55} $l\mathfrak{o}^{55}$ la^{55} nu^{55} $l\mathfrak{o}^{55}$ i^{21}

   他   来   或者   你   来   PRT

   他来呢还是你来呢？

b. nu^{55} $x\mathfrak{o}^{21}k\mathfrak{e}^{33}$ mo^{21} la^{55} $\mathfrak{o}^{21}k\mathfrak{e}^{33}$ mo^{21}

   你   这个   要   或   那个   要

   你要这个或要那个？

按高文的论述，la^{55} 既是"帮助联接句与句或词与词相互关系"的助词，又是"在语末表示疑问意思"的助词，即兼为连词和语气词。这可能有两种原因：一是语气词用作连词，如汉语普通话的"么"（比较"张三么李四？"）；二是两者为同音词的关系，因为 la^{55} 也用作疑问语气词，如下例。

（27）新平扬武哈尼语（高华年 1955）

a. ie^{55}　　lɔ^{55}　　xə^{55}　　la^{55}

　　他　　　来　　　敢　　　PRT

　　他敢来吗？

b. nu^{55}　　ɔ^{21}kə^{33}　　ŋa^{55}zɔ^{33}mo^{33}　　p'ə^{21}　　la^{55}

　　你　　　那个　　　鸟　　看　　能　　　PRT

　　你能看见那只鸟吗？

　　虽然这两种分析都可以解释 la^{55} 的出现环境，但实际情况只可能是其中一种。换言之，高文的"助词"是一个统称，包括了连词和语气词，具体到句子中只能是二者之一。由于高文将助词用于选择问句称为"助词用作连接语"，这种情形似宜处理为语气词用作选择项的连接成分。

　　《概要》（1957）讨论了是非问句并置表达选择问的例子。这种［A prt，B prt］式选择问句在汉藏语中历史悠久且分布广泛，也见于当代多种哈尼口语，如《概要》所描写的绿春大寨话，以及哈尼语窝尼话、澜沧哈尼语雅尼话等。非常有趣的一点是，我们注意到《概要》对例（28）的处理略有不同，（28a）选择项之间用逗号，（28b）选择项之间用问号。作者是无意疏漏还是有意为之已经无从知晓，不过，这恰好反映了这种并列形式选择问的归类难题：应该处理成一个句子还是两个句子？书面上，中间的停顿是否要标示？如果标示，记为逗号还是问号？

（28）绿春大寨哈尼语（《概要》，1957：36—37）

a. nar　e　moq　　　ŋa?　piux　e　moq　　ŋa?

　　黑　　的　马　　　PRT　　白　　的　马　　　PRT

　　是黑的马，还是白的马？

b. huɯq　e　peixhøq　ŋa?　ŋix　e　peixhøq　ŋa?

　　大　　的　衣服　　　PRT　　小　　的　衣服　　　PRT

　　是大衣服？还是小衣服？

　　这些选择问句的结构类型也都反映在当代哈尼口语中。绿春大寨哈尼语的选择问句主要有三种形式：一是只用连词 $ma^{31}na^{33}$ "还是"连接前后选择项，即［X 连词 Y］结构；二是兼用连词 $ma^{31}na^{33}$ 和语气词 ua^{55}，或者 $ma^{31}ŋuɯ^{55}ŋɔ^{31}$ 和语气词 la^{31}，即［X（语气词）连词 Y（语气词）］结构，其中语气词也可以省略；三是只用语气词 la^{31} 或者语气词 ma^{33}，即［X 语气词 Y 语气词］结构。从结构上看，这三种方式有一些交叉叠加。

　　哈尼语常用于构成选择问句的连词是 $ma^{31}na^{33}$ "还是"。

（29）ɯ^{55}tɕu̱^{31}　　　do^{55}　　　$ma^{31}na^{33}$　　　la^{31}pe̱^{33}　　　do^{55}?

　　　水　　　喝　　　还是　　　茶　　　喝

　　　喝水还是喝茶？

（30）　xo^{31}tɕa̱^{31}　　$ma^{31}na^{33}$　yo^{31}tshø^{31}　　tɕa̱^{31}?

　　　煮饭　　　还是　菜　　　煮

　　　煮饭还是煮菜？

　　选择连词 $ma^{31}na^{33}$ 经常和语气词 ua^{55} 组合使用。语气词的使用非常自由，选择前项和/或后项都可以带语气词；如果选择前项和后项都带语气词，语气词需要前后统一。

(31) a. ɯ⁵⁵tɕu̠³¹ do⁵⁵ ua⁵⁵ ma³¹na³³ la³¹pe̠³³ do⁵⁵ ua⁵⁵?

      水   喝 PRT 还是   茶   喝 PRT

    喝水呢还是喝茶呢？

   b. ɯ⁵⁵tɕu̠³¹ do⁵⁵ ua⁵⁵ ma³¹na³³ la³¹pe̠³³ do⁵⁵?

      水   喝 PRT 还是   茶   喝

    喝水呢还是喝茶？

   c. ɯ⁵⁵tɕu̠³¹ do⁵⁵ ma³¹na³³ la³¹pe̠³³ do⁵⁵ ua⁵⁵?

      水   喝 还是   茶   喝 PRT

    喝水还是喝茶呢？

选择连词 ma³¹ŋɯ⁵⁵ŋɔ³¹ 主要和疑问语气词 la³¹ 搭配使用。其中，la³¹ 的使用比较受限，仅在选择后项之后或者句末出现，这与疑问语气词自身的特点有关（哈尼语疑问语气词一般用于句末）。

(32) je³¹nɔ³³ ma³¹ŋɯ⁵⁵ŋɔ³¹ nɤ³³so³¹ la³¹?

    今天   不是   明天 QP

    今天还是明天？

还有一种相对少见的选择问，仅使用疑问语气词 la³¹。具体是在每个选择项之后添加语气词，相当于将两个是非问句并列表达选择问。这种结构方式与前文例（28）完全一致，只不过当代口语中偏好用语气词 la³¹。

（33）za^{31}gu^{31} la^{31} tsho^{33}xa^{31} la^{31}？

小孩　　　QP　大人　　　　QP

小孩还是大人？

例（28）（33）体现的是绿春大寨哈尼语在 60 余年时间跨度中对语气词的不同偏好。此外，各方言之间也有不少差异，例如在哈尼语窝尼话中，这种并列式选择问中常见的语气词是 ti^{31}lɔ^{55}/lɔ^{55}（例 34）。不过，语气词的选择偏好往往非常细微，时代跨度与地域差异都是客观因素，有时甚至还可能有个体差异。

（34）哈尼语窝尼话（杨艳 2021：294）

a. nu^{55} a^{31}pi^{55} fu^{55} ti^{31}lɔ^{55}？   xa^{33} fu^{55} ti^{31}lɔ^{55}？

你　鸭　养　PRT　　　鸡　养　PRT

你养鸭还是养鸡？

b. nu^{55} kɤ^{31}pa^{33} mo^{31} lɔ^{55}？   nu^{55} va^{31} mo^{31} lɔ^{55}？

你　钱　　要　PRT　　　你　猪　要　PRT

你要钱还是要猪？

这种是非问并置形式的选择问在汉藏语中非常常见。较早可以追溯到上古汉语，例如"滕，小国也，间于齐楚。事齐乎？事楚乎？"（《孟子·梁惠王下》），也是在两个是非问句后各带一个语气词"乎"。从结构上看，这种问句与使用连词的选择问句有较大差别，但可能是汉藏语选择问句较早的形式（参看第 7 章）。

与 la^{31} 类似，语气词 ma^{33} 也可以配合使用构成选择问（比较例 25b-c 可用于正反选择项之后的语气词 ŋa^{33}a^{31}/li^{55}a^{31}）。不过，该语气词似乎只用于选择问，显得颇有特点。

(35) no^{55}　　　xo^{31}dza^{31}　　ma^{33}　　ma^{31}na^{33}　　se^{55}　　ma^{33}?

2SG. NOM　　吃饭　　　　PRT　　还是　　　玩　　PRT

你要吃饭还是玩?

　　综合以上讨论，哈尼语中的选择连词或（疑问）语气词都可以单独构成选择问句，也可以组合使用；连词和语气词组合使用时，语气词的隐现非常自由，可以出现在某个（或每个）选择项之后。在韵律上，语气词紧附于选择项之后，选择连词紧附于选择后项之前，这些与汉语普通话几无差别。不过，一个不同是汉语普通话较少在正反项之间使用语气词（例如"＊去吗不去?／＊去呢不去?"），也不会在正反项之后分别使用语气词（例如"＊去吗不去吗?／＊去呢不去呢?"）；但是在哈尼语以及许多其他语言/方言中，语气词可以甚至经常用于正反项之间（参看 2.1.2 节、第 3 章）。

　　最后，还有一个语言接触问题值得一提，即一些哈尼语方言可能从汉语借用了选择连词及其陈述/疑问之分。从已有研究和所见材料来看，哈尼语的选择连词似乎并无疑问与陈述之分，甚至干脆没有陈述式选择连词"或者"（如绿春大寨哈尼语）。不过，这种情形在当代哈尼语中已经有所改变。例如，墨江碧约哈尼语借用了汉语的这种连词分工，其选择连词有疑问与陈述之分，前者有 ma^{55} ʂɿ^{55} '还是'，后者有 jɔ^{55}mɯ^{33} '要么'、xa^{55}kɔ^{31} '或者'（但后者一般成对使用）。

（36）墨江碧约哈尼语（经典 2015：147）

a.　nv^{55}　　lɔ^{31}sɿ^{33}　　ma^{33}　ʂɿ^{33}　çɔ^{35}sɤŋ^{33}?

　　你　　老师　　还是　　学生

　　你是老师还是学生？

b.　jɔ^{31}ȵi^{33}li^{33}　xa^{55}kɔ^{31}　ji^{33}sv^{31}li^{33}　xa^{55}kɔ^{31},　nɔ^{35}　tsa^{33}　ŋɯ^{33}　pa^{53}.

　　今天　　　或者　　明天　　　或者　　你　有　是　PRT

　　今天去或者明天去，随便你。

5.7 小结

本章从疑问表达方式的角度出发，描写了哈尼语是非问句的主要结构类型，探讨了语调、句法和语义等方面的特征。从以上讨论来看，哈尼语是非问的表达方式比较多样，包括语调、疑问语气词、动词疑问形态、正反结构、选择结构等等。比较 2.1 节的讨论，大体可以这样说，汉藏语系语言是非问句的主要表达方式在哈尼语中都有所体现。

在哈尼语口语中，是非问最常见的表达方式是在句末添加疑问语气词。如果仅使用语调表达询问，往往有一些特定的语用功能，例如表示超出预期的讶异和进一步确证。使用动词疑问形态问句时一般是求证某种推测和可能性，用于说话人对所谈论事件半信半疑的情形；以我们所见的文献，这种疑问方式未见于以往的哈尼语研究。正反问结构和选择问结构的使用都非常频繁，各并列项之后都可以接语气词。

哈尼语是非问句的这些结构特征，或印证了以往一些关于疑问范畴的（区域）共性判断，或提供了可能的反例。例如，在 Dryer（2013b）对世界范围 884 种语言疑问语气词位置的研究中，仅 35% 语言的疑问语气词位于句末；但是，哈尼语和绝大多数汉藏语一样，疑问语气词位于句末位置，因而与 Dryer 的语言样本差异较大。又如，戴庆厦、朱艳华（2010b）通过比较 28 种藏缅语得出，如果一种语言存在有标记的正反问句，那么它也存在有标记的选择问句；哈尼语符合该预测。再如，彝语支有一些语言使用动词重叠式问句（如彝语，参看 2.2 节、第 4 章），一些文献提及哈尼语也有这种问句

（木仕华 2003：210）。不过，在当代哈尼语口语中没有这种疑问结构，这反映了彝语支语言的内部差异。虽然其中可能有多方面的原因，例如语言的发展变化和/或方言差异，或者研究者对"重叠"的认识有所不同，等等。综合以上讨论，总的来说，哈尼语疑问句的表达方式与汉藏语系其他语言既有共性又有差异，共性大于差异。

最后，新平扬武哈尼语有一个用于疑问的叹词 $xɔ^{21}$。该词是否应该分析为句首（疑问）语气词或者附加问形式，可能都能提出一些正向或反向依据；这里仅列出该例（以及相应含有应答叹词的例句），其性质姑置不论。

（38）新平扬武哈尼语（高华年 1955）

a. $xɔ^{21}$, nu^{55} $lɔ^{55}$ la^{55} $mɔ^{21}$ $lɔ^{55}$

   INTERJ 你　来　或　不　来

   哎呦，你来不来呢？

b. $ŋ^{21}$, $lɔ^{55}ti^{13}/mɔ^{21}lɔ^{55}$

   INTERJ 来　不　来

   唉，来！/不来！

6 《启蒙浅学》的是非问句

《启蒙浅学》(*First Book of Reading*,本章以下简称《启蒙》)是 19 世纪由巴色会(Basle Mission)传教士编写出版的一种客家话课本,反映了当时香港新界一带客家方言的口语。《启蒙》全书分上下两段,每段各上下两卷,共 238 讲(篇);有汉字本和罗马字拼音本,两种内容基本一致,汉字本约 6 万字、1880 年出版,罗马字拼音本 1879 年出版,汉字本和拼音本均为 198 页(汉字本版心页码 99 页),未注明作者。《启蒙》是提供给客家子弟读书识字的启蒙教材,其内容包罗很广,是反映客家社会的物种、风俗、习惯和观念等的一部百科全书,记录描写了"一百多年前最为自然、最为地道的客家方言口语"(庄初升、刘镇发 2002;庄初升、黄婷婷 2014:2,27)。

与巴色会当时编写出版的其他客家方言著作不同(如客家方言《圣经》译本、客家方言辞书、客家方言语法,以及其他客家方言课本),《启蒙》的童蒙课本性质很大程度上保证了其记录的口语自然地道,同时百科全书式的收录又使得其内容广博全面。在巴色会所编的客家方言课本中,《启蒙》是目前我们所能够看到的最早的一种,且有汉字本和罗马字拼音本两个版本互为参照,在记录当时当地客家方言的形音义诸方面具有相当的完足性,是最有研究价值的客家方言传教士文献之一。

对于这样一部重要的客家话历史语料,学界已经有不少研究。庄初升、黄婷婷(2014)已著有一部系统的专书研究,讨论了《启蒙》

文本所反映的语音、词汇、语法和用字等诸方面，其中也涉及反复问句和若干疑问代词。除此之外，还有一些研究探讨其否定句、动补结构以及文本用字情况（参看张双庆、庄初升 2003，柯理思 2006，张荣荣 2018，刘颖昕 2009、2010，李嘉鑫 2022）。这些研究对于了解《启蒙》的基本面貌都颇为有益，但总体而言，以往文献对其疑问范畴着墨不多，对《启蒙》所反映的 19 世纪香港新界客家话的疑问系统（尤其是是非问句）所知甚少。

本章集中讨论《启蒙》中的是非问句，涉及语调是非问、语气词是非问、正反问、附加问、选择问和选择连词等方面，目的是刻画当地客家话在历史发展中的一个"具体而微"的片段特征。

6.1 语调是非问

《启蒙》共有语调是非问句 10 例。语调是非问大多以反问句的形式出现（8 例），非反问形式的语调是非问似乎仅有如下 2 例：

(1) 你哋众人怕唔知噉只石个缘故？噉系偓先几日放倒个。（你们大家恐怕不知道这块石头的缘故吧？这是我前几天放下的。#227①）

(2) 做吗哓多人来者来往者往，都冇只人捉走佢？翻吓转侪侪看倒好哑气添？（为什么这么多来来往往的人，都没个人搬走它？相反的个个看到它却很生气？#227）

例 (1) 属于疑问程度较低的揣测型语调是非问，副词"怕"（"恐怕"义）对其揣测语气起到了关键作用。例 (2) 略有不同，其前句是特指问，疑问焦点是询问原因的"做吗"（为什么）；而后句是紧接前句的追问，属于语调是非问，有"（为什么）反倒……"的反问意味。

汉语普通话的语调是非问，常常不需要受话人回答（刘月华 1987、1988，邵敬敏 2012），实际上与反问句的语用效果一样。例 (1) — (2) 之外，《启蒙》中出现的其他语调是非问基本上都属于反问句，表示反问的方式主要有副词、否定结构、疑问代词的非疑问用法等等。

---

① #227 即第 227 讲，"讲"是《启蒙》的章节序号。下同。

《启蒙》中表反问的评注性副词主要是"喑时""喑成"，分别有2例、4例。

(3) 㖸恶个虫喑时还有益俾人个？（这么坏的虫子难道还有益处给人吗？#137）

(4) 个只官府也唝身，企竟咁样话："你哓贵国个君子人，喑时还唔知噉个礼事？竟系唔曾行止。"（难道还不知道礼节？#175）

(5) 个武官就着惊出奇咁样话："嗃贫穷个妹子都出㖸大力来待你，催早时做过噉头人，喑成唔爱好待你过于个只妹仔？"（难道不需要好好对待你甚于那个女孩？#191）

(6) 个只对佢咁样话："系有人出来，就剬一刀去捆死佢，在后就唔怕。喑成还有乜个鸡公来吓佢哓？"（难道还有什么公鸡来惊吓我们？#202）

(7) 㖝婆就教佢话："个祈祷唔系话爱上帝做条砖墙围竟佢哓个屋，系求佢保护，好比有条围墙等，纵使上帝想做条围墙，喑成做唔来？"（难道做不到？#221）

(8) 系咁样看起来，该当做个都唔做，系嗃丢开宝贝唔晓捡一样，咁样喑成唔系嘥开里？（这样难道不是浪费了？#227）

"喑时""喑成"均相当于汉语普通话的"难道"（参看庄初升、黄婷婷 2014：149），用于反问句。例（3）—（8）是《启蒙》中含"喑时""喑成"的全部问句，从这些句子来看，二词的出现环境几乎一样，既能用在肯定形式的反问句中，又能用在否定形式的反问句中（否定词是"唔"）。一个可能的差别是"喑时"之后都是接副词"还"，有加强反问语气的功用〔例（3）（4）（6）〕，而"喑成"之后所接的成分比较多样；但这或许是语料数量不足所致。

此外，反问句也使用否定式提问和疑问代词的非疑问用法，各见1例。

(9) 咁样看起来，物都还有志愿呵！莫话人，佢为万物之灵，<u>好冇志愿呵</u>？（别说人，人是万物之灵，能没有志向么？#174）

(10) 有人问佢话："你倚恃噉<u>乜个本事</u>，敢讲噉哩说话？"（有人问他说：你倚仗你什么本事，敢说这样的话？#168）

例（9）用否定结构"好冇+语气词"表达反问，与汉语普通话非常相似，这里对语气词"呵"略作说明。据《启蒙》的罗马字本，该句前后两个"呵"均读为上声 o^{31}；同一个语气词兼用于感叹和疑问，显得不大寻常。我们遍检《启蒙》共见"呵"字4例，除以上2例外，另有1例也用于感叹句，1例读音不同与此处讨论无关[1]；也就是说，"呵"用于问句的仅有1例。既然"呵"（o^{31}）同时用于感叹句和疑问句，尤其是能用于句首感叹，可以据此判断"呵"不是疑问语气词，而是普通语气词。

与例（10）类似，例（6）也有不表疑问的代词"乜个"，但该句同时使用了副词"喑成"。例（6）（10）都不是问"乜个"，不是真正意义上的特指问，因此我们将其归入语调是非问。或许这些例子可以视为是非问和特指问的中间状态，例如其回答可以用表达极性的"是/非""有/无"，某些情形中甚至可以按特指问回答，例如列举具体的事物。

---

① 这两例是：松树话："呵！你咁样来讲夸话就想错里。"（o^{31}，#133）"救命！救命！老虎来呵！"（yo^{34}，#208）二者都是感叹句，后例"呵"的读音不同。

6.2 语气词是非问

《启蒙》共有 2 例比较确定的语气词是非问句，均用句末语气词"吗"；这两个"吗"的读音在罗马字本中都记作 ma′（上声 ma³¹）。

（11）嚓爸话："你识佢系乜个树吗？"（你认得它是什么树吗？# 154）

（12）嚓爸就话："第二囉还敢瞓人讲话吗？"（下次还敢偷听人说话吗？#224）

例（11）（12）的疑问程度有所不同。例（11）是纯粹的询问；例（12）是询问中带有训诫的意味，可能并不要求受话人回答，其疑问程度较低。当然，这种疑问程度差别不是由语气词"吗"带来的，而主要由副词"还"（和语调）决定。在 100 多年前的客家话口语中见到疑问语气词"吗"，其传疑功能、语用特点与许多当代客家方言甚至普通话高度一致；在一般预期会有较多差异的背景下，这种一致性显得颇有特色。

此外，还有 1 例是非问句使用句末语气词"呢"。

（13）催问吓你哦亚僬，人爱做屋来歇，你知得系乜个缘故呢？今下好聽催讲。（你知道是什么缘故吗？现在好好听我讲。#102）

例（13）是《启蒙》仅见的以语气词"呢"结尾的是非问句

（另有1例"呢"字选择问、1例"呢"字附加问①）。不过，该例是一个自问自答的设问句，既非问"知得（唔）"，也非问"乜个"，显然无须受话人回答（文本中，说话人在发问之后继续滔滔不绝说了319字）。该句更准确的翻译应当是"你知不知道是什么缘故呢?"，其疑问性应当由区别性语调表达，即"呢"是句末语气词，但不是疑问语气词。出于这些考虑，我们更倾向于认为该例是一个语调是非问句。

---

① 这三个"呢"读音不同，罗马字本中分别记作 neˋ、li╱、ne╱，即去声 ne、阴平 li、阴平 ne，如果加上调值的话是 ne^{51}、li^{34}、ne^{34}；参看 6.4—6.5 节。

6.3 正反问

《启蒙》中的正反问句比较多见，共 16 例。庄初升、黄婷婷（2014：309—314）已有专章论述，介绍了正反问句的概貌，梳理出"V 唔 V""VP 唔（曾）"等常见结构。本节尝试进一步探讨正反问句各小类的结构特征以及归类中的一些问题。

《启蒙》正反问的结构比较单一，仅有两个小类："VP 唔（曾）"型问句 15 例、"V 唔 V"1 例。如果从正反结构是否完整来看，前者是不完整的［VP-neg］结构，后者是完整的［VP-neg-VP］结构。以下分别列出并讨论这两种正反问。

6.3.1 "VP 唔（曾）"型

《启蒙》有该类问句 15 例，其中"VP 唔"问句 12 例。

（14）你哋爱着衫裤系乜个缘故，你知唔？（你知不知道？#86）

（15）你哋亚僬噏父母亚哥送你去读书，喺主意揆你喺家得个益处你知得唔？（你知不知道？#96）

（16）亚爸，做吗还种唻去曲唻粗鲁个东西？种来㘚噘系唔？（种它来占位置是不是？#154）

（17）佢嚛边生得唻好个壳倒，你哋知唔？（你们知不知道？#155）

（18）尊驾着竟个衫，佢看倒好排长，但系噏声佢唔曾听过，唔知你肯唱俾佢听吓子唔？（不知道你肯不肯唱给我听一下？#173）

（19）噏嚧你知检点东西系紧要唔？（这次你知不知道检点东西的重要性？#192）

（20）你试学打一枚鞋钉来消吓厌子**好唔**？（你试着学打一枚鞋钉来消遣一下好不好？#215）

（21）你哋出本钱俾佢，买家生开铁炉，打铁钉俾你，咁樣就唔使出城买铁钉，唔知你哋**肯唔**？（不知你们肯不肯？#215）

（22）哑！竟系嚟爸老里，血气衰弱，唔做得嘅工夫，催代佢咁嘅里做嘅奴仆，等你放脱嚟爸**好唔**？（等你放开我爸好不好？#220）

（23）嚟嬿就对佢话："今下**知**得求上帝祝福系几紧要**唔**？"（现在知不知道求上帝祝福是多重要？#223）

（24）个司傅话："哑！嘅哋事佢想讲出来，又唔知你**怪唔**？"（又不知你见怪不见怪？#225）

（25）佢就捡个刨口，问佢话："佢转去还使嚟边讲**唔**？"（我回去还需不需要这样讲？#231）

"VP 唔曾"是"VP 唔"的已然体形式，《启蒙》共见"VP 唔曾"问句 3 例。

（26）你哋亚僬你看过乡下个哋**屋唔曾**？（你们这些小孩子，你见过乡下那些房子没有？#102）

（27）遇倒几只人就问佢哋话："你哋有看倒只番人过**唔曾**？"（你们看到一个洋人经过没有？#161）

（28）暗晡嚟爸转来，就问嚟礵子话："荡开谷**唔曾**？"（摊开了稻谷没有？#197）

可以看到，《启蒙》中"VP 唔（曾）"问句非常常见，是正反问句"最典型的形式"（庄初升、黄婷婷 2014：311）。不过，在当代客家方言中，这种［VP-neg］型正反问句基本都用"冇"煞尾；虽然"唔"仍广泛用作否定词，但正反问句用"唔""唔曾"煞尾的方言极少，我们遍检"海内外客家方言数据库"①，仅见兴宁话中有类似的"唔曾"问句。

(29) 兴宁客家话（庄初升 2023 "海内外客家方言有声语料库"）

a. kai⁵⁴tiu²⁴ se⁵⁴tsai³¹li³¹ ʃɪt³⁴ ni²² vuʔ³²kʰa²⁴ ŋ̍²² nẽ²²?

   嗯兜　　细仔哩　　在　　你　屋下　　唔　曾

   那些孩子在你家里吗？

b. ʃɪt³⁴li²² fãi⁵⁴ ŋ̍²² nẽ²²? ŋ̍²² nẽ²², ŋ̍²² siɔŋ³¹ ʃɪt³⁴.

   食-哩 饭　唔 曾　　唔 曾，　唔 想　食

   吃了饭没有？没有，不想吃。

c. ni²² pʰɯŋ²²ʃɔŋ²² ʃɪt³⁴ ʒẽ²⁴ ŋ̍²² nẽ²²?

   你　平常　　　食　烟　唔 曾

   你平时抽不抽烟？

d. ni²² pʰɯŋ²²ʃɔŋ²² ʃɪt³⁴ ŋ̍²² ʃɪt³⁴ ʒẽ²⁴?

   你　平常　　　食　唔　食　烟

   你平时抽不抽烟？

不过，兴宁话"唔（曾）"与百余年前新界客家话"唔

---

① "海内外客家方言有声语料库"（http：//kejia.yuwengu.com/）是庄初升主持的国家社科基金重大项目"海内外客家方言的语料库建设和综合比较研究"成果；该语料库涵盖海内外 42 个客家方言点，每个方言点包括统一编制的 2360 个单字、2067 条词语和 200 条语法例句。

（曾）"有一些不同之处。一是读音不同，新界话读m̍³⁴（tshen），兴宁话读ŋ̍²²（nẽ²²）；兴宁话ŋ̍²²（nẽ²²）是m²²tsʰen²²进一步演变的后起形式，包括连续音变和语流音变；存在显著不同的是，《启蒙》的否定词"唔"读阴平，直到今天，新界和深圳客家话的"唔"还读阴平，而兴宁、梅县读阳平。二是新界话兼用"唔""唔曾"并且以前者居多，而兴宁话的问句只用"唔曾"。三是"唔曾"在新界话中仅用于完成，而在兴宁话中可以用于完成、进行和惯常；此外，兴宁话对惯常行为的提问还使用"V唔VP"结构（29d），这种正反问结构在当代客家方言中相当普遍。

当代客家话中另一种普遍的正反问句是"VP冇"，几乎都见于"海内外客家方言数据库"收录的42种方言。不过，方言之间存在一些差异，例如有些方言的否定词"冇"可能已经进一步虚化为语气词"么"，但在有些方言中到底是否定词还是语气词可能难以判断。这种从否定词到语气词的演变，是汉语史中广为接受的认识，如王力先生（1958/2013：439—440）所指出的，"语气词'么'由'无'变来，现代方言可以为证。粤语大部分地区和客家话大部分地区，都拿'无'作为疑问语气词。粤语写作'冇'，客家写作'冇'或'无'"。

疑问语气词与否定词之间的界线问题，实际上也是语气词是非问与正反问句之间的界线问题。类似的区分难题也见于其他汉语方言。例如，彭小川、张秀琴（2008）认为粤语阳江话"麽"对应于普通话的疑问语气词"吗"；不过，刘伟民（2011）认为阳江话的"麽"实为否定词"无"，尚未虚化为语气词（参看黄伯荣2009）；陈卫强（2017）认为从化粤语的"VP-麽"式只限于语音层面和句法位置的变化，没有发生语法化，"VP-麽"实质上属于［VP-neg］式正反问句,"麼"可定性为否定词;具体情形需要在各方言中进一步厘清。

6.3.2 "V 唔 V"型

该类型问句在《启蒙》中仅见 1 例。

(30)噉金瓜唯唔唯?(那只南瓜在不在?#197)

庄初升、黄婷婷(2014:309)还收录了一例:

(31)企竟来望个猎狗,还来唔来?(#135)

这一句处理为正反问句,可能值得再斟酌。经翻检原文,该句是这样的:

(32)还之狗髋唔倒个,佢走远的就钉钉企,企竟来望个猎狗还来唔来。(或者狗追赶不到的,它跑远一些就静静的站着,站着看这只猎狗还来不来。#135)

从上下文来看,该句不是询问极性或者具体内容信息,不是一个疑问句。相反,如果像例(31)将"来唔来"处理为正反问句,句子也无法释义,好比普通话"＊站着看这只猎狗,还来不来?"显得文意不通。综合这些因素,我们认为该句宜处理为陈述句。

6.3.3 同时期语料比较

为了与《启蒙》作比较,本节增加了 4 种 19 世纪巴色会客家方言《圣经》语料，作为同时期性质相近的比较材料。这几种文献是：

表 6.1 四种客家话《圣经》语料

文献	版本	出版年
《路加福音传》	汉字本	1881 年
《马可福音传》	汉字本	1883 年
《使徒行传》	汉字本	1883 年
《马太福音传》	汉字本	1900 年

《启蒙》与 4 种客家方言《圣经》的是非问句存在一些有趣的异同之处。一个突出的相同点是这些材料都极少见到结构完整的正反问句［VP-neg-VP］：《启蒙》中仅见 1 例〔例（30）〕，4 种客家方言《圣经》中仅见 2 例。

（33）就来对佢话："先生，唯兜知毋系信实嘅人，嘿侪毋都唔顾，因致毋唔看人面，系照真来教上帝嘅道，纳税奔皇上，<u>着唔着</u>？<u>好纳唔好纳</u>？"（对不对？好不好纳税？｜《马可福音传》页 30①）

（34）有人瘹开只手，人就问耶稣，话："安息日医病，<u>合唔合</u>？"（合适不合适？｜《马太福音传》页 23）

一个不同之处是，动补式"V 得（…）唔"问句的出现频率不均衡。《启蒙》有"VP 唔"问句共 12 例，其中"V 得（…）唔"问句 2 例，占比约 16.7%（见前文例 15、23）。据庄初升、黄婷婷（2014：324—344）统计，《启蒙》中带"得"的"可能式"多达

---

① 四种客家方言《圣经》标注的页码均为影印本的版心页码。

328 例。虽然庄、黄书中收录的用例基本都是（可能式）陈述句（含少量特指问句），但并不影响这里的推断，因为带"得"的陈述句数量很多、疑问句很少。

在四种同时期客家方言《圣经》中，共有"VP 唔"问句 47 例，其中"V 得（…）唔"问句 16 例，占比约 34%，以下全部列出。

（35）耶稣对該兜教法师摘法利赛人话："安息日医病做得唔？"（安息日治病可不可以？｜《路加福音传》页 44）

（36）跟尾人带佢到武帝地坪里，话："厓讲唅宗新道，雎兜可以知得唔？因致雎兜听厓讲倒好出奇嘅事，故所以雎兜想知系乜嘅意思。"（我们可不可以知道？｜《使徒行传》页 43）

（37）保罗对千总话："厓同厓讲句话子，做得唔？"（可不可以？｜《使徒行传》页 55）

（38）一只罗马人，唔曾定案就打，做得唔？（可不可以？｜《使徒行传》页 57）

（39-40）耶稣答话："厓兜求嘅，自家都唔知。厓将爱饮嘅杯，噫兜饮得唔？厓受嘅洗礼，噫兜受得唔？"佢兜话："做得。"（你们能不能喝？你们能不能接受？｜《马太福音传》页 43）

（41-42）耶稣话："厓兜求嘅，自家都唔知，厓饮嘅杯，噫兜饮得唔？雅受嘅洗礼，噫兜受得唔？"（同上｜《马可福音传》页 26）

（43）盲佬还带得盲佬唔？（盲人能不能带盲人？｜《路加福音传》页 19）

（44）咮唎嘖人就来试耶稣，问佢："人出得老婆唔？"（人能不能休妻？｜《马可福音传》页 24）

（45）试探耶稣，话："人唔论乜嘅缘故，都出得老婆唔？"（同

上 | 《马太福音传》页 40)

（46）耶稣对佢两侪话："喎信得厓晓做咹嘅唔？"（你相不相信我会做这个？ | 《马太福音传》页 18)

（47）耶稣对佢兜话："喎兜看得咹喋多倒唔？厓实在话喎兜知。"（你们看不看得到这么多？ | 《马太福音传》页 52)

（48）用手按竟佢，就问佢："看得乜嘅倒唔？"（看不看得到什么？ | 《马可福音传》页 19)

（49）涯话喎兜知，佢唅快快打救佢，竟系唔知人嘅猛子来当时，在咹地下遇得有信德嘅倒唔？（在这世上遇不遇得到有德信之人？ | 《路加福音传》页 53)

（50）进来嘅两万兵，用一万兵敌得佢住唔？（用一万兵打不打得过他？ | 《路加福音传》页 46)

从这些例句可以看到，《使徒行传》只用"V 得唔"问句，其他三种文献则兼用"V 得唔""V 得…唔"两种结构；有 4 例还使用动补结构标记"倒""住"〔例（47）—（50）〕。在《启蒙》中，唯补词"倒"使用非常频繁，但未见于是非问句之中；此外，《启蒙》中的"住"无一例外地只表示动作义"居住"，与动补结构毫无关联，这也与其他几种材料不同。我们将这些差异列为表 6.2。

表 6.2　《启蒙》与四种客家话《圣经》的正反问句差异

正反问结构	《启蒙》	四种客家话《圣经》
VP 唔	12	47
V 得（…）唔	2	16
V 得（…）倒/住唔	0	4

6.4　选择问

《启蒙》中的选择问句极为少见，似乎仅有如下 1 例：

（51）对佢话："哪遐该打？<u>系你还之系牛呢？</u>牛唔知好丑，独系照嘇性来做事，捞你大唔同。做吗你咁样来待佢？你唔晓想吓子，唔晓记竟自家个罪！"（哪个该打？是你还是牛呢？#189）

　　选择问句"系你还之系牛呢？"是对前句的特指问"哪遐该打？"的追问。其结构与现代汉语选择问句"是……还是……"类似，不同之处在于其后一个选择连词中多了一个"之"字。这个"之"的性质是什么？

　　按庄初升、黄婷婷（2014：149）所列"分类词汇集"，其"连词"部分未收"还系"，但收录"还之"，释义为"或者"（表"或者"义的连词还有"或""或者"）。也就是说，"还之系"的直译是"或者是"，其结构是"还之｜系"，不能"以今例古"直接比附现代汉语普通话分析为"还（之）系"。

　　"还之"的连词属性，也可由文本中的高频使用得到验证。《启蒙》共见"还之"55 次，除 1 次出现在选择问以外〔例（51）〕，在非疑问句中出现 54 次，参看例（52）—（54）。此外，在罗马字本中，这 55 个"之"有 54 个都被准确注音为 tši[21]①，排除了词形相

① 含"还之"的句子共 50 句，但"还之"的出现次数为 55 次，因为有的句子出现多次"还之"（3 例出现 2 次，1 例出现 3 次）。另外，有 1 例由于罗马字影印本缺页而未知其读音，该例是："<u>还之</u>拨扇也知得面前有风。气一发动就喊做风，气係搅得猛就喊做大风、打风搋。"（#81）

同而词义不同的情况，这都印证了庄、黄的归类和释义。

（52）佢惯就人，唯人个厅吓<u>还之</u>檐吓作薮。（在人们的大厅或者屋檐下做窝 #121）

（53）正养倒个子系盲眼个，一薮养得三四只，<u>还之</u>五六只子倒。（一窝能养三四只或者五六只 #138）

（54）知觉个只知字也讲得系心肝个情形，好比人个呃身系爽快平安咁样，心就知安乐；但系头唪痛，或者割倒手，<u>还之</u>俾人打倒，<u>还之</u>俾火烧倒，噫喂就喊做知痛苦。（或者割到手，或者被人打了，或者被火烧了 #113）

"还之"的所属词类和意义，还可以从与其搭配出现的成分看。例如，《启蒙》中还有"又还之"3例、"还之又"1例，以下全部列出。

（55）佢做薮来歇，系揳鹏薮等咘树嗙里作，<u>还之</u>咘树窠空里作，<u>又还之</u>借鸦鹊个旧薮来作。（或者在树洞里做，又或者借鸦雀的旧巢来做 #138）

（56）系捉倒猫仔还之狗仔，就斟喂沸水去来烔死佢，<u>还之</u>割开喙耳结揳脚，<u>又还之</u>挖出喙眼珠来。（或者割开它的耳朵和脚，或者挖出它的眼珠来 #187）

（57）夏天个时若使有人咘倒死老鼠，<u>还之</u>死雕仔，<u>又还之</u>死虾蟇咘松地坭里，唔使几久就有虫嚜竟来，喷喂坭去，来揞开佢。（夏天的时候如果有人扔了死老鼠，或者死小鸟，又或者死青蛙在疏松的地里 #145）

（58）佢极中意泅水，惊人得意，也泅好嘞，唉水面里拔拔吓翼，<u>又</u>擂落头喀水底里去捋东西食，<u>还之</u>又㧾只微落水底里去。（又一头钻进水里寻东西吃，又或者全身潜到水底去 #148）

这些"还之"连接的句子都是陈述句，这与汉语普通话"还是"差异很大，后者一般被视为选择问句的标志。"还之"之前能接副词"又"，就取消了"还之"与疑问相关的全部可能（比较：现代普通话"又或者""或者又"均不用于疑问句）。因此，例（51）的选择疑问并不是由"还之"表达的，而是由"系 A 系 B 呢"（是 A 还是 B 呢）结构表达的。

最后，顺便提一提另一个形式相似的"还系"。《启蒙》仅见 3例"还系"，但这不是一个连词，其内部结构是"副词+系词"〔例（59）—（61）〕，与汉语普通话的选择连词"还是"相去甚远。

（59）个时佢<u>还系</u>有乜个见识个人，听佢咁样讲倒，佢念过真系有百两银埋竟个里，故此暗哺夜就唉噫里挖只窟深深里，都挖百银唔倒。（那时我还是没什么见识的人 #194）

（60）到今日佢<u>还系</u>㨇大本钱个等，年年都出利。（到今天它还是像大本钱似的，年年都盈利 #194）

（61）喀姝话："今㘓<u>还系</u>轻轻个责罚，第二㘓就爱记心，因为为食系好关大个，有好多人还细个时为食，到大里个时就成只㗼家仔，丧坏唨身，害死唦家个灵魂。"（这次还是轻轻的责罚 #212）

讨论至此，可以明确，《启蒙》中的选择问句比较罕见。从仅见的例子来看，其构成方式是"系 A 还之系 B 呢"，或者说是"系词+

A+连词+系词+B+语气词"结构。虽然有连词"还之"参与，但该连词用于陈述式选择而不是疑问式选择，选择问的构成主要依靠系词的配套使用。换言之，《启蒙》没有专职的连词用于疑问式选择，这与当代客家话以及其他汉语方言中疑问式–陈述式选择连词的对立格局迥异。

6.5   附加问

《启蒙》中有"系咩"问句 3 例，另有"系咩+语气词"问句 2
例，都是典型的附加问结构。

（62）使人有智慧个独系五官系咩？（使人有智慧的只有五官，
是不是？#115）

（63）问佢话："噏只荷包系噏个系咩？"（这个钱包是你的，是不
是？#213）

（64）就问佢："系噏个系咩？"（是这个，是不是？#213）

（65）"个睭至多人欢喜佢，亚僬就至欢喜个，你话系咩呢？"
（你说是不是呢？#133）

（66）来对佢话："系咩哑？你听噻说话有有唔好。"（是不是呀？
你听我的话没有不好 #199）

例（65）句末的语气词"呢"和例（66）句末的语气词"哑"
的作用都在于加强正反问"系咩"的语气，二者都带有求证意味，
希望对方的回答是"系"，期待一种认同。换言之，这种"系咩呢/
哑"问句的适当分析是："系咩"表达正反问，是句法上所必须的；
语气词"呢/哑"表达语用，用于调节说话人的各种态度和情感。

6.2、6.5 节分别谈到句末语气词"呢"和选择问句中的"呢"
〔见例（13）（51）〕，与这里的附加问句中的"呢"有关联吗？首
先是这三个"呢"的读音不同，在罗马字本中分别记作 ne`、li′、
ne′，即去声 ne、阴平 li、阴平 ne，如果加上调值可记作 ne^{51}、li^{21}、

ne[21]，这里称之为"呢$_{A/B/C}$"。这三个"呢"虽然出现在特指问、选择问和附加问句末尾，但这些问句都不依赖"呢"构成疑问，有没有"呢"不影响其疑问句性质；换言之，"呢"只是句末语气词，不是疑问语气词。

《启蒙》中"呢"的三分与汉语普通话有一些相似之处，普通话的"呢"也可以根据读音和功能再作区分。

(67) 汉语普通话

a. 你知道是什么缘故呢？

b. 是你还是牛呢？

c. 你说是不是呢？

d. 我的书呢？

e. 他还是个小学生呢。

例（67）中，（67a-c）是一组〔分别是例（13）（51）（65）的译文〕，其中"呢"都读高平调，出现在疑问句中（但这3例的疑问性均不由"呢"表达）；例（67d）"呢"也读高平调，该例是一个缩略式特指问（意为"我的书在哪里？"或者"我的书怎么样？"）；例（67e）"呢"读轻声，用于陈述"显然如此"的事实。因此，例（67）中的"呢"至少可以分为3个，这里记作"呢$_{1/2/3}$"（以便区分《启蒙》中的"呢$_{A/B/C}$"）。

普通话的"呢$_1$"兼用于特指问、选择问和正反问，分别对应《启蒙》三个读音不同的"呢$_{A/B/C}$"。另外，《启蒙》中"呢"总共仅出现4例，除上述3例以外，还有1例用作指示词（上声 le[31]）；也就是说，《启蒙》中没有与普通话"呢$_{2/3}$"相对应的"呢"。《启蒙》

和普通话语气词"呢"的这些读音和功能差别列为表 6.3（该表以句类为中心）。

表 6.3　《启蒙浅学》语气词"呢"与普通话语气词"呢"比较

普通话"呢"的性质		句类	《启蒙》"呢"的性质	
呢$_1$ $n\bar{e}$	句末语气词	特指问	呢$_A$ ne^{51}	句末语气词
呢$_1$ $n\bar{e}$	句末语气词	选择问	呢$_B$ li^{21}	句末语气词
呢$_1$ $n\bar{e}$	句末语气词	附加问/正反问	呢$_C$ ne^{21}	句末语气词
呢$_2$ $n\bar{e}$	疑问语气词	缩略式特指问	/	/
呢$_3$ ne	句末语气词	陈述	/	/

可以看到，普通话的三个"呢"读音接近、功能差异较大，《启蒙》中的三个"呢"读音差异较大、功能一致。不过，这些"呢"都是句末语气词并且关联密切，我们倾向于认为，普通话和百余年前香港新界客家话中各自的几个"呢"之间是多音词而不是同音词的关系。

一旦理清了"呢"的性质，也就利落地解决了"系咩"的归类问题。庄初升、黄婷婷（2014：309）将"系咩""系咩呢"归入反复问句（正反问句）。从结构上来看，"系咩"是"系唔系"的合音形式，即这些问句均属正反结构，这种分类有充分的事实依据。不过，从另一个角度看，例（62）—（66）都是"系词+语气词"结构，其语用功能都是向受话人进一步确证信息，完全符合附加问的特征，是典型的附加问句。

这是疑问句分类的角度问题。汉语普通话和绝大多数方言都有大量正反问结构用作附加问；正反问句出现在句末，形式上已经具备"附加"的特点，其语用功能也是表示进一步确证，都可处理为附加问句。

从上述例句来看，《启蒙》的附加问大多位于句末〔仅例（66）在句首〕。此外，例（68）的"系咩"也出现在句首位置。在《启蒙》罗马字本原文中"系咩"之后使用的是感叹号，即该句显然未被编者视为疑问句；不过，结合上下文以及附加问的结构特点，我们倾向于将其看作附加问句。

（68）个只婆太对嗾呗子子孙孙话："系咩？／＊！上帝有个本事，佢起得一条城墙围竟仇敌，使佢唔落得。"（对不对？上帝有那本事，他砌起一道城墙围住敌人，让他们下不来。#221）

在4种客家方言《圣经》中检索到"系唔系"附加问句3例〔另有2例VP-neg-VP问句我们分析为正反问，见例（33）—（34）〕。

（69）耶稣话："嗾兜加利利人遭倒陈样嘅祸，禺兜就讷倒嗾罪系大过另外嘅加利利人，系唔系？涯话唔系。"（《路加福音传》页42）

（70）禺兜就讷倒嗾错过系重过另外在耶路撒冷住嘅人，系唔系？涯话唔系。（《路加福音传》页42）

（71）祭司头再问佢，话："禺系基督，该称赞侪嘅孻子，系唔系？"（《马可福音传》页38）

《启蒙》兼用"系咩""系唔系"两种结构的问句，而4种客家方言《圣经》仅用后者。"系咩"是"系唔系"的合音，从合音现象在口语中更容易发生的角度看，或可作为推断《启蒙》口语化程度较高的旁证（庄初升、黄婷婷2014：310）。

　　不过，"系咩""系唔系"在问句中的出现环境有所不同。"系咩"一般见于"系……系咩"结构〔例（62）—（64）〕，如果不与"系"配套使用的话，"系咩"后面还可以再跟语气词〔例（65）—（66）〕；而"系唔系"都是单用，并且常以附加问的形式出现〔例（69）—（71）〕。如果"系咩"和"系唔系"之间仅仅是口语化程度有差别，那么将二者互换在语法上应该能成立。不过，就我们所检视的语料来看，未见互换的用例。因此，以"系咩""系唔系"的兼用来判断相关语料口语化程度是一个颇有启发的视角，但可能还需要更多证据的支持。

　　最后，"系咩""系唔系"式附加问句在当代客家方言中的分布非常广泛。例如，经查询"海内外客家方言有声语料库"，"系咩"（含"系乜/系冇/系么/系嘪/系嚹/系唔"）附加问见于梅县、五华、揭西、丰顺、陆河、龙川、东莞、香港、苗栗、泰国、宁化、上杭、永定、诏安、宁都、崇义、成都等地客家话，"系唔系"附加问见于兴宁、揭西、陆河、惠州、连平、南雄、仁化、翁源、长汀、连城、武平、安远、汝城、炎陵等地客家话；其中揭西、陆河等地还兼用这两种附加问句。①

---

① 我们在 1894 年出版的《粤语口语读物》中也见到 1 例（该书仅见此例）：（72）但以理呀，你时时所服事个位神，能有唔俾个狮伤到你，系唔系呢？（丹尼尔啊，你侍奉的神，能救你脱离狮子，是不是呢？）需要说明，该例是偶然所见，因为时代相近而将其列出，相信类似的例子在其他当代粤语和客家方言中不在少数。又，《粤语口语读物》（*Readings in Cantonese Colloquial*）系粤语学习资料，作者 James Dyer Ball，香港 Kelly & Walsh 出版，含课文 30 篇，有英语对译。

6.6 主要观察

本章梳理和描写了《启蒙》所见的全部是非问句，目的是刻画客家话历史发展中的一个局部片段，尝试复原一百多年前的香港新界客家话的是非问句系统。

《启蒙》共有 95 例问句，从疑问句的结构类型来看，特指问数量最多，正反问次之，语调是非问再次之，附加问、语气词是非问、选择问数量较少。从其语用功能来看，有反问、设问、追问、感叹问等多种类型，其中反问和设问较多，追问和感叹问等只有个别用例。各种问句结构类型及其数量如表 6.4。

表 6.4　《启蒙浅学》疑问句的结构类型和数量

疑问句类型		数量
是非问	语调是非问	10
	语气词是非问	2
	正反问	16
	选择问	1
	附加问	5
特指问		61

总体而言，《启蒙》的疑问句数量较多，正反问在各种是非问中最多，语调是非问基本都用于表达反问，这都是语料生动的表现，反映了文本的口语化程度较高（参看 6.1 节）。此外，疑问语气词似乎只有一个"吗"（ma^{31}），使用疑问语气词的是非问句也极为少见。正反问最常见的结构是"VP 唔"。选择问也相当少见，其构成方式

为系词的并列"系 A+连词+系 B"。附加问有一般由"系咩"这种 VP-neg 结构充当，该结构之后还可以再接语气词"呢/哑"表达言者的态度情感。

考察一种百余年前的客家话，主要的价值是从中看到方言的历时变化。庄初升、黄婷婷（2014：309—314）已经指出，百余年前新界客家话的正反问句兼用"VP 唔"和"有 NP 冇"两种格式且以前者为主（"有 NP 冇"问句依据的是同时期语料《使徒行传》《简明客家语法》），前者在包括新界话在内的当代客家话中早已式微并被代以"VP 么""V 唔 V"格式。

我们的观察主要有两点。其一，语气词是非问句相当少见。《启蒙》仅见"吗"字是非问 2 例，其中 1 例另使用特指疑问词，1 例略带反问意味；因此，百余年前的新界客家话有无专职语气词用于构成是非问句，可能值得细究。其二，选择问句的发展有一些显著特点。新界客家话没有专职的连词用于疑问式选择，这是其与当代客家方言的一个重要差异。《启蒙》中的连词"或（者）""还之或者"都用于陈述式选择，这与现代汉语普通话和当代诸多客家方言中"或（者）"用于陈述式选择、"还是"用于疑问式选择的分工截然不同。此外，《启蒙》的选择问结构是"系 A 系 B"，连接前后并列项的系词完全一致；这也与当代客家方言中广泛使用的"（系……）还系"不同。

最后，需要说明，本章讨论的基础是封闭式历史语料，局限是显而易见的。即使《启蒙》的口语化程度较高，也只能说文本中有什么结构，而很难断言百余年前的新界客家话中是什么类型，其性质常常难以判断。庄初升、黄婷婷（2014：310—313）根据《启蒙》之外的语料，补充了当时新界客家话中还有"有 NP 冇"式正反问，是一项精彩的个案分析，但也反映了基于《启蒙》文本研究（乃至其他基于历史语料研究）的不足，即新语料的纳入可能修改既有的研究结论。不过，从另一个角度看，《启蒙》已经高度仿真地记录了一百多年前的香港新界客家话口语，近乎是该地历史方言的一个精美标本，以这样一种语料探究某些语法特征已经弥足珍贵；相信其文本解读和还原工作对于客家方言比较、客家方言史乃至汉语南方方言史研究都有参考价值。

7   汉藏语的选择问句

各类语法范畴都有其内部外部关联，是非问也不例外。大而言之，是非问的内外关联主要表现在三个层面：微观层面，是非问各表达方式之间的内部关联；中观层面，是非问与其他疑问范畴的内部关联；宏观层面，是非问与语序、形态等其他语法范畴的外部关联。本章的讨论主要是中观层面的，具体涉及选择问与（一般的、传统的、作为四大疑问类型之一的）是非问之间的关联；微观及宏观层面的关联则留待第 8 章继续讨论。

选择问与是非问关系密切，表现在多个方面。其一，二者在属性上有重叠。疑问句的类型划分取决于选择问的划分：如果将"是""非"视为选择，那么是非问也属于选择问；如果将特指问的诸回答选项视为"无定选择"，那么特指问也属于选择问。换一个角度，选择问非此即彼式的询问与是非问颇多相似，当选择项为正反对立时尤其如此（参看 2.1.1 节）。邵敬敏（2014：130）认为是非问、选择问、特指问三者之间形成互补："它（选择问）与一无所知的特指问相比，体现出一定的范围性；它与以整个句子作为一个疑问点的是非问相比，又表现出某种选择性。所以从语言应用角度讲，它与特指问、是非问一起形成互补格局。"

其二，是非问与选择问在历时上有发生学关系。对于是非问的演变，有研究认为是非问在疑问系统中最先得到发展（张玉金 2001，傅惠钧 2011），与之相反，也有学者认为是非问由选择问经正反问演变而来（刘丹青 2005）。不过，汉语早期的选择问可能都是语气词是非问的并列式。吕叔湘（1944/1990：285）较早指出，上古汉语选择问往往使用语气词，"文言里的抉择问句差不多必用语气词，并且多数是上下都用"；梅祖麟（1978）也认为没有语气词的选择问句是中古新兴的句型。从这个角度看，语气词是非问的形成早于选择问。

汉语从语气词选择问向连词选择问发展，与汉藏语选择问句的总体演变路径是一致的。宋金兰（1996）提出，"A–语气词，B–语气词"是汉藏语选择问句的早期形式，"A–连词–B"句式是选择问句发展到成熟阶段的产物。这些讨论均指向一个可能的事实：汉藏语选择问句的源头是"并列项+语气词"结构。

其三，是非问与选择问的一些下位分类之间有类型学蕴含关系。例如戴庆厦、朱艳华（2010b）提出，藏缅语疑问句法结构在共时上有如下蕴含关系：谓词重叠问⊃有标记的正反问⊃有标记的选择问。谓词重叠问与正反问都属于是非问，这就在是非问与选择问的次类之间建立了一些关联。

本章呼应这三个方面的讨论，探讨汉藏语选择问及其与是非问的一些关联。其中，7.1 节介绍选择问在疑问分类中的地位，主要涉及第一个方面问题；7.3—7.4 节讨论汉藏语选择问研究的若干主要方面及其与是非问的关联，主要涉及第二个方面的问题；7.2 节考察选择连词的分用、合用及相关类型学问题，主要涉及第三个方面的问题。此外，也尝试提出汉藏语选择问句研究值得重视的若干问题，即结构特征描写、类型学比较以及（区域）历史比较（参看罗天华、孙晓雪 2022）。

7.1 选择问的概念与分类

选择问是一种较为普遍的疑问类型，它以并列的形式提出若干选择项进行询问，不仅明确地提出询问的主观范围，而且提供了可供回答的选择项（邵敬敏 2014：130；Sadock & Zwicky 1985；König & Siemund 2007）。

数十年来，学界对汉藏语的选择问句进行了报道和研究，积累了丰富的语料，深化了对其结构特征和类型学特征的认识。不过，对于选择疑问句的类属与地位仍有争议。国外语言学界常常将疑问句分为两类——是非问（极性问）与特指问，选择问不使用特指疑问词而多被归为是非问大类，但又不得不承认选择问有其自身特点，例如其答句与特指问相似（Bolinger 1978，Sadock & Zwicky 1985，Biezma & Rawlins 2012，Dixon 2012：376—433）。国内学界多将选择问、是非问、正反问、特指问并列为疑问句的四种主要类型（张斌 1987），但也有学者认为选择问与其他三类不是平行关系，主要可以概括为三种观点。

第一种观点是，选择问为是非问的下位类型。吕叔湘（1985，1990/1944：281—300）根据是否含疑问代词将疑问句分为特指问句与是非问句，并认为选择问和正反问由是非问句派生而来。

第二种观点是，选择问是与是非问、特指问并列的疑问类型。朱德熙（1982：202—204）、陆俭明（1982，1984）、张伯江（1997）、刘丹青（2005）等均持此观点。陆俭明、刘丹青明确提出，将汉语选择问列在是非问之下并不妥当，因为选择问句不能与是非问句一样用语气词"吗"，却可以同特指问句一样用"呢"。不过，各家在正反问的归类上有所不同：张伯江认为正反问是是非问的次类，朱德熙、刘丹青认为正反问是选择问的次类。还有一些研究也持后一种观点，例如梅祖麟（1978）认为选择问和正反问的关系很近，差别在于前者是选择"甲"与"乙"，后者是选择"甲"与"非甲"。邵敬敏（1994）指出正反问是选择问的常见变式：并列选择项为肯定项与否定项，若前后项之间没有关联词语与停顿，则为一般正反问；若前后项之间有关联词语连接，则构成正反问与选择问的混合句式，即所谓"正反选择问"。

第三种观点是，选择问是是非问的上位类型。范继淹（1982）提出"是非问句是选择问句的一种特殊形式"，选择问句可分为"要求对方选择特指项目作为回答"的"特指选择问句"和"要求对方选择肯定或否定作为回答"的"是非选择问句"。邵敬敏（2014：9—10）进一步"将所有的疑问句都看成是一种选择"，从而把疑问句分为是非选择问和特指选择问，又将是非选择问分为单项是非选择问（是非问）和双向是非选择问（正反问），将特指选择问分为有定特指选择问（选择问）和无定特指选择问（特指）。以上三种分类可以概括为表 7.1（同表 2.2；第一行为通行的疑问句四分法，三类用数字 1/2/3 标示）。

表 7.1　选择问在疑问类型中的地位

分类	是非问	选择问	特指问	正反问
第一种（二分）	[1]是非问	[1]是非问	[2]特指问	[1]是非问
第二种（三分）	[1]是非问	[3]选择问	[2]特指问	[1/3]是非问/选择问
第三种（一分）	[1]选择问	[1]选择问	[1]选择问	[1]选择问

造成这三种分类差异的原因主要有两点。其一，各家对疑问

（特别是选择问）概念的界定不同，分类的出发点不尽相同。例如吕叔湘（1985，1990）主要依据疑问的范围（整体还是部分）和句子的形式特点（是否含有疑问词），朱德熙（1982）依据疑问句与陈述句的转换关系，范继淹（1982）依据交际功能，陆俭明（1982，1984）依据疑问句的语序差异和疑问形式标志，张伯江（1997）依据疑问域的大小和语法化程度，刘丹青（2005）依据跨语言比较的句法操作，等等。可以进一步说，疑问句的分类由选择问句决定，因选择问的类型归属不同而不同。

其二，选择问概念有狭义和广义之分。"选择问"的最小范围指区别于"是非问""特指问""正反问"的一类问句，最大范围可以包括所有的疑问句，即一切疑问都是选择。具体地，"狭义的选择问"提出两个（或更多）并列选择项进行提问，"一般的选择问"提出两个（或更多）并列或对立的选择项（包括肯定或否定）进行提问，"广义的选择问"提出若干选择项甚至不出现选择项进行提问。"狭义的选择问"与特指问、是非问、正反问呈互补分布；"一般的选择问"包含是非问与正反问，与特指问呈互补分布；"广义的选择问"则包括所有的疑问句。

7.2 选择问的句法语义

7.2.1 构成选择问的成分

从跨语言比较来看，构成选择问句的最常见的方式有三种：选择连词、语气词和区别性语调（Sadock & Zwicky 1985; König & Siemund 2007）。

汉语普通话及方言中的选择问句大多通过选择连词（和/或语气词）来实现，选择连词一律位于选择（后）项之前，且有别于陈述句中的选择连词。赵元任（Chao 1968：265）较早注意到汉语选择问句中的选择连词有别于陈述句中的选择连词："还是"用于选择问，"或者""或是"用于陈述句。

（1）汉语普通话（Chao 1968：265）

a. 你在那儿做事<u>还是</u>玩儿？

b. 做事<u>或者</u>玩儿都行。

赵元任称之为 whether 'or' 与 either 'or' 之分，或者 disjunctive 'or' 与 alternative 'or' 之分。连词的疑问−陈述分工见于绝大多数汉语方言，仅见的例外是一些闽方言，如厦门话和台南话；但据程若茜（2017）报道，闽语闽侯方言也使用这种分工：选择问句用连词"故是"，陈述句则用"或者"。选择连词的陈述与疑问之分也见于境内 27 种其他汉藏语系语言（方言），但在世界其他语言中是一种颇为罕见的现象，仅有少量报道来自芬兰语、巴斯克语、波兰语、萨米语、索马里语、Marathi 语、Nànáfwɛ̂ 语等 7 种语言（Saeed 1993; Pandharipande 1997; Haspelmath 2007; Mauri 2008：164; Feist 2010;

闫梦月 2019）。

（2）芬兰语（Haspelmath 2007）

a. Anna-n　　sinu-lle　　kirja-n　　**tai**　　albumi-n

给-1SG　　你-ALL　　书-ACC　　或者　　唱片-ACC

我将给你一本书或者一只唱片。

b. Mene-t-kö　　teatteri-in　　**vai**　　lepo-puisto-on

去-2SG-Q　　剧院-ILL　　还是　　休息-花园-ILL

你是去剧院还是去公园？

选择连词有时可以省去。黄正德等（Huang et al. 2009：243）指出，如果两个选择项之间具有"某种语音上的相似性"，选择连词"还是"可以省略，见下文例（7）。此外，在一些方言中，如吴语绍兴柯桥话、湘语益阳话，连词"还是"在选择项为两项时往往可以省去，但当选择项为三项及以上时，对选择连词的使用具有强制性（盛益民 2017，夏俐萍 2017）。

选择问句中的语气词需要加以区分：一类为兼具传疑和连接选择项作用的语气词，一般附于第一个选择项之后，在一些方言中具有强制性，如甘青方言的"吗"（宋金兰 1993）、陕北方言的"么"（马晓琴 2004）。这是功能类似于选择连词的语气词，可以视为语气词用作选择"连词"。

（3）甘青方言（宋金兰 1993）

a. 尕王家的亲戚是城里人<u>吗</u>乡下人？（是城里人还是乡下人？）

b. 娶下的媳妇俊<u>吗</u>丑？（俊还是丑？）

另一类语气词往往不具有强制性，也不负载选择疑问信息，例如汉语普通话"呢"。不过，"选择问语气词"和"选择问句中的语气词"在性质上完全不同，前者是选择问的标志，后者不是疑问的标志，主要表达说话人的态度或情感。

对选择疑问语调的研究相对欠缺。邵敬敏（2014：80）指出，现代汉语选择问本身已负载疑问信息，句调既可以为升调，也可以为降调，句末升调（和语气词"呢"）都可以视作羡余信息。在汉语方言选择问中，语调情况有所差异，如夏俐萍（2017）谈到湘语益阳方言可在第一个选择项的末尾音节上叠加一个［45］升调、第二个选择项仍然读本调来表达选择问。阎锦婷等（2014）指出选择问句的句调域比陈述句宽，强调焦点"A 还是 B"的疑问形式在全部词调域中域宽最大，显著大于自然焦点的陈述句，语调起伏表现明显，起着传达疑问信息的主要作用。

无论是选择连词、语气词、停顿、语调变化，都是选择项之间的衔接成分。从像似性和联系项居中的角度看，这些成分的存在有其充分依据。换言之，选择问句的选择项之间需要有连接成分；如果没有选择连词，那么会使用一些替代标记，例如停顿、语气词、话题标记、并列连词等等（参看 Mauri 2008：170—182）。

7.2.2　选择项

现代汉语选择问句以双项并列最为常见。当选择项为三项及以上时，往往会对选择连词的使用产生制约，如选择连词一般加在最后一个选择项之前，且不可省去，如普通话、绍兴柯桥话等。

现代汉语选择问句中的选择项多为动词短语、形容词短语，其最主要的功能是作谓语，也可以作宾语、补语等。刘丹青（2005）指出，汉语的选择项作宾语比作主语自由。盛益民（2017）也认为吴语绍兴柯桥话的选择项不可用作状语或定语。

语义上，选择项多为同范畴的事物、性质或行为。邵敬敏（1994）将选择项之间的语义关系分为三类：对立关系、差异关系、相容关系。对立关系指选择项之间形成语义上明显的对立，如"你是给他鼓掌好，还是不鼓掌？"。差异关系指选择项之间不是完全对立的，仅表现出一定差异，多属于同类并列，如"是四方脸，还是圆脸？"。相容关系指选择项仅表可能性，二者不形成对立，也不表现差异，体现的是一种相容关系，如"是电视机坏了，还是眼睛出了毛病？"。

这种语义分类与 Sadock & Zwicky 对英语选择问的分析异曲同工。下例（4a）是肯定及其否定，（4b）是两种可能选择，（4c）省略后项谓词，（4d）前后项完全不同（Sadock & Zwicky 1985）。

(4) 英语（Sadock & Zwicky 1985）

a. Is it raining, or it isn't?

（在下雨，还是没在下雨？）

b. Is it raining, or is it snowing?

（在下雨，还是在下雪？）

c. Did Bill stay, or did Harry?

（比尔留下来了，还是哈里留下来了？）

d. Is it raining, or did someone leave the sprinkler on?

（在下雨，还是谁没关花洒？）

选择问句中相同项的省略与句法结构类型、句法位置、省略是否会引起语义误解以及语用需求等有密切的联系。相同项的省略大致有四种情况：（i）一般不省，如动词（短语）作为相同项时，作为句法和语义的中心一般不省；（ii）一般要求省略，如主语为相同项时往往承前省略；（iii）不能省略，如相同项为宾语或补语时省略后会造成歧解或不合语法；（iv）省略与不省略两可，根据语用表达的需要进行选择（邵敬敏1994）。

选择问项的省略/删略条件有多种，其中还可能互有交叉。邵敬敏（1994）提出制约前省还是后省的"语义单向管辖律"，即保留的相同项在语义指向上尽管可前指可后指，但在一个句法结构中只能是单向而不能是双向的。例如"你们₁值班还是你们₂休息？"，一般后省"你们₂"，即"你们₁值班还是休息？"，此时"你们₁"的语义都是后指的；若前省则为"＊值班还是你们₂休息？"，此时的"你们₂"的语义既要前指又要后指，就不能成立。

黄正德（1988）认为选择问句都是经并列删除而来的，并列删除受到方向性、直接支配条件等限制。其中，"方向性限制"与邵敬敏所提"语义单向管辖律"基本一致；"直接支配条件"的限制指经过并列删除而省略的短语必须受到并列成分的直接支配。

吴振国（1992）考察了四种选择问句受语法因素制约的删除规则及其异同，认为并列短语"X还是Y"中的X、Y结构相同且相对应的成分为同指成分时，若前同后异，只能顺向删除；若前异后同，只能逆向删除；若X、Y为复句，只能顺向删除。"X还是Y？"选择问句除了可按一般并列短语的方式删除之外，还可以逆向删除居后的同指成分，如"今天去还是明天去？"，既可以缩略为"今天还是明天去？"，也可以缩略为"今天去还是明天？"。

选择问的回答一般要求在选择项中做出明确的选择。总体来看，普通话可以根据问句中的选择项用动词短语或名词短语作答，一些方言对选择问的回答要求为谓词性结构，即使疑问焦点为名词，也会在名词前加上动词或"（不）是"。对选择问回答的研究颇为重要，因为直接决定了其基本属性为是非问句或是特指问句甚至是第三种独立疑问类型，但目前相关文献仍为缺乏。

除了选择项的省略/删略，还有一个问题值得一提，即选择项之间的关系。沈家煊（2014/2021：82—83）讨论了一些颇有汉语特点的例子，认为汉语的名词性成分可以与动词性成分并列。

（5）汉语普通话（沈家煊 2014/2021：82—83）

a. 我并非为了利益和出名。

b. 昨晚梦见蛇和被抓。

c. 这是力与美的体现。

d. 我爱你的条件与不争。

e. 兄弟之间感情和出名哪个重要？

沈先生指出，这些句子"要是翻译成英文，里面的动词就非得转化成名词不可"，说明了英汉并列结构的差异。不过，例（5）都是陈述句与特指问，如果将这些例句改写成选择问句〔例（6）〕，情况会有一些差异；具体地，选择项也可以是名词性成分与动词性成分并列，但可能比陈述句受限。

（6）汉语普通话

a. 你是为了利益还是（为了）出名？

b. 昨晚梦见蛇还是（梦见）被抓？

c. 这是力（[?]的体现）还是美的体现？

d. 你爱我的条件还是（[?]爱我的）不争？

e. 兄弟之间感情（^{??}重要）还是出名重要？

在例（6）中，如果缺失括号内的成分，有的句子会显得别扭（如 6c—e）。由此看来，（汉语）选择问句更加偏好同质成分的并列，或者说疑问式并列比陈述式并列更偏好使用同质成分。

7.3 汉语的选择问

7.3.1 共时探讨

除普通话以外，选择问句的共时研究涉及众多汉语方言，如官话方言宁夏同心话、青海西宁话、四川成都话、贵州遵义话、河南陕县话、甘肃民勤话等，晋方言绥德话、山阴话、陕北话，吴方言上海话、天台话、绍兴柯桥话等，粤方言的早期粤语、广州话，湘方言益阳话，客家话石城话，闽方言福州话等。方言（选择）疑问句的相关研究汇编，参看黄伯荣主编（1996：688—714）、邵敬敏等（2010）、郭利霞（2015）以及陶寰等编（2017）。

官话方言选择问句中的连接性成分多为"（还）是"且不是强制性的，对选择问的讨论主要集中于语气词的性质与作用。一些官话方言选择问的相关句式和（语气词）连词情况见表 7.2。

值得注意的是语气词。宋金兰（1993）指出甘青方言语气词"吗"除了负载疑问信息外，还起连接选择项的作用，并认为"X 吗Y"是藏缅语与汉语混合的选择问形式。王双成（2017）指出西宁话选择问句中用不用语气词"哩"对选择项的词性要求是不同的：用"哩"只能是动词（短语），不用"哩"可以是名词、形容词和动词（短语）。张安生（2003）认为宁夏同心话语气词"吗"兼具传疑和连接问项的双重功能，语气词"哩"处于句中的陈述层面，"X 么Y"句式在西北方言（陕、甘、宁、青、新）均有广泛分布且用法大体一致，但他并不同意宋金兰关于藏缅语和汉语选择问混合的观点。黄大祥（2016）指出西北方言的"哩"常被看作/记作"呢"（如宋金兰 1993 等），并比较了甘肃民勤话的语气词"莽""啊"，认为

"莽"为是非问与选择问的专用疑问语气词，而"啊"不是典型的疑问语气词。

表 7.2 官话方言选择问句的表达方式

官话方言	常用结构	选择连词	语气词作"连词"
甘肃临夏、青海西宁（宋金兰 1993，王双成 2017）	X 吗 Y； X 哩吗 Y（哩）	/	（哩）吗
宁夏同心（张安生 2003）	X 么 Y； X（哩）吗 Y（哩）	（还）是	吗
甘肃民勤（黄大祥 2016）	X 莽 Y（哩）； X 啊（是）Y（哩）	是	莽
河南陕县（张邱林 2009）	X 曼 Y	/	曼
四川成都（赵明节、杜克华 2017）	X 还是 Y； X 嘛/哇 Y（嘛/哇）； "还是""嘛/哇"	还是	嘛/哇
贵州遵义（叶婧婷 2017）	（是）X 嚜，（还是）Y； （是）X 嚜，Y 嚜，（还是）Z	还是	嚜

与官话方言相似，马晓琴（2004）认为晋语陕北方言语气词"么"兼有表达疑问语气和一定的连接作用，同时还可以再插入其他语气词来组合表达不同的体貌意义，如"外面下雨叻么下雪叻?"（外面下雨还是下雪了?）。李改样（2005）认为语气词互相呼应是山西方言选择问句的固有形式。郭利霞（2009，2017）将晋语山阴话的选择疑问句分为三个层次：第一层次"AB"、第二层次"A 呀/哩 B 呀/哩"、第三层次"（是）A（还）是 B"，并认为第三层次是最晚起的；语气词"呀""哩"常用于连接选择项，后起的连词"（还）是"用法与普通话大体相同。

吴语中部和南部方言用连词连接选择项较为普遍。据 Macgowan

（1862），老派上海话用"A 伊 B""A 呢 B"表示由两个处于并列关系的形容词构成的选择问句，用"A 伊还是 B""A 呢还是 B"表示由两个处于并列关系的动词构成的选择问句。钱乃荣（2003：318—319）提出新派已被连词"还是"取代，使用"A 还是 B"形式。邵敬敏（2010：42）指出上海话选择问的选择连词常被省略，但劳雪婷（2017）认为新派上海话只在某些情况下可以被省略，并引证黄正德（Huang 1988，1991；Huang et al. 2009）的观点指出省略要求两个选择项"有语音上的相似性"。

（7）汉语普通话（Huang et al. 2009：243）

a. 你今天吃饭吃面？

b. 你买表修表？

c. *你买书修表？

例（7a-c）的前后项均为动词带直接宾语结构，但只有（7c）不合格，因为其前后选项的动词和宾语均不相同。

"语音相似"确实能概括不少现象，其背后的原因仍然需要进一步解释。此外，也有不少反例，例如在选择项偏长的情况下（撇开结构复杂不谈），"语音相似"根本无法保证句子的合格性。

（8）汉语普通话

a.^{??}你喜欢鲁镇的酒店的格局喜欢乌镇的酒店的格局？

b. *孔乙己留着一部乱蓬蓬的花白的胡子赵乙己留着一部乱蓬蓬的花白的胡子？

在我们看来，选择项之间需要有成分连接以识别选择关系，这是"选择结构"的应有之义或者说常规标记方式。一些选择问句需要"语音相似"，主要是其没有选择连词或者其他连接成分，因而要求形式简短且相似的选择项，否则句子根本无法有效理解。有些语言和汉语方言的选择问句也没有选择连词，但是往往有语气词、话题标记等其他替代形式，可以对此问题的解释提供一些佐证。

戴昭铭（1999）报道了天台话选择问句的基本格式是"（是）A，还是 B"，此外，还有一种由基本式演变而来的省略式"是 A 阿 B"，其中"阿"是连接词。盛益民（2017）指出绍兴柯桥话选择问句中的连词为"是……还（是）……"，当有两个以上选择项时，"还（是）"不能省略；语气词"嘞"也可用于连接选择问句中的选择项。盛文还提出了选择项的句法功能限制：主要作谓语，也可作补语或连动结构的前项；一般不直接充当主语，但可以作宾语；强烈排斥作状语或定语。

粤语有一些颇具特色的选择连词。阚绪良（1991）分析了粤语"定"作为选择连词的用例，如"长嘅定短嘅?"（长的还是短的?），印证了梅祖麟（1978）的观点，即"定"是个"限于偏南地带的方言词"；并指出"定"的选择连词用法是从"定"的"究竟"义虚化而来的。据丘宝怡（2007）统计，早期粤语选择问句里的析取连词（即选择连词）有 14 个，包括"还是""（抑）或""定（系）"等；丘文讨论了广泛见于 19 世纪末至 20 世纪 30 年代粤语文献而后消失的连词"嗻""嗻系"，整理了二词的出现年代、使用范围及其演变，指出"嗻系"实际上不是析取连词。

在一些闽语、平话方言中，选择连词的使用是强制的，例如闽语闽侯话"故是"［ku^{51}leɪ^{243}］（程若茜 2017）、广西宾阳平话"知"

（覃东生 2017）。覃文还指出，宾阳平话的"知"有极强的连接谓词性成分的倾向；若要省去后一选项的谓词，两个选项之前一定要加上半虚化的"是"，以保证两个选项在形式和意义上具有谓词性。

湘语、客家话的选择问句结构与其他方言颇多相似，但也有一些特点。例如，夏俐萍（2017）认为湘语益阳话选择问句结构有三种，一为选择连词"（是）……还是"；二为后置语气词"啊"（高升调[45]轻声），后置语气词通常与选择连词搭配使用；三为单纯语调添加，即第一个选择项的末位音节在本调上叠加一个[45]升调，第二个选择项仍然读本调。温昌衍（2016）将石城客家话的选择问表达形式概括为五类：一为表示选择和停顿的助词"啊"，二为"还就"，三为"啊还就""啊就"，四为"（系）……啊"，五为"系……还系"。

总体上，这些研究大多集中于方言选择连词、语气词以及常用句式的讨论。汉语方言的选择问句在句法语义上呈现出一定的共性，如选择项充当句法成分的限制、选择连词的疑问与陈述之分等。在相同的方言区内也呈现出一定规律，例如官话方言除选择连词"（还）是"外，更倾向于用"么""吗"等语气词来连接选择项，晋语甚至以语气词互相呼应为选择问句的常式，而早期粤语、平话则倾向于用选择连词作为选择问句的表达手段。

汉语方言中的一些较特殊的现象，如晋语较常见的语气词互相呼应的选择问句、湘语益阳方言通过添加语调传疑，以及新老派上海话、早期至现代粤语选择问句的变化情况，与其他方言相比呈现出较大差异，颇具特色，值得关注和进一步探讨。

7.3.2　历时探讨

汉语选择问句的历时研究大致可以分为专书与断代研究、词类与句法演变研究等两类。

专书方面有对《五灯会元》（阚绪良 1995，武振玉 2001）、《朱子语类》（王树瑛 2006）、《歧路灯》（王鸿雁 2005）、敦煌变文（袁宾 1988，刘子瑜 1994）、《祖堂集》（伍华 1987）、《水浒全传》（李思明 1983）、《儿女英雄传》（傅惠钧 2000）等文献中的选择问结构及其历时特点的研究。

不少断代研究讨论了特定时期选择问结构的地位，如魏晋南北朝（太田辰夫 1987）、唐五代（徐正考 1988）、元代（李崇兴等 2009）、宋代（何瑛 2003）、清代（徐正考 1996）等。刘子瑜（2005）按唐以前、唐五代、宋元明清三个阶段系统介绍了 1956—2002 年间汉语选择问句历时发展的文献。

对选择疑问句的来源和发展进行讨论的文献主要涉及词类与句法两个方面。词类范畴涉及疑问语气词和选择连词，句法范畴主要包括对选择问句（部分文献也包括正反问句）中的选择项情况、选择连词的使用等方面。在上古汉语中，选择问的较早形式往往使用语气词，或者与选择连词搭配使用。吕叔湘（1944/1990：285）较早指出，"文言里的抉择问句差不多必用语气词，并且多数是上下都用……不用关系词连络时，所用语气词大率上下相同"，例如（9a）中的"乎……乎"、（9b）中的"与……与"（参看郭利霞 2015：313—319，胡敕瑞 2016）。

（9）先秦汉语（吕叔湘 1944/1990：285）

a. 滕，小国也，间于齐楚。事齐乎？事楚乎？（《孟子·梁惠王下》）

b. 不知周之梦为蝴蝶与？蝴蝶之梦为周与？（《庄子·齐物论》）

　　梅祖麟（1978）也认为没有语气词的问句不是更早的形式，而是中古新兴的句型，例如：

（10）中古汉语（梅祖麟 1978）

a. 兄今在天上，福多？苦多？（《幽明录》）

b. 便问人云：此为茶？为茗？（《世说新语·纰漏》）

　　换言之，这种选择项并置的无标记选择问句虽然在形式上最为简短，但不是汉语史上选择问句发展的源头，而可能处于一个较早的中间阶段（中古），出现在选择连词"还""还是"产生之前。

　　梅祖麟（1978）指出，现代汉语选择问的句法（句末可不用疑问语气词、用系词作选择问记号、选择问记号可以成双出现）在 5 世纪已经具型。梅文也注意到充当选择问记号的词多先有表假设的用法或具备表假设的基础，并勾勒了汉语选择问句关联词的来龙去脉：（i）选择问在秦汉用"将、且"作关系词，同时"为"用作假设词；5 世纪产生"为""为……为"式选择问，同时也产生两小句并列而不带疑问语气词的新兴句型；（ii）"为"字复词化，产生"为复""为是""为当"，由复词构成的选择问盛行于唐宋；（iii）"还"替代"为"，产生用"还"的选择问，以后"还"附加"是"变成"还是"；（iv）"是"替代"为"，产生用"是"或"是……是"的选择问。

　　对于（iii），即"还"替代"为"（"还是"来源的解释），梅文提出两种可能：一是两种不同的语词之间的替代，二是同一个语词有两种不同的读法和写法，并认为后者可能性较大。对此，李崇兴（1990）提出异议，认为"还"由表转折语气的"还"变来，与其表假设的用法无关,选择问记号"还是"的成立过程为:"还"表"却"义→"还"起加强语气作用、用于各种问句→"还"与"是"组合用于选择问→"还是"成为语词作选择问记号。刘子瑜(2005)认为选择问(原文称"并列选择问")的发展过程大致是:先秦时期已具备选择问的基本结构框架,后代在具体充填的语法成分(关联词语与语气词)上发生变化,这些填充成分最终定型的时代均在唐以后;现代汉语的选择问结构在后汉已初具雏形,即"为A,为B",在宋元明清时期定型,即"是A,(还)是B"。

一些研究关注选择连(接)词的发展。例如,李思明(1983)从变文、元杂剧、白话文小说等语料入手讨论了选择问句的发展,指出其发展趋势是:不用连接词的情况由多到少,连接词单用也逐渐减少、连用逐步增加。冯春田(1987)对秦墓竹简中的选择问句考察发现,有别于先秦传世古籍,秦简的选择问句在第二个分句句首用关系词"且",但分句末一般不使用语气词。

还有一些研究关注选择问句与其他疑问句(尤其是正反问句)之间的关系。例如,祝敏彻(1995)详列了古汉语选择问的11种句式,讨论选择问句和正反问句的异同及二者在历史上的使用频率,指出上古选择问用得极多,正反问句用得极少,二者分工明确;但近代汉语一些句子既可以归入选择问句,也可以归入正反问句,存在交叉现象。刘子瑜(1994)检视了晚唐五代时期口语文献敦煌变文中的187例选择问句,将其分为正反选择问句(即正反问句)和并列选择问句,认为正反选择问句是变文选择问句的主流,并列选择问句的用例较少。

汉语从语气词选择问到连词选择问发展,与汉藏语选择问句的总体演变路径是一致的。宋金兰(1996)指出,"A-语气词,B-语气词"是汉藏语选择问句的早期形式，"A-连词-B"句式是选择问句发展到成熟阶段的产物。戴庆厦、朱艳华（2010a）也认为汉藏语"传疑标记先于关联标记产生"，语气词比连词更早用于选择问（参看7.1.4节）。这些讨论均指向一个可能的事实：汉藏语选择问句的源头是在并列项上添加语气词。

7.4　其他汉藏语的选择问

汉藏语系其他语言的选择问材料多散见于各语言的描写。专门研究文献极少，但也有一些重要的探索，例如宋金兰（1996）探讨了 10 余种汉藏语言选择问句的形式及其演变，戴庆厦、朱艳华（2010ab）对 28 种藏缅语和汉语的选择问句进行了共时和历时比较。

丁椿寿（1991：628—629）比较了汉语、彝语、缅语的选择问句，认为汉语和彝语的结构相似，选择项之后的语气词可用可不用，但是缅语需要在各选择项之后使用语气词。

段玉泉（2015）比较了西夏语的连词 mo^2 与藏文的分合词（离合词，如 gam、ngam、dam、nam、bam、mam、'am、ram、lam、sam、tam），认为二者颇为相似，都可以作为句末语气助词使用，还可以用作选择连词。区别之处在于，藏文的分合词兼表并列关系和选择关系，西夏语 mo^2 多表示选择关系；藏文于多项选择之间往往会逐一使用分合词连接，而西夏语仅在前两项选择之间出现 mo^2；此外，mo^2 还可以兼表疑问选择和陈述选择。按段文的讨论，西夏语的选择问结构有一种是"A-mo^2，B-语气词"。

不过，同样是对藏文书面语的分析，才项措、王双成（2020）指出，和汉语一样，藏语的并列选择结构因陈述和疑问的不同而使用不同的虚词，陈述句中用 yang na，选择问句中用 gam、ngam、dam 等。

（11）藏语（才项措、王双成 2020）

a. sang nyin　kho　　　yang na　khyed　vgro　　dgos

　　明天　　　他　　　或者　　你　　去:FUT　要

　　明天他或者你要去。

b. kho　　dge rgan　　red　　dam　　ja ma　　red

　　他　　老师　　　是　　还是　　厨师　　是

　　他是老师还是厨师？

　　我们检视了中国境内 85 种汉藏语选择连词的分用与合用情况，整理为表 7.3（语言名称和分类按《中国语言地图集》2012 年版）。

表 7.3　汉藏语系语言选择连词的分合情况

选择连词	汉藏语系语言（85）
选择连词分用	汉语普通话、赣、徽、客家、晋、闽、平、吴、湘、粤，基诺、卡卓、格曼、义都、苏龙、仙岛、拉坞戎、普米、撒都，村、仡佬、侗、黎、临高、仫佬、佯璜、畲（27）
选择连词合用	史兴、哈尼、拉祜、纳西、桑孔、土家、彝，景颇，布努、勉、苗，标、布央、布依、拉基、毛南、莫、普标、水、壮（20）
语气词选择问	藏、白马、柔若、羌、仓洛、毕苏、阿昌、末昂、阿侬、崩尼-博嘎尔、载瓦、浪速、怒苏、堂郎、勒期、嘉戎，傣（17）
其他/不明	略（21）

　　宋金兰（1996）认为汉藏语的选择问句有"A-语气词，B-语气词"和"A-连词-B"两种类型，前一种句式是选择问句的早期形式，后一种句式是选择问句发展到成熟阶段的产物，并认为选择连词由疑问词演变而来。此外，汉藏语选择问句由"A-语气词，B-语气词"向"A-连词-B"的历史演变大体上表现为由南向北的地域性

推移。

戴庆厦、朱艳华（2010a）在梳理 28 种藏缅语材料的基础上，对藏缅语与汉语选择问句进行共时和历时比较，提出了藏缅语乃至汉藏语选择问句的一些（历时）类型学特征和区域特征。例如，藏缅语的选择问主要有语法和语音两种手段，语法手段包括分析、屈折、分析与屈折兼用，语音手段指通过语调变化表示疑问（如玛曲藏语）。这种仅用语调表达选择问的方式在汉语及其方言中较为少见。

戴、朱指出，藏缅语选择问句有两种类型标记：关联标记（即选择关联词）、传疑标记（即疑问语气词或词缀）。标记的使用可有四种组合：无标记，如玛曲藏语、仓洛门巴语；有传疑标记、无关联标记，如载瓦语、浪速语；有关联标记、无传疑标记，如错那门巴语、阿昌语；既有传疑标记又有关联标记，如西摩洛哈尼语、景颇语。

戴、朱的"选择问句"实际包括了选择、正反、重叠三种次类。戴、朱指出，选择问是正反问的较早形式，二者均为选择问历时演变中的句式；而（谓词）重叠问是选择问的新兴形式，可能代表了选择问的发展方向。即有"选择问→正反问→（谓词）重叠问"的演变链，戴、朱将三者视为一类现象的不同（时期）表现，这是颇具历时眼光的。

谓词重叠是一类很有特色的问句。傅懋勣（Fu 1950/1997：181—182）较早讨论了彝语（西昌北山话）的谓词重叠问，指出这是一种常见的疑问方式，并提及句末或句末语气词之前的单音节动词、形容词、副词、情态词以及一些小词都可重叠，如果是多音节则仅重叠后一音节，如果重叠的音节为第 3 声则其重叠式变为第 2 声，因此疑问句可能只含有一个动词、形容词或副词（例［12］）。戴、

朱文指出彝语、喀［卡］卓语等语言也有类似现象。此外，在其他
汉藏语中还有不少报道。据我们统计，这类问句见于苗瑶语（2 种，
白午苗语、乳源勉语，例［13］）、彝语支语言（7 种，彝语、卡卓
语、哈尼语、拉祜语、傈僳语、纳西语、堂郎语）以及众多汉语方言
（6 大方言，官话、晋语、闽语、吴语、湘语、客家话，涉及数十个
方言点或小片；参看刘丹青［2008］及前文第 4 章）。

（12）彝语（Fu 1950/1997：181—182）

a. (^{2}ts‘ ɳ)　　^{2}la　^{2}la　(^{2}o)?

　　他　　　　来　　来　　PRT

　　他来吗？

b. ^{2}ts‘ ɳ　　　^{3}he　^{1}hɔ　^{1}hɔ?

　　他　　　　说　　好　　好

　　他说的好吗？

（13）乳源勉语（Liu 2016）

nin^{33}　ɲiet^{53}　ɲiet^2　n̩aŋ^{21}?

3SG　吃　　吃　　饭

他想吃饭吗？

戴庆厦、朱艳华（2010b）提出藏缅语疑问句法结构在共时上有
如下蕴含关系：谓词重叠问⊃有标记的正反问⊃有标记的选择问，在
历时上有如下演变链（用箭头表示）：

（14）藏缅语选择疑问范畴的句法演变链（戴庆厦、朱艳华2010b）

无标记的选择问→有标记的选择问→无标记的选择问

$\qquad\downarrow\qquad\qquad\quad\downarrow$

无标记的正反问→有标记的正反问→无标记的正反问→重叠问

戴、朱认为，选择问句、正反问句都经历了从无标记到有标记再到无标记的演变过程（演变链从左至右），都是由于选择疑问连词或语气助词（词缀）的产生和消失；而选择问到正反问的演变（演变链从上至下）则都是由于类推机制的作用。

戴、朱未交代选择问连词和语气助词（词缀）产生的原因，但提出其脱落是由于语言经济原理的作用，即为了表述简短省力，连词或语气助词可以略去。这种分析有其合理的一面，即早期语言表达不周密因而需要连词和/或语气助词，而后期因为表达冗余所以需要简化，这是一个由简到繁、再由繁到简的循环。但是，这种分析也存在一些难以解释的问题，例如不少语言有几种选择问句式并存的情况，整个"演变"过程未免显得过于短暂。例如，徐杰（1999：29）指出，重叠是构成疑问的方式之一，和选择问没有关系；并认为彝语的重叠式问句和加连词 da[21] "还是"选择问句不同，"二者分别独立存在，相互之间没有推导派生关系"。在这种情形下，明晰性原则或经济性原则驱动了句法结构变化的论断有言之过早之嫌；这些语言正处于演变叠合期固然可备一说，但可能还有其他原因，例如与汉语普通话疑问表达的句法扩散或曰"（语言）文化接触"有关（吴福祥2008）。

在明晰性/经济性原则、"文化接触"因素之外，王双成（2017）

也讨论了一个难以分辨的案例，即汉语方言语气词选择问的来源问题。王文谈到，一些宁夏、山西、陕西汉语方言、客家话炎陵方言、湘语益阳话、青海西宁话、藏语安多方言、土族语都有语气词选择问句（A 语气词 B［语气词］），认为南方汉语方言没有与藏语、阿尔泰语的接触条件，应当是汉语自身演变的结果，但北方方言如西宁话可能有语言接触的因素。不过，同为汉语方言，选择问结构为什么有两种源头并且结果一致？这个问题的解决还有赖于更多汉语方言和民族语言结构特征的发掘。可以预期，当语言地图上的结构特征不断填充丰富之后，相关的接触与类型问题将变得更加清晰。

7.5　小结与展望

选择问与是非问其他各次类的关系密切：分类上有交叉关系，历时上有发生学关系，共时分布上有蕴含关系。从这些关系出发，本章概述了汉藏语选择问研究中的四个方面，包括选择问的概念和分类、句法和语义、共时分布和历时演变以及类型学特征。

综览本章讨论，汉藏语选择问句最突出的类型学特点有两项：一是大多数语言的选择连词都可以省略，构成正反问句；汉语（方言）、苗瑶语以及侗台语莫不如此，只有一些藏缅语族语言不用正反问，其中较多的是羌语支和藏语支语言。二是不少语言（20 余种）的选择连词有陈述和选择之分。汉藏语这两项特点与世界其他地区语言形成鲜明对照。

汉藏语之外的绝大多数语言都不使用正反问。从已有报道来看，仅有一些 Papua New Guinea 语言（Amele，Kobon）以及韩语等一些亚洲语言使用正反问句（König & Siemund 2007）。

汉藏语之外的绝大多数语言，其选择连词也不区分陈述与疑问。选择连词的分用策略是一种相当罕见的现象，仅见于 7 种语言，其中3 种呈零散分布，2 种印欧语分属不同语族，而 2 种芬兰-乌戈尔语言兼具谱系同源和地域接触的关系。在汉藏语中，选择连词分用的语言至少有 27 种，其中一些语言借用了汉语官话的选择连词，区域接触和谱系同源的因素十分明显。在总体上，或许可以说，选择连词的分用是一种区域特征。

此外，选择结构的一些其他表达方式，如并列标记表示选择、语气词表示选择以及语流停顿表示选择等，也颇具结构特点和类型学价值，有待更深入的考察。相信这些问题的探讨有助于进一步了解选择关系乃至非现实范畴的跨语言表达策略及其类型学特征。

从研究现状来看，现有选择问研究涉及的语言主要包括汉语普通话和方言、部分藏缅语，汉藏语系其他语言的基本面貌尚不清楚；相关讨论也大多集中于选择连词，其他方面的特征着力不多。总体而言，汉藏语选择问的结构特征、类型学特征以及历时演变等情况还不甚明朗。

亟待开展的基础工作是对汉藏语选择问结构进行全面系统的归纳与比较，呈现其整体面貌：一是按语言谱系分类，使各语族、语支的情况一目了然；二是按选择问的表达方式分类，使各类疑问方式都落实到具体语言。其中，以下三个方面可能尤其值得注意：

其一，描写各语族/语支语言选择问句的结构特点。例如，汉语方言、侗台语、苗瑶语的选择疑问表达方式有同有异：大多数汉语方言使用选择连词并且选择连词有疑问与陈述之分，侗台语族语言已较为广泛地借用了汉语的选择连词及其疑问-陈述对立（如侗语、仫佬语、佯僙语、村语、仡佬语），苗瑶语族语言多使用选择连词（如苗语、布努语、巴哼语）。藏缅语族语言的内部差别较大（戴庆厦、朱艳华 2010a）：藏语支语言可不使用任何语法标记（如仓洛语、玛曲藏语），缅语支语言常把语气词加于选择项之后（如浪速语、载瓦语）。这些谱系特点需要进一步调查和细化。

其二，探讨选择问结构的类型学特征，包括疑问范畴的内部关联以及与语序等其他类型学参项的关联。

（1）语调/语气词是非问、正反问、特指问有各自的表达方式，这些表达方式与选择问的表达方式之间有一定关联。例如，据我们的考察，选择问句使用选择连词的语言，其是非问句常常使用疑问语气词；选择问句不使用选择连词的语言，其是非问句常常使用疑问词缀。各疑问类型之间也可能存在蕴含关系，如正反问与选择问：如果一种语言使用有标记的正反问，那么也使用有标记的选择问（戴庆厦、朱艳华 2010b）。这些相关性是否可靠？是否广泛适用于汉藏语？是否还有其他相关性？都需要进一步分辨。

（2）选择问与语序类型的关联。例如，与小句语序（S、V、O 语序）可能有关联。据我们的不完全观察，SOV 语言比 SVO 语言更多地使用语气词连接问句中的选择项；其他语序特征，如名词短语修饰语语序（形容词、数词、指别词、领属成分等与核心名词的语序），也可能与选择问结构有密切关联。

（3）与选择问和附置词类型的关联。选择连词的位置与附置词位置关系密切：前置词语言的选择连词都是前置性的，而后置词语言的选择连词可能是后置性的。例如汉语、英语都是前置词语言，其选择连词也都是前置性的（紧附于选择后项之前），如"张三，还是李四？"不能说"＊张三还是，李四？"，英语"Tom, or John?"不能说"＊Tom or, John?"。不过，有些后置词语言的选择连词是后置性的（紧附于选择前项之后），如纳西语（和即仁、姜竹仪 1985：98；参看刘丹青 2003）。汉藏语是否存在这种语序和谐关系（word order harmony；Hawkins 1983），也需要进行全面检视。

其三，发掘共时表现形式的历史与层次。首先，需要在整理选择问句表达方式在各亲属语言中的共时分布、厘清各种表达方式的来源和地位的基础上，勾画选择问句接触与演变的路线和层次。其次，需要对各疑问方式在区域/谱系上的分布特点及其成因做出解释，特别是文化接触和区域接触的作用。例如，作为通用语言的疑问形式，汉语普通话的选择疑问结构具有相当的扩张能力。普通话区分陈述句和选择问句里的选择连词（"或者/还是"），这种区分已扩张至许多汉语方言和民族语言。据我们的不完全调查，除闽南语的一些方言外（如厦门话、台南话），汉语各大方言几乎都存在或逐渐使用了这种区分；许多民族语言也借用了这种区分，例如侗台语族的侗语、仫佬语、佯僙语、村语、仡佬语、临高语等等。诸如此类的历时类型学问题，都是亟待讨论的内容。

国际语言学界迄今罕有疑问范畴的跨语言比较研究（Dixon 2012：429），对选择问句的关注更为不足，且极少涉及汉藏语系语言。这意味着汉藏语言的相关研究可能丰富国际语言学界对选择问结构共性和多样性的认识。现有文献中，已经有一些相关的尝试并取得成果，例如 7.1.4 节提及的宋金兰（1996）、戴庆厦/朱艳华（2010ab）的汉藏语、藏缅语比较。又如，刘丹青（2005）提出选择问的调查可从四个方面进行：选择连词是否省略、选择连词的疑问-陈述之分、选择连词位置的前附-后附之分、哪些句法成分可作选择项，充实了 Comrie & Smith（1977）的调查提纲，也被应用于陶寰等（2017）主编论集中的多项研究，发掘了一些汉藏语选择问句的结构特征与类型学特征。

8 类型比较与区域-历时比较

第 7 章曾提及是非问内部外部的三层关联，并讨论了其中的中观层面，即选择问与是非问各次类的关联。本章延续这种讨论，主要探讨微观与宏观方面，其中微观层面主要涉及是非问各表达方式之间的内部关联，宏观层面主要涉及是非问与语序等其他语法范畴的外部关联。

较早的一些类型学文献已经对疑问范畴的内外关联作过探讨，其中不少与是非问相关。例如，Greenberg（1966）分析了 30 种语言的结构特征，并提出 5 条与疑问相关的语言共性，涉及疑问语调（共性 8）、疑问小词/词缀与附置词及小句语序的关系（共性 9—10）、疑问词/词缀与语序的关系（共性 11—12）；又如，Ultan（1978）考察了 79 种语言的疑问系统，并提出 23 条语言共性，分别涉及语调（3 条）、词重音（3 条）、语序（10 条）和音段成分（7 条）（参看 Plank 2009）。

是非问的历时演变也有一些共性。从历时类型学的角度看，是非问句的标志总是源自否定词和/或选择连词，或者在形式上与否定词/选择连词有相似之处（Bencini 2003）。一个相关的例子是汉语（方言）疑问语气词"吗（么）"的来源，一般认为来自否定词"不（否）""无"（王力 1958/2013：438—440，吴福祥 1997，钟兆华 1997，杨永龙 2003，Aldridge 2011）。

语言类型与区域/历史的关联表现在多个方面。其一，共时比较的材料常常属于不同的历史层次，各结构特征在各（群）语言中的演变速率可能不一致。其二，语言结构演变的动因往往与区域历史相关，尤其是语言接触过程中引发的结构借用，以及借用的广度与深度、借用之后的留存与内化等等，对区域类型的演化影响深远。

一切历史都是区域史，一切语言史也都是区域语言史。探讨区域语言历史，可以从语言群体内部出发，探讨某群语言的共同/不同特征；也可以从特征出发，探讨某（些）特征在不同语言群体中的分布情况；在此基础上，将二者相互验证。在这一章，我们将尝试建立是非问结构特征的若干内外关联，并与世界其他地区语言作比较（Greenberg 1966；Ultan 1978；8.1 节）；并探讨若干是非问表达方式的历时演变，尤其是结构演变中的一些区域与类型因素（8.2 节）；此外，也尝试总结或提出一些区域特征（8.3 节）。

8.1　类型比较

8.1.1　Greenberg（1966）

作为当代语言类型学的开山之作，Greenberg（1966/1963）在分析一个包括30种语言样本的基础上提出了45条语言共性，其中有5条共性涉及疑问范畴（共性8—12），这里全部列出并与汉藏语材料作比较，目的是将二者相互验证。

Greenberg 共性8：如果可以根据语调模式区分是非疑问句和其相应的陈述句，那么语调模式中的每一种语调上的区别性特征表现在句末，而不是句首。

汉藏语的情况与共性8一致。在汉藏语中，是非问普遍使用句末升调（在用疑问语气词的同时），即区别性特征都表现在句末，未见语言使用句首区别性语调表达疑问。

Greenberg 共性9：在远远超过随机频率的多数情况下，涉及全句的疑问小词或词缀，在前置词语言中居于句首，在后置词语言中居于句末。

汉藏语的情况与共性9不符。汉藏语使用疑问语气词非常普遍，但其位置几乎千篇一律地位于句末。在85种汉藏语中，82种语言的疑问语气词在句末，1种语言的疑问语气词位置较为自由，2种语言情况未明（参看3.1节）。

　　Greenberg 共性 10：疑问小词或词缀如果指向句中某一特定的词，它几乎总是跟在这个词的后头。以 VSO 为优势语序的语言中不出现这样的小词。

　　汉藏语不支持该共性的预测。一方面，有许多语言的疑问小词和词缀出现在被提问的词之前，例如许多汉语方言使用"可 VP"问句，藏缅语也广泛使用谓词疑问前缀（如白马语的谓词前疑问语素 ka^{35}/ka^{13}；参看下文 8.2.1 节）。另一方面，藏缅语没有 VSO 语序的语言；不过，台湾现有南岛语 14 种，有 13 种的小句语序是 VSO（赛德克语为 VOS），其中 12 种（包括赛德克语）都使用疑问语气词，仅邹语是例外。

　　Greenberg 共性 11：只有在疑问词或疑问短语通常居于句首的语言中，才会颠倒陈述的语序，使动词置于主语之前；只有特殊疑问句的情况如此，是非疑问句才会出现同样的语序颠倒。

　　该共性与汉藏语不直接相关，因为汉藏语（和境内其他语言）几乎无一例外地没有特指疑问词移位现象（比较"你去哪儿?""﹡哪儿你去?"），是所谓 wh- in situ 语言（Cheng 1991；比较 Poletto & Pollock 2005；Manzini & Savoia 2011）；同时，也没有主谓异位，不使用逆序构成是非问（比较德语 Der Lehrer trinkt das Wasser. '那位男老师喝了水' Trinkt der Lehrer das Wasser? '那位男老师喝了水吗?'；Dryer 2013a）。

　　Greenberg 共性 12：陈述句中以 VO 为优势语序的语言，其特指疑问句中总把疑问词或疑问短语放在句首。陈述句中以 OV 为优势语序的语言，从没有这条定规。

该共性与特指问相关，已经超出本书的主要讨论范围。不过，汉藏语中以 VO 为优势语序的语言共 39 种，包括汉语（方言）、苗瑶语族、侗台语族和白语（藏缅语族），这些语言的特指疑问词或疑问短语均位于原位，无须移至句首。

表 8.1 列出了 Greenberg（1966）共性 8—12 在汉藏语中的验证情况。

表 8.1　Greenberg（1966）共性 8—12 在汉藏语中的验证情况

共性	关涉范围	验证结果	例子/反例
8	语调	一致	汉藏语普遍现象
9	疑问小词、语序	不一致	藏缅语
10	语序	不一致	汉语（方言）、藏缅语（另：南岛语）
11	语序	不相关	/
12	语序、特指疑问词	不一致	汉语（方言）、侗台语

8.1.2　Ultan（1978）

Ultan（1978）在基于一个 79 种语言样本的基础上提出 23 条与疑问相关的共性，涉及语调、词重音、语序和音段成分 4 个方面。这一节将汉藏语与 Ultan 的材料作比较，目的是进一步探讨汉藏语与世界其他地区语言的一些异同。需要说明，由于我们未收集到足够的汉藏语词重音信息，这方面的比较暂时从缺。

8.1.2.1　语调共性

Ultan 语调共性 1：是非问的语调模式多有句末升调、音高更高、区别重音，前置词语言总是如此，大多数后置词语言也是如此；因此，如果某语言的是非问语调模式没有这些特征，那么该语言使用后置词。

该共性将附置词类型与语调模式关联起来，进一步拓展了 Greenberg 的共性 8。汉藏语的情况也与之相符，在 43 种无语调变化的语言中，42 种是后置词语言，仅 1 种例外（黎语）。

Ultan 语调共性 2：如果有不用升调（或者更高音高、重音）的附加问，那么也有使用升调等语调模式的附加问。

附加问句一般使用上扬的语调模式，因为附加问常常用作反问或者表达反预期（语言教学中常称之为"反意疑问句"；参看刘丹青 2005/2017：7），以区别性语调表达讶异是常规的标记方式。本书关于附加问的讨论较少，在有限的材料中，如汉语普通话、一些客赣方言、吴语方言、哈尼语等，均符合这条共性。

Ultan 语调共性 3 讨论特指问，本书涉及更少，因而暂时列为"不明"。

8.1.2.2　语序共性

语序共性 1—2、9—10 讨论是非问的语序变换，如英语陈述句如果颠倒主谓语序（加上适当的语调）即成为是非问，如 He is a teacher. → Is he a teacher? 不过，这与我们的讨论关系不密切，因为在汉藏语中未见语言使用主谓逆序作为是非问的表达方式。

Ultan 语序共性 3—5 关涉特指问，此处从略。

Ultan 语序共性 6：关于共性 2、5，两种语序变换的关键在于句首位置的强调性。是非问主谓逆序由句首的谓词承载强调功能，特指问句由句首的疑问词承载强调功能。

该共性涉及语序变换和疑问属性，可能是有道理的，不过汉藏语中没有足够的材料进一步证实或证伪。汉语普通话的疑问词前移确实有强调作用，比较"张老三是谁?""谁是张老三?"，前句只是一般询问，类似英语 Who is John?；但后句不同之处在于要求明确指出哪一个人是"张老三"，类似英语 WHICH PERSON/WHO is John?，其自然语境可能是要求在人群中指出某人（参看吕叔湘 1984；陈振宇 2010：352—372；Cysouw 2005）。这种特指疑问词移位/不移位的指别性差别也见于许多汉语方言，如吴语上海话、台州话，赣语南昌话、吉安话、永新话，客家话南康话、上犹话，等等。

（1）吴语上海话（邵敬敏等 2010：34）
a. 阿三是啥人? 阿三是伊个阿弟。*阿三是伊。
b. 啥人是阿三? 底个人是阿三。

Ultan 语序共性 7：大多数疑问小词出现在句首（或附着于句首成分），或位于句末。疑问小词在 SOV 语言中倾向于出现在句末，在其他语序类型语言中有更多的置于句首的倾向。

汉藏语的情况与之基本相符。汉藏语系有 46 种语言是 SOV 语序（藏缅语共 47 种，仅白语为 SVO），疑问语气词几乎一律位于句末。此外，世界其他地区语言的情况也与之基本相符：在 WALS 涉及的

884 种语言中，疑问小词位于句首 129 种、句末 314 种，其他位置仅 86 种（无疑问语气词语言 355 种）。

至于 SOV 语言的疑问小词多位于句末，其他语序类型语言（绝大多数是 VO 语序）的小词更可能位于句首，主要可能有语序和谐的原因，即动词与宾语的位置、附置词与名词短语的位置、疑问小词与全句的相对位置趋于一致。WALS 的材料也基本支持这种语序和谐判断（比较 Dryer 2013b-c），例如日语（SOV）用句末疑问语气词 ka，法语（SVO）用句首疑问小词 est-ce que；但是也有一些反例，例如 Hindi、Urdu（SOV）用句首疑问小词，现代汉语及其方言（SVO）都使用句末疑问语气词；其中 SVO 语言用句末疑问小词这种类型的反例尤多（在 WALS 2005 版中有 105 种语言）。

Ultan 语序共性 8：是非问句的疑问词缀极为少见。疑问后缀一般仅见于 SOV 语言。

该共性涉及疑问词缀和语序，汉藏语的情况与之不完全相符。例如，有 24 种藏缅语（均为 SOV 语序）使用动词疑问前缀，汉语方言也多有"可 VP"问句（如果"可"类成分也视为疑问前缀的话）；该共性的后半部分"疑问后缀一般仅见于 SOV 语言"，本身是一种语序和谐格局，即后缀、动词居后都是核心在后的语序。不过，虽然我们有 46 种藏缅语为 SOV 语序，但没有一种语言的是非问使用疑问后缀，因而无法对该共性进行证实或者证伪。

8.1.2.3　音段成分

Ultan 音段共性 1：在各类型语言的特指问句中，特指疑问词和疑问小词共现/不共现的概率几乎相同。

汉藏语材料与之不矛盾。在汉藏语中，特指疑问词似乎从不与疑问语气词共现于特指问句，可能都属于这条共性中的"不共现"一类。汉藏语至少有 24 种语言/方言的特指问句在使用特指疑问词的同时也使用语气词（参看 3.3 节），但是其中的语气词不负载疑问信息，不是表达特指问的必有成分，因而不是疑问语气词。例如，汉语普通话"他买了什么（呀/啊/呢/哪）？"中的语气词省略不影响基本句意；特指疑问词和疑问语气词二者往往只能取其一，如果有疑问语气词的参与，特指问随即转为是非问（有时是回声问的形式），如"他买了什么？"（特指问）→"他买了什么吗？"（是非问/回声问）。

Ultan 音段共性 2—3 涉及特指疑问词的词源和生命度；本书汉藏语材料缺乏这方面的信息，暂时无法比较。

Ultan 音段共性 4：疑问小词在各类型语言中的出现频率几乎相同。

该共性与 Greenberg 共性 9—10 的预测相反（见 8.1.1 节）。

Ultan 音段共性 5：在谓词上添加疑问词缀的为是非问句，在特指疑问词上添加词缀的为特指问句。

汉藏语的情况与之相符。例如，有 32 种汉藏语使用疑问词缀，如藏缅语中常见的 a-/ə-/ɛ-前缀、吴语的"阿"、江淮官话的"可""格"，直接表明这些句子的是非问性质（参看下文 8.2.2 节）。

Ultan 音段共性 6：大约有 75% 的语言，其附加问句由否定小词/词缀构成，或者含有否定小词/词缀。

Ultan 音段共性 7：附加问主要是要求受话人确认信息。附加问一般预期受话人偏好问句中的陈述部分，即确认陈述的真值。

Ultan 音段共性 6—7 均与附加问相关。如前所述，我们缺少更多汉藏语系语言的附加问材料；仅从汉语普通话及一些方言、哈尼语等情况看，这两条共性判断是有依据的。

8.1.2.4　小结

我们将 Ultan 文中的语言共性与汉藏语比较的情况列为表 8.2。

表 8.2　Ultan（1978）疑问共性在汉藏语中的验证情况

共性	验证情况	例子/反例
语调 1	一致	42 种藏缅语
语调 2	一致	汉语（方言）、哈尼语
语调 3	不明	/
词重音 1—3	不明	/
语序 1—5、9—10	无关	/
语序 6	一致	汉语（方言）
语序 7	一致	普遍
语序 8	不一致	24 种藏缅语
音段成分 1	一致？	12 种汉藏语、24 种汉语方言
音段成分 2—3	不明	/
音段成分 4	一致	有疑问语气词的语言
音段成分 5	一致	32 种语言（含普通话）
音段成分 6—7	一致？	汉语（方言）、哈尼语

此外，通过本节以及之前的讨论，我们得到了对汉藏语的一些观

察结论，可能有比较广泛的适用性，这里列为"普遍共性"。其中，大多数在前文已经有所讨论，这里不再另加解释，相关讨论和解释参看相关章节。

　　普遍共性 1：是非问句比陈述句更有标记，这是普遍的标记模式。（1.2.1.1 节）

　　普遍共性 2：疑问语调的跨语言层级：仅用疑问语调且与其他疑问方式呈互补分布 > 仅用疑问语调> 疑问语调与其他方式并用 >无特定语调。（1.2.1.2 节）

　　普遍共性 3：是非问一般用句末升调，陈述句一般用句末降调，这是普遍的语调模式。（5.2 节）

　　普遍共性 4：附加问一般含有"是/不""（不）对"等极性判断词。如果附加成分是名词短语，一般要求是有定成分。（1.2.1.2 节，3.0—3.1 节）

8.2 区域–历时比较

这一节讨论与区域和/或历时因素相关的一些问题，包括在文献中经常涉及的几种是非问方式/结构：疑问语气词、谓词疑问形态、正反结构和选择结构，尝试从中总结出若干区域历时共性。

8.2.1 疑问语气词

南方的少数民族语言，尤其是侗台语、苗瑶语和一些藏缅语（也包括南亚语），常常使用与汉语（方言）非常相似的疑问语气词，如白语（藏缅）mo^{33}、$n\varepsilon^{55}$、ma^{35}（徐琳、赵衍荪 1984：87—90），壮语（侗台）lwi/ma、la、luma、ba（韦庆稳、覃国生 1980：55—6），标敏勉语（苗瑶）ma^{33}、ba^{33}（毛宗武 2004：270），畲语（苗瑶）ma^1/ma^6、$nji^6/ne^1/e^1$（毛宗武、蒙朝吉 1986：62），等等（参看第 2 章）。

例如标敏勉语，毛宗武（2004：270）指出，"近百年来，受汉语的影响日益增多，有的人也逐渐习惯使用 ba^{33} '吧' 和 ma^{33} '吗'"。

（2）标敏勉语（毛宗武 2004：270）

a. na^{35}　dwo^{31}　$pjau^{35}$　$n.in^{42}$　η^{24}　tu^{53}　ba^{33}？
　　这　　种　　果子　　吃　　不　　得　　PRT
　　这种果子吃不得吧？

b. $məi^{31}$ i^{33}　　tau^{31}　　min^{31}　ta^{31}　ma^{33}？
　　你　一　　CL　　　人　　来　　PRT
　　你一个人来吗？

　　类似的情形也见于其他非表疑问的句末语气词。汉语方言与普通话之间、少数民族语言与汉语之间，都有不少语气词相似、可能是借用的情形（参看 3.3 节表 3.7—3.8）。

　　苗瑶语从汉语借用语气词似乎比较多见。标敏勉语之外，毛宗武、蒙朝吉（1986：62）明确指出畲语（苗瑶语族）从汉语中借用了一整套疑问语气词和句末语气词：表示征询的"吗"ma^1/ma^6 和"呢"nji^6/ne^1/e^1，表示感叹的"啦"na^1/na^6，表示祈使的"吧"pa^5 和"啊"ɔ^4，等等。

（3）畲语（毛宗武、蒙朝吉 1986：62）

a. muŋ^2　tɔ^5　ŋ^1　ne^3　se^6　ŋɔŋ^5　hɔ^3　ma^1?
　　你　　脚　痛　这　下　好　　了　QP
　　你的脚痛，现在好了吗?

b. vaŋ^4　ŋi^4　sji^3　muŋ^2　ne^1?
　　我　　二十　岁　　你　QP
　　我二十岁，你呢?

　　不过，到底是汉语普通话和方言之间、少数民族语言和汉语之间的（疑问）语气词存在借用关系，还是这些语言有共同来源的语气词，证据都还有待完善。一个可能的原因是，汉藏语语气词的音节结构大多极其简单，增加了因巧合而相似的可能。

8.2.2　谓词疑问形态

　　汉藏语中一个可以确定的共同疑问语素是 * ga（ng）~ * ka，用于谓词之前。Benedict（1976，1984）较早指出 * ga（ng）~ * ka 是原始汉藏语的同源词，并提供了上古/中古汉语、缅彝语、原始彝语、景颇语、书面藏语等大量汉藏语的证据。

孙宏开（1995，2004）系统地论证了汉藏语这个使用广泛的疑问语素，并提供了进一步的支持材料（参看 1.1 节、2.2 节）。需要补充的是，＊ga（ng）～＊ka 不仅可以用于谓词之前构成是非问句，也可以放在名词、量词之前组成特指疑问词，例如白马语（藏缅语族）ka^{35}lɛ^{53}'谁'、ka^{13}la^{53}'哪儿'、ka^{13}tʂ^{53}'什么样'。孙宏开、齐卡佳、刘光坤（2007：190）指出，白马语 ka^{35}/ka^{13} 与汉语"何（曷）""可"有同源关系，可能是藏缅语族乃至汉藏语系最古老的疑问语素之一。

木雅语的是非问使用疑问中缀-æ^{55}-，这在汉藏语中不大常见。黄布凡（1991：121/2007：917）对此有相当精到的论述，指出其用法按完成/未完成有所不同：（i）未完成体，未完成体词根与后缀之间加中缀 æ^{55}（例4b-d）；（ii）完成体，第二人称完成体前缀变为 15 调（有的前缀元音也有变化），第三人称完成体词根与后缀 sə^{33} 之间加中缀 æ^{55}，或者在语气词 ra^{33} 前加 a^{55}（例4e-h）。

(4) 木雅语（黄布凡 1991：121/2007：917）

a. tʻʁ^{55}βə^{53}　　　　　　　做

b. tʻʁ^{33}βə^{55}æ^{55}pæ^{33}?　　　你做吗？

c. tʻʁ^{33}βə^{55}æ^{55}pe^{33}?　　　你们做吗？

d. tʻʁ^{33}βə^{55}æ^{55}pi^{33}?　　　他/他们做吗？

e. tʻæ^{15}βy^{33}?　　　　　　你做了吗？

f. tʻæ^{15}βe^{33}?　　　　　　你们做了吗？

g. tʻu^{33}βə^{55}æ^{55}sə^{33}?　　　他/他们做了吗？

h. tʻu^{33}βə^{55}a^{55}ra^{33}?　　　他/他们做了吗？

与疑问中缀-æ⁵⁵-相似的还有好几种情形。一是用于系词前表示提问，如 æ³³-ŋɐ⁵³／æ⁵⁵-ni⁵³（q-是）'是吗？'；二是用于"商议式"，以商议的口气提出询问，在句末加 æ⁵⁵ry³³；三是用于构成特指疑问词，多用词头 ɧæ²⁴，如 ɧæ²⁴nə³³'谁'、ɧæ²⁴zə⁵³'什么'、ɧæ²⁴ti⁵⁵'多少'、ɧæ²⁴mə⁵³nə³³'什么样的'，等等。

（5）木雅语（黄布凡 1991：110，121，124）

a. næ⁵³　　mə³³ɳæ⁵³βə³³　　æ³³-ŋɐ⁵³／æ⁵⁵-ni⁵³？

　　你　　木雅人　　　　q-是

　　你是木雅人吗？

b. jɐ³³ni⁵⁵ni³³　tɐ⁵⁵læ⁵³　t'ɐ⁵⁵βi⁵³　æ⁵⁵ry³³？

　　咱俩　　　一起　　做　　　　行吗

　　咱俩一起做好吗？

c. jɐ³³ni⁵³　tɐ³³gæ⁵³　ji²⁴ɳɐ³³　æ⁵⁵ry³³？

　　咱们　　一下　　休息　　行吗

　　咱们休息一下好吗？

d. næ⁵³　ɧæ²⁴nə³³　ŋɐ³³？

　　你　谁　　　是

　　你是谁？

综合以上材料，可以推断 æ 是木雅语的表疑问语素。其各种变式可以用于谓词前/后，也可以用于构成特指疑问词，与藏缅语乃至汉藏语中历史久远且分布广泛的谓词疑问成分的来源一致、性质相同。

8.2.3　正反问

汉语的正反问形成路径大致分为四步。第一步，[X QP，neg X QP] 问句出现，至少在甲骨文中已经有这类问句，如殷墟甲骨卜辞有"A 抑，不 A 执"问句，其中"抑""执"都是语气词。

（6）殷墟甲骨卜辞（宋金兰 1993；张玉金 2001：325—326）

a. 癸酉卜，贞：方其围今二月抑，不执？余曰：不其围。允不。（《甲骨文合集》20411）

b. 癸酉卜，王贞：自今癸酉至于乙酉，邑人其见方抑，不其见方执？（同上 799）

c. 壬午（卜），争贞：□其来抑，不其来执？（同上 800）

第二步，第一个分句末的语气词成为连词，形成 [X disj neg X QP] 结构（Dixon [2012：399—400，428] 认为，选择问标记可以直接演变为是非问标记）。第三步，冗余的句末语气词脱落，形成 [X disj neg X] 结构。第四步，连词脱落，形成 [X neg X] 结构（参看宋金兰 1993）。

汉藏语中少数民族语言的正反问结构如何形成，路径尚不完全明朗，至少有三种可能的方式，其中第三种（结构借用）似更可信。

一种可能是，少数民族语言自身经历了与汉语类似的疑问结构演变。不过，这种可能性最小。因为数十种民族语言现在都使用正反问，而汉语与这些民族语言（藏缅语、苗瑶语、侗台语等）并非"近亲"，很难想象几十种的语言以同样的速率、同样的方向发生结构演变。

另一种可能是，少数民族语言可能从汉语借用了部分正反结构。

例如，侗台语的否定结构较早都使用［谓词-否定词］语序，但有些语言已经逐渐采用了汉语的［否定词-谓词］语序，如木佬语 $a^{55}\eta a^{55}$ '不-是'、$a^{55}pi^{24}$ '不-走'（木仕华 2003：75—76，88—89）。侗台语是否因此结构合并而产生了［X neg X］结构？我们倾向于认为不是。因为另外一些侗台语，如仡佬语、布央语的否定结构仍保留［谓词-否定词］语序，但这些语言都使用正反问，其正反问结构应当另有来源。

第三种可能是，少数民族语言从汉语借用了正反问结构。一个重要的证据是正反问句的使用限于境内语言，即仅仅是"墙内开花"，境外的藏缅语、苗瑶语、侗台语（以及南亚语）均不使用正反问结构。如果"演化同步"，同为亲属语言，没有厚此薄彼之理。例如，标准老挝语、标准泰语（均属侗台语族；Schaffar 2000；泰语另参看龙春芳 2012：15—21）、缅甸语（藏缅语族；Ehrman 1972）、越南语（南亚语系；Clark 1989：212）等等，都不使用正反问句。看来，边境线就是正反问结构借用的尽头，是正反问句使用的边界。吴福祥（2008）指出，正反问句在汉语以外的扩散（指境内民族语言），主要是因为语言接触的影响，如双语教育、电视节目和经济活动。此外，应该还有数十年来普通话推广活动的巨大作用。

8.2.4　选择问

7.2 节讨论了选择连词的分合。有些语言的选择连词有疑问与陈述之分，例如汉语"还是"用于选择问句，"或（者）"用于陈述句；有些语言没有这种区分，例如英语"or"既用于选择问句，也用于陈述句。

汉藏语的选择连词分合的总体情况如表 8.3。我们将选择连词分用的语言及其选择连词列在表 8.4，将选择连词合用的语言及其选择连词列在表8.5（"其他语言"参看表7.3及本书附录）。

表8.3　汉藏语选择连词的分合

语族	分用（27）	合用（20）	其他（38）
汉语（10）	10	0	0
藏缅语（47）	9	8	30
侗台语（21）	7	9	5
苗瑶语（7）	1	3	3

表8.4　汉藏语选择连词分用的语言（27种）及其选择连词

语族	语言	陈述	选择问	参考文献
汉语	普通话	或者	还是	作者
	赣语南昌话	跟	还是	母语人
	粤语广州话	或者	定（系）	母语人
	吴语上海话	要么	还是	母语人
	客家南康话	同	还是	母语人
	湘语衡阳话	和	还是	母语人
	闽语闽侯话	或者	故是	程若茜 2017
	晋语太原话	要不咾	还是	母语人
	徽语祁门话	跟	还是	母语人
	平话临桂话	（或者）	还是	梁金荣 2005：213，217
藏缅	基诺语	mo⁴⁴ ŋə⁴⁴ vu⁴⁴ læ³³	ku⁵⁵ khæ⁴² vu⁴² læ³³	盖兴之 1986：113，118
	卡卓语	mo⁵⁵ ni³¹/ma³¹ ŋ³³	mɛ³³ sʅ⁵⁵	木仕华 2003：100，121
	格曼语	boi⁵³ xa³¹ ɹa⁵⁵	na⁵⁵	李大勤 2002：211
	义都语	khiŋ⁵⁵ ge³³ pa³¹ ji⁵⁵ e⁵³ aŋ³⁵	a⁵⁵ i³³ soŋ⁵⁵	江荻 2005：178
	苏龙语	hi³³ jaŋ⁵⁵ la³³	biaʳ⁵⁵	李大勤 2004：174；2005
	仙岛语	lau⁵⁵/⁵¹	mɣ⁵⁵ sl³¹	戴庆厦等 2005：128
	拉坞戎语	çə⁵⁵	mə³³ rə⁵³	黄布凡 2007：127，132
	普米语	dia³¹	mɛ⁵⁵ dɛ²⁴ ɛ³¹/mə⁵⁵ dɛ²⁴ ɛ³¹	陆绍尊 1983：62，88；蒋颖 2019：150—151，181
	撒都语	gɚ³³ do²¹	ga⁵⁵ ŋa⁵⁵/ɣɛ⁵⁵ ŋa⁵⁵	白碧波、许鲜明等 2012：201，241—242

语族	语言	陈述	选择问	参考文献
侗台	村语	$hɔk^1$	（$huan^4/za^5$）si^5	欧阳觉亚 1998：126
	仡佬语	$hue^{31}tse^{33}$	$lɒ^{33}$	贺嘉善 1983：42
	侗语	$ho^2kaːi^1$	$çi^6$	梁敏 1980a：58
	黎语	ta^1kom^3	$tsha^3$	苑中树 1994：155
	临高话	huk^8tse^3	ha^4ti^4	张元生等 1985：186
	仫佬语	$hɔ^6si^6/hɔ^6tse^3$	$sʅ/a^6si^6$	王均、郑国乔 1980：57
	佯僙语	$hwə^5$（tsa^2）	$hai^1sʅ^1$	薄文泽 1997：100, 133
苗瑶	畲语	fek^8	a^1ki^1	毛宗武、蒙朝吉 1986

　　从表8.4可以看到，至少有13种语言从汉语借用了选择连词，其中侗台语族语言的借用尤多（见表中斜体字部分）。

表8.5　汉藏语选择连词合用的语言（20种）及其选择连词

语族/语支	语言	选择连词	参考文献
彝语支	哈尼	maqnaaq	李永燧 1990：188, 194
	拉祜	$ma^3he^3lɛ^1$	常竑恩 1986：71
	纳西	$nɯ^{55}$	和即仁、姜竹仪 1985：79, 98, 102
	桑孔	$a^{31}ɤ^{55}la^{55}o^{33}$	李永燧 2002：202—203, 206
	土家	xo^{55}, so^{55}	田德生等 1986：85, 105—109
	彝语	$nɤ^{33}$	王成有 2004
景颇语支	景颇	$shing^1n^2rai^2$	戴庆厦、徐悉艰 1992：235—236
羌语支	史兴	$ŋi^{55}$	孙宏开等 2014：172—173
苗瑶语族	布努	$lɤ^6$（$tɤu^2$）	毛宗武等 1982：98—99, 103, 113
	勉语	ha^6tsei^4	毛宗武等 1982：43, 47
	苗语	ho^{44}	王辅世 1985：66
侗台语族	标话	$waːk^{10}tsɛ^1$	梁敏、张均如 2002：113, 120, 126
	布央	$nɔ^{24}$	李锦芳 1999：66, 77
	布依	$mɯ^5$	喻翠容 1980：38, 61

语族/语支	语言	选择连词	参考文献
	拉基	$a^{44}\varsigma o^{44}ku^{44}$	李云兵 2000：134，146，185
	毛南（毛难）	wo^3	梁敏 1980b：59
	莫语	$ju^3\,\textipa{t} a\textlengthmark\eta^3$, $ha\textlengthmark i^4s\textsubrhook{\textbarl}^1$	杨通银 2000：143—144，149
	普标	$ha\textlengthmark i^{53}\,\textsubrhook{\textbarl}^{213}$	梁敏 2007：61，77
	水语	γo^3si^3	张均如 1980：56，74
	壮语	γo^4nau^2	韦庆稳、覃国生 1980：51，70，73

综合表 8.4—8.5，侗台语从汉语借用选择连词较多。例如卡卓语、仙岛语的疑问选择连词 $m\varepsilon^{33}s\textsubrhook{\textbarl}^{55}$、$m\gamma^{55}\,\textsubrhook{\textbarl}^{31}$ 显然借自汉语"没是"或"莫是"；但是卡卓语、仙岛语的 $mo^{55}ni^{31}/ma^{31}\eta^{33}$、$lau^{55/51}$，可能与汉语无关。此外，仡佬语从汉语借用了"或者"，但没有借用"还是"。

汉语正反问演变的最后一步是连词的脱落，即［X disj neg X］→［X neg X］（参看 8.2.2 节）。在平坝仡佬语中，正反问句的结构是［X (P) (disj) X-neg］，动词和形容词都能进入该格式。不省略选择连词可能是平坝仡佬语的较早形式，因为年长的母语人一般不省略，而在年轻人的口语中已经省去。

(7) 平坝仡佬语（张济民 1993：156）

a. $su^{33}sa^{33}$ mu^{33} （la^{42}） mu^{33} ϑ^{42}？

　　2PL　　来　　还是　　来　　不

　　你们来不来？

b. san^{13} mpa^{33} su^{33} nu^{42} nan^{42} （la^{42}） nan^{42} ϑ^{42}？

　　CL　　猪　　大　　DEF　　肥　　还是　　肥　　不

　　那头大猪肥不肥？

历时上，汉语的选择连词可能来源于语气词，如殷墟甲骨卜辞所见的"抑""执"（上文例6）。彝语的句末语气词 da^{31} 也可用于连接选择问句中的并列项，不过，这未必是彝语选择连词的演变方向。

（8）彝语（陈士林等 1985：166）

a. nɯ^{33} a^{31} bo^{33} da^{31}？

  2$_{SG}$ 不   去   PRT

  你不去啊？

b. tshʅ^{33} m̩(u)^{44} mo^{33} bo^{33} da^{31} tʂhɯ^{33} tsʅ^{33} bo^{33}？

  3$_{SG.M}$ 地   耕   去   PRT   秧   栽   去

  他去耕地还是去栽秧？

在本节以及前文相关章节的讨论中，可以看到汉藏语是非问句的历时发展有一些显著的特点，这里列出4项"（区域）历时共性"并略作说明。

一是谓词疑问形态。这是汉藏语历史久远且分布广泛的特征（Benedict 1984，陈妹金 1993，孙宏开 1995），也是世界其他地区语言中常见的疑问表达方式（Dryer 2013a）。

二是选择问的源头。带语气词的列项选择问是汉语选择问的较早形式（吕叔湘 1944/1990：285，梅祖麟 1978），也是汉藏语选择问的早期形式（宋金兰 1996）。

三是是非问句的演变链。藏缅语选择疑问范畴的演变呈现出一些方向性（戴庆厦、朱艳华 2010b）。汉藏语是非问句各次类的发展顺序大致是：语调是非问→语气词是非问→选择问（语气词选择问→连词选择问）→正反问→谓词重叠问。

　　四是疑问语气词的来源。汉语疑问语气词"吗"来源于否定词
"无"（王力 1958/2013：438—440），其他汉藏语（以及汉藏语以外
的语言）也有不少由否定词发展为疑问小词的情况（Bencini 2003，
Aldridge 2011）。

　　历时共性1：谓词疑问形态是汉藏语一项分布广泛的早期特征。
(4.4节，8.1节)

　　历时共性2：汉藏语选择问句的源头是［并列项+语气词］结构，
总的演变方向是从语气词选择问向连词选择问发展。(7.0节)

　　历时共性3：汉藏语是非问句的演变链：（语调是非问→）语气
词是非问→选择问→正反问→谓词重叠问。(7.4节)

　　历时共性4：是非问小词总是源自否定词和/或选择连词，或者
与否定词/选择连词形式相似。(8.0节)

8.3　汉藏语是非问的区域特征

这一节将境内汉藏语的是非问结构模式总结为 28 条"区域共性"。这些区域共性的基础是汉藏语系语言，并不一定适用于其他地区语言，虽然其中有一些可能是普遍语法特征。

这些区域共性的来源有三个：一是汉藏语的共同特点或者其中某群语言的局部特点，二是各项特征之间的相关性，三是根据一些普遍原则推导，如像似性、语序优势、语序和谐、联系项居中（Dik 1989，1997）等等。这些共性中，有的在前文有所讨论和解释，这里再略作说明。

汉藏语的是非问的表达方式比较多样，类型学疑问句研究文献中涉及的方式几乎都有覆盖（例如 Sadock & Zwicky 1985；König & Siemund 2007；Dryer 2013a），其中有些与世界其他地区语言差异较大。

区域共性 1：汉藏语是非问的主要表达方式有语调、语气词、谓词疑问形态、正反结构、选择结构、重叠式、附加式等。（1.2.1.2 节）

区域共性 2：汉藏语中，如果（仅）用区别语调表达是非问，一般是句末升调，不使用句首区别语调表达疑问。（1.2.2.1 节，1.5.1 节，8.1 节）

正反问句在世界其他语言中罕有报道，仅见的例子是韩语、泰国 Mon 语和巴布亚新几内亚的一些语言，但韩语常需在并列项后使用小词，类似"A 呢不 A 呢"结构（Ceong 2015；参看刘丹青 2005）；Mon 语有正反问句，例如 klɜŋ hùʔ klɜŋ（来 不 来）'你来不来？'，可能借自彝语（Clark 1985；König & Siemund 2007）。因此，正反问句是汉藏语的一项显著区域特征（藏语支/羌语支语言除外；括号中的分数为实证语言数量/某类语言总数，下同）。

区域共性3：正反问句广泛见于汉藏语（59/85）和境内其他语言，但在世界其他地区语言中非常罕见。（1.2.1.2节，1.3.1节）

区域共性4：正反问结构的并列项一般要求是谓词性的。（2.1.1.2节）

所有汉藏语（以及境内大多数其他语言）的是非问句都使用疑问语气词，且总是位于句末，这与世界其他地区语言差异很大。此外，许多语言有（疑问）语气词连用现象，一些南方汉语方言的疑问语气词之后还能再接句末语气词，如客/赣/湘/粤方言的"么呢"式问句（第2—3章）。

区域共性5：汉藏语（以及境内其他语言）使用疑问语气词非常广泛（83/85），普遍偏好出现在句末（82/85）。（3.0—3.1节）

区域共性6：是非问句末的连用（疑问）语气词，内层语气词决定句子的疑问性质，外围（末尾）语气词表达情感态度、调节句子的语用功能。（2.1.2.6节）

区域共性7：汉藏语的语气词常可用于特指问，但能构成（缩略式）特指问的语气词相对少见；如果某语言有用于缩略式特指问的语气词，那么也有用于特指问的语气词。蕴含关系：缩略式特指问语气词⊃特指问语气词⊃是非问语气词⊃非疑问语气词。（1.2.2.2节，3.3—3.4节）

几乎所有汉藏语（乃至境内其他语言）特指问句的疑问词都不移位（*wh-* in situ）。因此，可以提出一条区域共性。

区域共性 8：汉藏语的特指疑问词不移位。（附录特征 9，85/85）

选择连词的陈述和疑问之分（"或者/还是"）也是汉藏语比较多见的现象，有 27 种语言使用这种区分（参看 7.4 节）。这种区分在世界其他语言中非常罕见，仅见于波兰语、芬兰语、Basque 语、Marathi 语、Nánáfwê语、Saami 语、Somali 语等 7 种语言。

选择连词的陈述/疑问之分几乎见于所有汉语方言，但闽南话是例外（如厦门话、台南话、漳州话）。一种可能的解释是，闽南话从来如此并保持不变，因为汉语各方言可能有不同的来源，未必有共同祖语或是共同语影响的结果（桥本万太郎 1985：22—23）。还有一些证据支持这种解释，即有些汉语方言的选择问结构并不使用连词，例如甘青方言用语气词"吗""呢吗"，赣语永新话甚至只有语气词"吗"［mã⁵³］连接选择项（参看 2.1.2 节）。

此外，疑问式一般比相应的陈述式更有标记（参看前文"普遍共性 1"）。从这个角度来看，疑问式选择（选择问句）应该比陈述式选择（陈述句）更有标记。

区域共性 9：汉藏语许多语言的选择连词有陈述与疑问之分（27/85），这是不同于世界其他地区语言的一项区域特征。（1.3.1 节，2.1.2.7 节，7.2.1 节）

区域共性 10：汉藏语系许多语言中，选择问的疑问指涉每个选择项，而不是对选择结构进行整体提问，无论其语调或韵律格局如何；

这与一些印欧语不同。（1.2.2.3 节）

　　区域共性 11：选择问句的选择项之间需要连接成分；或者用选择连词，或者用一些替代标记（如停顿、语气词、话题标记、并列连词等）。蕴含关系：陈述式选择标记 ⊃ 疑问式选择标记。（7.2.1 节）

　　区域共性 12：汉藏语常可用语气词连接选择项，或单用于选择项之间，或分别用于并置形式的是非问之后；语气词选择问是一种古老且常用的疑问句。（1.2.1.2 节，5.6 节）

　　区域共性 13：汉藏语中，选择问句使用选择连词的语言多有语气词是非问，不使用选择连词的语言多有谓词疑问前缀。蕴含关系：选择连词问句 ⊃ 语气词是非问，非连词选择问句 ⊃ 谓词疑问前缀。（7.5 节）

　　谓词重叠问也是一种罕见的是非问。在汉藏语中，见于一些汉语方言、彝语支语言和少量苗瑶语。其中，常常有一种"声调漂移"现象，即正反项之间否定词的声调前移。谓词重叠问以动词重叠为多见，形容词重叠略少。

　　区域共性 14：谓词重叠问是一些汉藏语的区域特征，其来源是正反问省略否定词（并将否定词的声调移至前一谓词）。（2.4 节，4.2 节）

　　区域共性 15：汉藏语中，有形容词重叠问的语言也有动词重叠问，有动词重叠问的语言也有正反问，有谓词重叠问的语言也有正反问。蕴含关系：形容词重叠问 ⊃ 动词重叠问 ⊃ 正反问 ⊃ （有标记的）选择问。（参看戴庆厦、朱艳华 2010b；1.2.1.2 节，4.3 节，4.5 节，7.0 节，7.4 节）

　　区域共性 16—28 主要基于各疑问参项之间的相关性，以及疑问参项和其他语法参项之间的相关性，均从汉藏语结构特征的实际分布得出（参看 Luo 2016：180—183 及本书附录），都有比较可靠的实证基础。其中，有些共性可以看出比较明显的（外部）理据，如像似性（共性 20）、频率（共性 21—23）、语序和谐（共性 24—28）等等。这里仅列出各共性在附录中相关特征的序号，不逐一讨论或者另加解释。

　　区域共性 16：使用语气词作为选择问连词的语言一般不使用正反问句。（附录特征 2、3）

　　区域共性 17：无正反问的语言倾向于使用后置连词，有正反问的语言倾向于使用前置连词。（附录特征 3、5）

　　区域共性 18：使用疑问动词作为主要疑问方式的语言不使用正反问，使用动词重叠疑问的语言大多也使用正反问。（附录特征 3、6）

　　区域共性 19：语气词作选择问连词时几乎都是后附的，而普通选择连词都是前附的。（附录特征 5）

　　区域共性 20：不使用语调是非问的语言多为后置（介）词语言（41/44），使用语调是非问的语言多为前置（介）词语言（32 种前置、3 种后置）。（附录特征 1、10）

　　区域共性 21：正反问句在前置词语言的使用（37/40）比在后置词语言（22/45）更常见。（附录特征 3、10）

　　区域共性 22：使用语气词选择问的语言多为后置词语言且有 SOV 语序。（附录特征 4、10、11）

　　区域共性 23：使用后置连词的语言多为后置词类型，使用前置连词的语言多为前置词类型；反之也成立。（附录特征 5、10）

区域共性 24：SOV/后置词语言比 SVO/前置词语言更多使用动词疑问附缀。（附录特征 7、10、11，1.5.1 节）

区域共性 25：使用谓词重叠作为主要疑问方式的语言多为后置词语言，虽有少数前置词语言使用谓词重叠问但不常见。（附录特征 6、10）

区域共性 26：使用动词疑问形态的语言多为后置词语言。（附录特征 7、10）

区域共性 27：不使用语调是非问的语言多有 SOV 语序。（附录特征 1、11）

区域共性 28：SVO 语言倾向于使用前置连词（29/39），SOV 语言倾向于使用后置连词（23/46）。（附录特征 5、11）

9 结语

"是非问"是一个语义概念，指涉命题真值或曰极性判断；也是一个形式概念，指不使用特指疑问词、与特指问相对的疑问类型。本书的取向主要是形式的，是非问的种种形式表达方式及其结构特征是关注的焦点。

这直接关系到本书采用的类型学研究路子。经典类型学往往从语义范畴出发，研究其跨语言表达方式。本书反其道而行之，强调从形式手段出发，考察亲属/邻近语言是非问的表达形式，并探讨形式手段对范畴表达的影响。这是一种由繁而简的路子，主张从繁复的形式看类型，以形式定类型，在此基础上发掘形式与意义的互动关系。

关系到类型学研究范式的另一个方面是，本书未采用经典类型学的取样或者总体分析，而大体采用了区域类型学的方法。具体地，对境内 85 种汉藏语系语言（方言）详加检视，讨论这些语言如何表达是非疑问，即是非问的形式落实方式；集中考察韵律、词汇、形态、句法等手段，如语调、语气词、选择结构、正反结构、疑问附缀等。这种做法的目标是从中看到汉藏语是非问的谱系/区域分布特点，或者说局部共性与多样性。

作为区域类型学研究路子的补充，本书也注重将区域特征与普遍特征作比较，避免只见汉藏而不见世界。具体做法是：在内部，按区域/谱系考察各族/支语言的是非问结构特征，并探讨是非问结构内部及与其他语法参项之间的关联（小比较）；在外部，比较世界其他地区语言的是非问结构和类型（大比较）；通过"小比较"与"大比较"的交叉，呈现汉藏语系语言是非问表达方式的基本面貌与（区域）类型学特征。

作为全书的总结，下文先简要列出本书的一些认识，再以区域/普遍共性的形式列出前面章节所提出的主要结构特征。

9.1　主要认识

通过对境内汉藏语是非问句的考察，本书得到了一系列的结构特征和类型学特征。在第 8 章所列 36 项"普遍/历时/区域共性"之外，这里再概括一些总体认识。无论是各种共性还是一般概括，都是致力于进一步回答"有什么""在哪里""为什么"这三个类型学核心问题的尝试（参看 Bickel 2007）。

关于汉藏语是非问句的总体特点。汉藏语与世界其他地区语言的疑问表达方式差异较大。例如，疑问语调较少单独使用，不用主谓逆序表达疑问；此外，"区域共性"也支持这个判断：汉藏语普遍使用句末疑问语气词（第 2—3 章），特指疑问词总体不移位（第 8 章），普遍使用正反问结构（羌语支、藏语支语言除外），选择连词的陈述与疑问之分较为多见（第 7 章）。

关于疑问范畴的关联。疑问表达方式与许多形态、句法手段有密切关联，表现在两个方面：一是疑问范畴的内部关联，二是疑问与其他语法范畴的关联。例如，SOV 语言比 SVO 语言更多地使用谓词疑问附缀（第 4 章）；如果一种语言使用谓词重叠问，那么也使用正反问。

关于是非问的一般原则。是非表达遵循一些普遍原则，如像似性、语序优势、语序和谐、联系项居中等等。例如像似性和联系项居中的共同作用：选择问句的选择项之间需要有连接成分；如果没有选择连词，那么会使用其他替代标记，如停顿、语气词、并列连词（第 7 章）。

关于疑问的区域/谱系特征。疑问表达方式是观察区域/谱系特征的窗口。例如，谓词疑问附缀多见于藏缅语和一些汉语方言（第2章），疑问语气词之后再接句末语气词的"么呢"式问句是一些客赣闽粤方言交界地带的区域特征（第2—3章），谓词重叠问句见于一些汉语方言、彝语支语言和少量苗瑶语（第4章）。

关于共时与历时。疑问形式的共时分布可为谱系同源特征提供解释。例如，"可 VP"问句常被看作江淮/西南官话和吴语的特征，但实际上有大量其他汉语方言和藏缅语也使用该类问句，这类动词前提问成分与古汉语"曷""何"都可追溯至原始汉藏语疑问语素 * ga（ng）、* ka，其分布显然有谱系同源的原因（第2章）。

关于分布与接触。疑问结构特征的共时分布也是语言接触的结果。由于正反问结构被广泛借用，我国境内几乎所有侗台、苗瑶语言均使用正反问句（包括南亚语），但该问句却不见于东南亚国家使用的一些亲属语言，如泰语和老挝语（均属侗台语）、缅甸语（藏缅语）、越南语（南亚语）等，这是一个说明语言接触及其限度的生动例子（第8章）。

9.2 汉藏语是非问句的（区域）类型学特征

在基于 85 种汉藏语系语言（方言）材料并与世界其他地区语言进行比较的基础上，本书 8.1 节提出了 4 条普遍共性，8.2 节提出了汉藏语是非问的 4 条（区域）历时共性，8.3 节提出了汉藏语是非问的 28 条区域共性。这里将这些普遍共性和区域（历时）共性合并列出（为行文简洁，删除了第 8 章表述中一些无关紧要的文字）。

普遍共性，共 4 项：

普遍共性 1：是非问句比陈述句更有标记，这是普遍的标记模式。（1.2.1.1 节）

普遍共性 2：疑问语调的跨语言层级：仅用疑问语调且与其他疑问方式呈互补分布 > 仅用疑问语调> 疑问语调与其他方式并用 >无特定语调。（1.2.1.2 节）

普遍共性 3：是非问一般用句末升调，陈述句一般用句末降调，这是普遍的语调模式。（5.2 节）

普遍共性 4：附加问一般含有"是/不""（不）对"等极性判断词。如果附加成分是名词短语，一般要求是有定成分。（1.2.1.2 节，3.0—3.1 节）

区域历时共性，共 4 项：

历时共性 1：谓词疑问形态是汉藏语一项分布广泛的早期特征。（4.4 节，8.1 节）

历时共性 2：汉藏语选择问句的源头是［并列项+语气词］结构，

总的演变方向是从语气词选择问向连词选择问发展。（7.0节）

历时共性3：汉藏语是非问句的演变链：（语调是非问→）语气词是非问→选择问→正反问→谓词重叠问。（7.4节）

历时共性4：是非问小词总是源自否定词和/或选择连词，或者与否定词/选择连词形式相似。（8.0节）

区域共性，共28项：

区域共性1：汉藏语是非问的主要表达方式有语调、语气词、谓词疑问形态、正反结构、选择结构、重叠式、附加式等。（1.2.1.2节）

区域共性2：汉藏语中，如果（仅）用区别语调表达是非问，一般是句末升调，不使用句首区别语调表达疑问。（1.2.2.1节，1.5.1节，8.1节）

区域共性3：正反问句广泛见于汉藏语和境内其他语言，但在世界其他地区语言中非常罕见。（1.2.1.2节，1.3.1节）

区域共性4：正反问结构的并列项一般要求是谓词性的。（2.1.1.2节）

区域共性5：汉藏语（以及境内其他语言）使用疑问语气词非常广泛，普遍偏好出现在句末。（3.0—3.1节）

区域共性6：是非问句末的连用（疑问）语气词，内层语气词决定句子的疑问性质，外围（末尾）语气词表达情感态度、调节句子的语用功能。（2.1.2.6节）

区域共性7：汉藏语的语气词常可用于特指问，但能构成（缩略式）特指问的语气词相对少见；如果某语言有用于缩略式特指问的语气词，那么也有用于特指问的语气词。蕴含关系：缩略式特指问语气词⊃特指问语气词⊃是非问语气词⊃非疑问语气词。（1.2.2.2节，

3. 3—3. 4 节）

区域共性 8：汉藏语的特指疑问词不移位。（附录特征 9）

区域共性 9：汉藏语许多语言的选择连词有陈述与疑问之分，这是不同于世界其他地区语言的一项区域特征。（1. 3. 1 节，2. 1. 2. 7 节，7. 2. 1 节）

区域共性 10：汉藏语系许多语言中，选择问的疑问指涉每个选择项，而不是对选择结构进行整体提问，无论其语调或韵律格局如何；这与一些印欧语不同。（1. 2. 2. 3 节）

区域共性 11：选择问句的选择项之间需要连接成分；或者用选择连词，或者用一些替代标记。蕴含关系：陈述式选择标记⊃疑问式选择标记。（7. 2. 1 节）

区域共性 12：汉藏语常可用语气词连接选择项，或单用于选择项之间，或分别用于并置形式的是非问之后；语气词选择问是一种古老且常用的疑问句。（1. 2. 1. 2 节，5. 6 节）

区域共性 13：汉藏语中，选择问句使用选择连词的语言多有语气词是非问，不使用选择连词的语言多有谓词疑问前缀。蕴含关系：选择连词问句⊃语气词是非问，非连词选择问句⊃谓词疑问前缀。（7. 5 节）

区域共性 14：谓词重叠问是一些汉藏语的区域特征，其来源是正反问省略否定词（并将否定词的声调移至前一谓词）。（2. 4 节，4. 2 节）

区域共性 15：汉藏语中，有形容词重叠问的语言也有动词重叠问，有动词重叠问的语言也有正反问，有谓词重叠问的语言也有正反问。蕴含关系：形容词重叠问⊃动词重叠问⊃正反问⊃（有标记的）选择问。（1. 2. 1. 2 节，4. 3 节，4. 5 节，7. 0 节，7. 4 节）

区域共性 16：使用语气词作为选择问连词的语言一般不使用正反问句。（附录特征 2、3）

区域共性 17：无正反问的语言倾向于使用后置连词，有正反问的语言倾向于使用前置连词。（附录特征 3、5）

区域共性 18：使用疑问动词作为主要疑问方式的语言不使用正反问，使用动词重叠疑问的语言大多也使用正反问。（附录特征 3、6）

区域共性 19：语气词作选择问连词时几乎都是后附的，而普通选择连词都是前附的。（附录特征 5）

区域共性 20：不使用语调是非问的语言多为后置（介）词语言，使用语调是非问的语言多为前置（介）词语言。（附录特征 1、10）

区域共性 21：正反问句在前置词语言的使用比在后置词语言更常见。（附录特征 3、10）

区域共性 22：使用语气词选择问的语言多为后置词语言且有 SOV 语序。（附录特征 4、10、11）

区域共性 23：使用后置连词的语言多为后置词类型，使用前置连词的语言多为前置词类型；反之也成立。（附录特征 5、10）

区域共性 24：SOV/后置词语言比 SVO/前置词语言更多地使用动词疑问附缀。（附录特征 7、10、11，1.5.1 节）

区域共性 25：使用谓词重叠作为主要疑问方式的语言多为后置词语言，虽有少数前置词语言使用谓词重叠问，但不常见。（附录特征 6、10）

区域共性 26：使用动词疑问形态的语言多为后置词语言。（附录特征 7、10）

区域共性 27：不使用语调是非问的语言多有 SOV 语序。（附录特征 1、11）

区域共性 28：SVO 语言倾向于使用前置连词，SOV 语言倾向于使用后置连词（但比例稍低）。（附录特征 5、11）

　　这些共性虽然被分别称为"普遍""历时""区域"，事实上有不少交叉。例如，区域共性基本都是汉藏语的局部特征，例如是某族/某支或者某地区语言的特性；但其中一些区域共性的适用性更广，可能是语言普遍特征（例如第 18—28 条）。同时，一些普遍特征在各族/各支/各地区语言中的表现也往往非常多样。本书撰写的目标，就是在汉藏语是非问句的多样性中看到谱系/区域乃至普遍共性，并在各种共性中进一步分辨汉藏语的多样性。

附录：汉藏语是非问句的结构特征

说明：

1. 附录含汉藏语系语言/方言 85 种，按语族–语支–语言/方言排列。

2. 语法结构参项共 11 项，其中疑问直接相关 9 项，语序 2 项。

3. 为便利统计和节约篇幅，附录使用字母缩略语，如下表。

	缩略语	说明	意义
	Y（大写）	Yes	有某特征
	y（小写）	yes	某特征不常见
	N	No	无某特征
	n/i	no information	不明
1	Into	interrogative intonation（only）	（仅用）疑问语调
	Yc丨Yf丨Yr	intonation contour丨falling丨rising	语调变化丨下降丨上扬
2	QP	question particles	疑问语气词
3	XnX	X–neg–X questions	正反问句
4	Alt1	alternative interrogatives I	选择连词类型
	or丨or/or丨prt	one *or*丨two *or*丨particle disjunctions	合用丨分用丨语气连词
5	Alt2	alternative interrogatives II	选择连词位置
	pre丨pos	preposed丨postposed disjunctions	选择连词前附丨后附
6	IVM	interrogative verb morphology	动词疑问形态
	inf/pref/suff	interrogative infixes/prefixes/suffixes	疑问中缀/前缀/后缀
	IV	interrogative verbs	疑问动词
	prt	（pre–verb）interrogative particles	（动词前）疑问小词
	Vtone	interrogative tones on verbs	动词疑问声调
	VV	verb reduplication	动词重叠

续　表

	缩略语	说明	意义
7	PQ	interrogative strategies in polar questions	是非问的疑问方式
8	PPQP	position of polar question particles	是非问语气词的位置
	（n-）end	（not）sentence-final	（非）句末
9	PIPCQ	position of interrogative phrases in content questions	特指疑问词的位置
10	Adp	adpositions	附置词
	Po｜Pr	postposition｜preposition	后置词｜前置词
11	S. O. V	basic clause order	小句语序

	语族/支	语言	1 Into	2 QP	3 XnX	4 Alt1	5 Alt2	6 IVM	7 PQ	8 PPQP	9 PIPCQ	10 Adp	11 S.O.V
1	汉	官话	Y	Y	Y	or/or	pre	prtV/IV	QP/IVM	end	situ	Pr	SVO
2	汉	晋语	y	Y	Y	or/or	pre	prtv/vv	QP/ivm	end	situ	Pr	SVO
3	汉	赣语	y	Y	Y	or/or	pre	prtv/vv/iv	QP/ivm	end	situ	Pr	SVO
4	汉	客家	y	Y	Y	or/or	pre	iv	QP/ivm	end	situ	Pr	SVO
5	汉	湘语	y	Y	Y	or/or	pre	N	QP	end	situ	Pr	SVO
6	汉	粤语	y	Y	Y	or/or	pre	N	QP	end	situ	Pr	SVO
7	汉	闽语	y	Y	Y	or/or	pre	prtV	QP/ivm	end	situ	Pr	SVO
8	汉	吴语	y	Y	Y	or/or	pre	prtV	QP/IVM	end	situ	Pr	SVO
9	汉	徽语	y	Y	Y	or/or	pre	N	QP	end	situ	Pr	SVO
10	汉	平话	y	Y	Y	or/or	pre	vv	QP/ivm	end	situ	Pr	SVO
11	藏缅-藏	藏语	N	Y	N	prt	pos	pref	QP/IVM	end	situ	Po	SOV
12	藏缅-藏	白马	N	Y	N	prt	pos	pref	QP/IVM	end	situ	Po	SOV
13	藏缅-藏	仓洛	N	Y	Y?	prt	pos	pref?	QP/IVM?	end	situ	Po	SOV
14	藏缅-藏	门巴	N	Y	N	n/i	n/i	pref?	QP/IVM?	end	situ	Po	SOV
15	藏缅-羌	羌语	Yr	Y	N	prt	pos	N	QP/IVM	end	situ	Po	SOV

	语族/支	语言	1 Into	2 QP	3 XnX	4 Alt1	5 Alt2	6 IVM	7 PQ	8 PPQP	9 PIPCQ	10 Adp	11 S.O.V
16	藏缅-羌	尔龚	N	Y	N?	n/i	n/i	pref	QP/IVM	end	situ	Po	SOV
17	藏缅-羌	尔苏	N	Y	N?	n/i	n/i	pref/suf	QP/IVM	end	situ	Po	SOV
18	藏缅-羌	贵琼	N	Y	N?	n/i	n/i	n/i	QP/IVM	end	situ	Po	SOV
19	藏缅-羌	拉坞戎	N	Y	n/i	or/or	pre	pref	QP/IVM	end	situ	Po	SOV
20	藏缅-羌	木雅	N	Y	n/i	n/i	n/i	inf	QP/IVM	end?	situ	Po	SOV
21	藏缅-羌	纳木依	N	Y	Y?	n/i	n/i	pref	QP/IVM	end	situ	Po	SOV
22	藏缅-羌	普米	N	Y	N	or/or	pos	pref/suf	QP/IVM	end	situ	Po	SOV
23	藏缅-羌	却域	N	y?	n/i	n/i	pos	pref/suf	IVM	n/i	situ	Po	SOV/svo
24	藏缅-羌	嘉戎	N	Y	N	prt	pos	pref	QP/IVM	(n−)end	situ	Po	SOV
25	藏缅-羌	史兴	N	Y	N?	or	n/i	pref/suf	QP/IVM	end	situ	Po	SOV
26	藏缅-羌	扎坝	N	Y	n/i	n/i	n/i	n/i	QP	end	situ	Po	SOV
27	藏缅-彝	彝语	N	Y	Y	or	pos	VV	QP/IVM	end	situ	Po	SOV
28	藏缅-彝	毕苏	N	Y	Y	prt	pos	n/i	QP	end	situ	Po	SOV
29	藏缅-彝	哈尼	N	Y	Y	or	pre	pref	QP/IVM	end	situ	Po	SOV

语族/支	语言	1 Into	2 QP	3 XnX	4 Alt1	5 Alt2	6 IVM	7 PQ	8 PPQP	9 PIPCQ	10 Adp	11 S. O. V
30	藏缅-彝	基诺	N	Y	Y	or/or	pre	n/i	QP	end	situ	Po	SOV
31	藏缅-彝	卡卓	Yr	Y	N	or/or	pre	VV	QP/IVM	end	situ	Po	SOV
32	藏缅-彝	拉祜	N	Y	Y	or	pre	VV	QP/IVM	end	situ	Po	SOV
33	藏缅-彝	傈僳	N?	Y	Y	n/i	n/i	VV	QP/IVM	end	situ	Po	SOV
34	藏缅-彝	末昂	N	Y	Y	prt	pre	n/i	QP	end	situ	Po	SOV
35	藏缅-彝	纳西	N	Y	Y	or	pos	VV/pref	QP/IVM	end	situ	Po	SOV
36	藏缅-彝	怒苏	N	Y	Y	prt	pos	n/i	QP	end	situ	Po	SOV
37	藏缅-彝	柔若	N	Y	Y	prt	pos	pref	QP/IVM	end	situ	Po	SOV
38	藏缅-彝	桑孔	N	Y	Y	or	pre	n/i	QP	end	situ	Po	SOV
39	藏缅-彝	堂郎	N	Y	Y	prt	pos	VV	QP/IVM	end	situ	Po	SOV
40	藏缅-缅	阿昌	N	Y	y	prt	pos	pref?	QP/IVM?	end	situ	Po	SOV
41	藏缅-缅	波拉	N	Y	Y	n/i	pos	pref	QP/IVM	end	situ	Po	SOV
42	藏缅-缅	浪速	N	Y	y	prt	pos	pref?	QP/IVM?	end	situ	Po	SOV
43	藏缅-缅	勒期	N	Y	y	prt	pos	pref?	QP/IVM?	end	situ	Po	SOV

	语族/支	语言	1 Into	2 QP	3 XnX	4 Alt1	5 Alt2	6 IVM	7 PQ	8 PPQP	9 PIPCQ	10 Adp	11 S.O.V
44	藏缅－缅	仙岛	N	Y	N	or/or	pre	pref?	QP/IVM?	end	situ	Po	SOV
45	藏缅－缅	载瓦	N	Y	n/i	prt	pos	pref?	QP/IVM?	end	situ	Po	SOV
46	藏缅－景颇	景颇	N	Y	N	or	pre	pref	QP/IVM?	end	situ	Po	SOV
47	藏缅－景颇	阿侬	N	Y	N	prt	pos	pref?	QP/IVM?	end	situ	Po	SOV
48	藏缅－景颇	崩尼	N	Y	N	prt	pos	pref?	QP/IVM?	end	situ	Po	SOV
49	藏缅－景颇	崩如	N	Y	Y	n/i	n/i	pref?	QP/IVM?	end	situ	Po	SOV
50	藏缅－景颇	达让	N	Y	N	n/i	n/i	pref?	QP/IVM?	end	situ	Po	SOV
51	藏缅－景颇	独龙	N	Y	y	n/i	n/i	pref	QP/IVM	end	situ	Po	SOV
52	藏缅－景颇	格曼	Yr	Y	y	or/or	pos	pref?	QP/IVM?	end	situ	Po	SOV
53	藏缅－景颇	苏龙	N	Y	Y	or/or	pos	pref?	QP/IVM?	end	situ	Po	SOV
54	藏缅－景颇	义都	N	Y	y	or/or	pre	pref?	QP/IVM?	end	situ	Po	SOV
55	藏缅－未定	白语	N	Y	N?	n/i	n/i	Vtone	QP+IVM	end	situ	Pr	SVO/sov
56	藏缅－未定	撒都	Y	Y	N	or/or	pos	VV	QP/IVM	end	situ	Pr	SOV
57	藏缅－未定	土家	N	Y	Y	or	pos	n/i	QP	end	situ	Po	SOV

	语族/支	语言	1 Into	2 QP	3 XnX	4 Alt1	5 Alt2	6 IVM	7 PQ	8 PPQP	9 PIPCQ	10 Adp	11 S.O.V
58	侗台	侗语	Yr	Y	Y	or/or	pre	n/i	QP	end	situ	Pr	SVO
59	侗台	标话	Y	Y	Y	or	pre	prtV	QP/IVM	end	situ	Pr	SVO
60	侗台	茶洞	Y	Y	Y	n/i	pre	N	N	end	situ	Pr	SVO
61	侗台	拉珈	n/i	Y	Y	n/i	n/i	n/i	QP	end	situ	Pr	SVO
62	侗台	毛南	n/i	Y	Y	or	pre	n/i	QP	end	situ	Pr	SVO/sov
63	侗台	莫语	Yr	Y	Y	or	pre	n/i	QP	end	situ	Pr	SVO
64	侗台	仫佬	Yr	Y	Y	or/or	pre	n/i	QP	end	situ	Pr	SVO
65	侗台	水语	Yr	Y	Y	or	pre	n/i	QP	end	situ	Pr	SVO
66	侗台	佯僙	Yr	Y	Y	or/or	pre	n/i	QP	end	situ	Pr	SVO
67	侗台	布央	Y	Y	Y	or	pre	n/i	QP	end	situ	Pr	SVO
68	侗台	仡佬	n/i	Y	Y	or/or	pre	n/i	QP	end	situ	Pr	SVO
69	侗台	拉基	Yr	Y	Y	or	pre	n/i	QP	end	situ	Pr	SVO
70	侗台	木佬	Yr	Y	Y	n/i	n/i	n/i	QP	end	situ	Pr	SVO
71	侗台	普标	Yr	Y	Y	or	pre	n/i	QP	end	situ	Pr	SVO

	语族支	语言	1 Into	2 QP	3 XnX	4 Alt1	5 Alt2	6 IVM	7 PQ	8 PPQP	9 PIPCQ	10 Adp	11 S.O.V
72	侗台	村语	n/i	Y	Y	or/or	pre	n/i	QP	end	situ	Pr	SVO
73	侗台	黎语	N	Y	Y	or/or	pre	n/i	QP	end	situ	Pr	SVO
74	侗台	布依	Y	Y	Y	or	pre	n/i	QP	end	situ	Pr	SVO
75	侗台	傣语	Y	Y	Y	prt	pos	n/i	QP	end	situ	Pr	SVO
76	侗台	临高	Yr	Y	Y	or/or	pre	n/i	QP	end	situ	Pr	SVO
77	侗台	壮语	Yr	Y	Y	or	pre	n/i	QP	end	situ	Pr	SVO
78	侗台	蔡家	Yr	Y	Y	n/i	n/i	n/i	QP	end	situ	Pr	SVO
79	苗瑶	巴哼	Y	Y	Y	n/i	n/i	n/i	QP	end	situ	Pr	SVO
80	苗瑶	苗语	Yc	Y	Y	or	pre	vv	QP/IVM	end	situ	Pr	SVO
81	苗瑶	巴那	y?	y?	y?	n/i	n/i	n/i	n/i	end?	situ	Pr	SVO
82	苗瑶	布努	Y	Y	Y	or	pre	n/i	QP	end	situ	Pr	SVO
83	苗瑶	炯奈	Y	Y	Y	n/i	n/i	n/i	QP	end	situ	Pr	SVO
84	苗瑶	勉语	Y	Y	Y	or	pre	VV	QP/IVM	end	situ	Pr	SVO
85	苗瑶	畲语	Y	Y	Y	or/or	pre	n/i	QP	end	situ	Pr	SVO/sov

参考文献

Adelaar, Willem F. H. with Pieter C. Muysken 2004 *The Languages of the Andes*. Cambridge: Cambridge University Press.

Aldridge, Edith 2011 Neg-to-Q: The Historical Origin and Development of Question Particles in Chinese. *The Linguistic Review*, 28: 411-447.

Aoki, Haruo 1963 Reduplication in Nez Perce. *International Journal of American Linguistics*, 29: 42-44. Chicago: University of Chicago Press.

Bailey, Laura Rudall 2013 The Syntax of Question Particles. PhD dissertation, Newcastle University.

Bailey, T. Grahame 1915 *Linguistic Studies from the Himalayas: Being Studies in the Grammar of Fifteen Himalayan Dialects*. London: Royal Asiatic Society.

Beard, Robert 2001 Derivation. In: Andrew Spencer and Arnold M. Zwicky (eds.), *The Handbook of Morphology*, 44-65. Oxford: Blackwell.

Bencini, Giulia 2003 Towards a Diachronic Typology of Yes/No Question Constructions with Particles. *Proceedings of the 39th Annual Meeting of the Chicago Linguistic Society*, 604-621.

Benedict, Paul K. 1972 *Sino - Tibetan: A Conspectus*. Cambridge: Cambridge University Press.

Benedict, Paul K. 1976 Archaic Chinese Affixation Patterns. Paper presented at the 9th International Conference on Sino-Tibetan Languages and

Linguistics, Copenhagen.

Benedict, Paul K. 1984 PST Interrogative *ga (ng) ~ *ka. *Linguistics of the Tibeto-Burman Area*, 8. 1: 1-10.

Bennet, Paul 1979 A Critique of the Altaicization Hypothesis. *Cahiers de Linguistique Asie Orientale*, 6. 1: 91-104.

Bhat, D. N. S. 2000 The Indefinite-Interrogative Puzzle. *Linguistic Typology*, 4: 365-400.

Bickel, Balthasar 2007 Typology in the 21st Century: Major Current Developments. *Linguistic Typology*, 11: 239-251.

Biezma, Maria; Kyle Rawlins 2012 Responding to Alternative and Polar Questions. *Linguistics and Philosophy*, 35: 361-406.

Bloomfield, Leonard 1933 *Language*. New York: Holt, Rinehart and Winston.

Bolinger, Dwight 1978 Yes-no Questions are not Alternative Questions. In: Henry Hiż(ed.), *Questions*, 87-105. Dordrecht: D. Reidel Publishing Company.

Cable, Seth 2010 *The Grammar of Q: Q-particles, Wh-movement, and Pied-Piping*. Oxford: Oxford University Press.

Campbell, Lyle 2006 Areal Linguistics: A Closer Scrutiny. In: Yaron Matras, April McMahon, and Nigel Vincent (eds.), *Linguistic Areas: Convergence in Historical and Typological Perspective*, 1-31. New York: Palgrave Macmillan.

Ceong, Hailey Hyekyeong 2015 Polar-alternative Questions: Korean A-not-A. Paper Presented at the 11th Conference of the Association for Linguistic Typology. August 1-3, University of New Mexico.

Chao, Yuen Ren 1968 *A Grammar of Spoken Chinese*. Berkeley: University of California Press.

Chappell, Hilary 2006 Language Contact and Areal Diffusion in Sinitic Languages. In: Alexandra Y. Aikhenvald and R. M. W. Dixon (eds.), *Areal Diffusion and Genetic Inheritance: Problems in Comparative Linguistics*, 328-357. Oxford: Oxford University Press.

Cheng, Lisa Lai-Shen 1991 On the Typology of *Wh*-questions. PhD dissertation, MIT.

Cheung, Hung-Nin Samuel 2001 The Interrogative Construction: (Re) constructing Early Cantonese Grammar. In: Hilary Chappell (ed.), *Sinitic Grammar: Synchronic and Diachronic Perspectives*, 191 - 231. Oxford: Oxford University Press.

Chisholm, William S., Jr. (ed.) 1984 *Interrogativity: A Colloquium on the Grammar, Typology and Pragmatics of Questions in Seven Diverse Languages*. (Typological Studies in Language 4.) Amsterdam: John Benjamins.

Clark, Marybeth 1985 Asking Questions in Hmong and Other Southeast Asian Languages. *Linguistics of the Tibeto-Burman Area* 8.2: 60-67.

Clark, Marybeth 1989 Hmong and Areal South - East Asian. In: David Bradley (ed.), *Papers in South-East Asian Linguistics*, No. 11: South-East Asian Syntax, 175-230. Pacific Linguistics, the Australian National University.

Colarusso, John 1992 *A Grammar of the Kabardian Language*. Calgary: University of Calgary Press.

Comrie, Bernard; Norval Smith 1977 *Lingua Descriptive Studies: Question-*

naire (= *Lingua* 42. 1). Amsterdam: North-Holland.

Comrie, Bernard 1989 *Language Universals and Linguistic Typology* (Second edition). Chicago: The University of Chicago Press. (中译本《语言共性和语言类型》［第二版］，沈家煊、罗天华译，陆丙甫校，北京：商务印书馆，即出/北京：北京大学出版社，2010。)

Comrie, Bernard; Matthew S. Dryer; David Gil; Martin Haspelmath 2013 Introduction. In: Dryer, Matthew S. & Martin Haspelmath (eds.). *The World Atlas of Language Structures Online*. Leipzig: Max Planck Institute for Evolutionary Anthropology.

Comrie, Bernard; Martin Haspelmath; Balthasar Bickel 2008 The Leipzig Glossing Rules. (Available online at http://www.eva.mpg.de/lingua/resources/glossing-rules.php).

Croft, William 2003 *Typology and Universals* (Second edition). Cambridge: Cambridge University Press.

Crystal, David 2008 *A Dictionary of Linguistics and Phonetics* (6th edition). Oxford: Blackwell. (第 4 版中译本《现代语言学词典》，沈家煊译，北京：商务印书馆，2000。)

Cysouw, Michael 2005 The Typology of Content Interrogatives. Paper Presented at the 6th Meeting of the Association for Linguistic Typology, 24 July, Padang, Indonesia.

Dahl, Östen 2001 Principles of Areal Typology. In: Martin Haspelmath, Ekkehard König, Wulf Oesterreicher and Wolfgang Raible (eds.), *Language Typology and Language Universals: An International Handbook*, 1456-1470. Berlin: De Gruyter.

Dehé, Nicole; Bettina Braun 2013 The Prosody of Question Tags in

English. *English Language and Linguistics*, 17. 1: 129-156.

Dik, Simon C. 1989 *The Theory of Functional Grammar, Part 1: The Structure of the Clause*. Dordrecht: Foris Publications.

Dik, Simon C. 1997 *The Theory of Functional Grammar, Part 2: Complex and Derived Constructions*. (Ed. by Kees Hengeveld.) Berlin: Mouton de Gruyter.

Dixon, R. M. W. 1982 *Where Have All the Adjectives Gone?* Berlin: Mouton de Gruyter.

Dixon, R. M. W. 2010 *Basic Linguistic Theory, vol. 1: Methodology*. Oxford: Oxford University Press.

Dixon, R. M. W. 2012 *Basic Linguistic Theory, vol. 3: Further Grammatical Topics*. Oxford: Oxford University Press.

Dryer, Matthew S. 1991 SVO Languages and the OV: VO Typology. *Journal of Linguistics*, 27: 443-482.

Dryer, Matthew S.; Martin Haspelmath (eds.) 2013 *The World Atlas of Language Structures Online*. Leipzig: Max Planck Institute for Evolutionary Anthropology. (Available online at http://wals.info, Accessed on 2022-10-01.)

Dryer, Matthew S. 2013a Polar Questions. In: Dryer, Matthew S. & Martin Haspelmath (eds.), *The World Atlas of Language Structures Online*. Max Planck Institute for Evolutionary Anthropology, Leipzig. (Available online at http://wals.info/chapter/116, Accessed on 2022-10-01.)

Dryer, Matthew S. 2013b Position of Polar Question Particles. In: Dryer, Matthew S. & Martin Haspelmath (eds.), *The World Atlas of Language Structures Online*. Max Planck Institute for Evolutionary Anthropology,

Leipzig. (Available online at http://wals. info/chapter/92, Accessed on 2022-10-01.)

Ehrman, Madeline E. 1972 *Contemporary Cambodian: Grammatical Sketch.* Washington, D. C.: Foreign Service Institute, Department of State.

Fabb, Nigel 2001 Compounding. In: A. Zwicky and A. Spencer (eds.), *The Handbook of Morphology*, 66–83. Oxford: Blackwell.

Feist, Timothy 2010 A Grammar of Skolt Saami. PhD dissertation, University of Manchester.

Forker, Diana 2013 Interrogative Particles in Nakh – Daghestanian. *Rice Working Papers in Linguistics*, 4: 1–17.

Fu, Maoji 1950/1997 *A Descriptive Grammar of Lolo.* PhD dissertation, University of Cambridge. Reprinted in: *Linguistics of the Tibeto–Burman Area*, 20 (1): 1–242.

Gärtner, Hans-Martin 2009 More on the Indefinite–Interrogative Affinity: The View from Embedded Non-finite Interrogatives. *Linguistic Typology*, 13: 1–37.

Geluykens, Ronald 1988 On the Myth of Rising Intonation in Polar Questions. *Journal of Pragmatics*, 12: 467–485.

Greenberg, Joseph H. 1966 Some Universals of Grammar with Particular Reference to the Order of Meaningful Elements. In: J. H. Greenberg (ed.), *Universals of Language* (Second edition), 73 – 113. London: MIT Press. (中译文《某些主要跟语序相关的语法普遍现象》, 陆丙甫、陆致极译, 《国外语言学》1984 年第 2 期。)

Grimes, Joseph 1964 *Huichol Syntax.* The Hague: Mouton.

Hagège, Claude 2008 Towards a Typology of Interrogative Verbs. *Linguistic*

Typology, 12: 1-44.

Hagège, Claude 2010 *Adpositions*. Oxford: Oxford University Press.

Han, Chung-hye; Maribel Romero 2004 Disjunction, Focus, and Scope. *Linguistic Inquiry*, 35 (2): 179-217.

Hancil, S.; M. Post; A. Haselow 2015 Final Particles from a Typological Perspective. In: Hancil, S.; A. Haselow; M. Post (eds.), *Final Particles*, 3-35. Berlin: Moutonde Gruyter.

Hashimoto, Mantaro 1976 Language Diffusion on the Asian Continent: Problems of Typological Diversity in Sino-Tibetan. *Computational Analyses of Asian and African Languages*, 3: 49-65.

Hashimoto, Mantaro 1986 The Altaicization of Northern Chinese. In: John McCoy and Timothy Light (eds.), *Contribution to Sino-Tibetan Studies*, 76-97. Leiden: E. J. Brill.

Haspelmath, Martin 1997 *Indefinite Pronouns*. Oxford: Clarendon Press.

Haspelmath, Martin 2007 Coordination. In: Timothy Shopen (ed.), *Language Typology and Syntactic Description* (Second edition), vol. 2: *Complex Constructions*, 1-51. Cambridge: Cambridge University Press.

Haspelmath, Martin 2010a Comparative Concepts and Descriptive Categories in Crosslinguistic Studies. *Language*, 86 (3): 663-687.

Haspelmath, Martin 2010b The Interplay between Comparative Concepts and Descriptive Categories. *Language*, 86 (3): 696-699.

Haspelmath, Martin 2010c Framework-free Grammatical Theory. In: Bernd Heine and Heiko Narrog (eds.), *The Oxford Handbook of Grammatical Analysis*, 341-365. Oxford: Oxford University Press.

Hawkins, John A. 1983 *Word Order Universals*. London: Academic Press.

Hayward, Richard J. 1990 Notes on the Zayse Language. In: Hayward, Richard J. (ed.), *Omotic Language Studies*, 210-355. London: School of Oriental and African Studies, University of London.

Huang, C. -T. James 1991 Modularity and Chinese A-not-A Questions. In: Carol Georgopolous and Robert Ishihara (eds.), *Interdisciplinary Approaches to Language*, 305-322. Dordrecht: Kluwer.

Huang, C. -T. James; Y. -H. Audrey Li; Yafei Li 2009 *The Syntax of Chinese*. Cambridge: Cambridge University Press.

Idiatov, Dmitry; Johan van der Auwera 2004 On Interrogative Pro-Verbs. *Proceedings of the Workshop on the Syntax, Semantics and Pragmatics of Questions*, 17-23. ESSLLI 16, Nancy, France.

Jayaseelan, K. A. 2012 Question Particles and Disjunction. *Linguistic A-nalysis*, 38: 35-51.

Jennings, R. E. 1994 *The Genealogy of Disjunction*. Oxford: Oxford University Press.

Keenan, Edward L. 1976 Towards a Universal Definition of "Subject". In: Li, Charles N. (ed.), *Subject and Topic*, 304-333. New York: Academic Press.

König, Ekkehard; Peter Siemund 2007 Speech Act Distinctions in Grammar. In: Timothy Shopen (ed.), *Language Typology and Syntactic Description*, vol. 1: *Clause Structure*, 276-324. Cambridge: Cambridge University Press.

Koptjevskaja - Tamm, Maria 2011 Linguistic Typology and Language Contact. In: Song, Jae Jung (ed.), *The Oxford Handbook of Linguistic Typology*, 568-590. Oxford: Oxford University Press.

Koptjevskaja-Tamm, Maria; Henrik Liljegren 2013 Review of T. Shopen (ed.). *Language Typology and Syntactic Description* (Second edition). *Linguistic Typology*, 17: 107-156.

Ladd, D. Robert 1981 A First Look at the Semantics and Pragmatics of Negative Questions and Tag Questions. *Papers from the Seventeenth Regional Meeting of the Chicago Linguistic Society*, 164-171.

LaPolla, Randy J. 2006 The Role of Migration and Language Contact in the Development of the Sino-Tibetan Language Family. In: Alexandra Y. Aikhenvald and R. M. W. Dixon (eds.), *Areal Diffusion and Genetic Inheritance: Problems in Comparative Linguistics*, 225-254. Oxford: Oxford University Press.

LaPolla, Randy J. 2010 Language Contact and Language Change in the History of the Sinitic Languages. *Procedia-Social and Behavioral Sciences* 2, 6858-6868. Elsevier.

LaPolla, Randy J. with Chenglong Huang 2003 *A Grammar of Qiang*. Berlin: Mouton de Gruyter.

Lehmann, Christian 1982 Directions for Interlinear Morphemic Translations. *Folia Linguistica*, 16: 199-224.

Lehmann, Christian 2004 Interlinear Morphemic Glossing. In: Booij, Geert et al. (eds.), *Morphologie. Ein internationales Handbuch zur Flexion und Wortbildung. 2. Halbband*, 1834-1857. Berlin: De Gruyter.

Li, Boya 2006 *Chinese Final Particles and the Syntax of the Periphery*. Utrecht: LOT.

Li, Charles N.; Sandra A. Thompson 1981 *Mandarin Chinese: A Functional Reference Grammar*. Berkeley: University of California Press.

Li, Fang－Kuei 1937 Languages and Dialects. In: Shih, Ch'ao－ying; Chang, Ch'i－hsien (eds.), *The Chinese Year Book*. Beijing: Commercial Press. Reprinted as "Languages and Dialects of China". *Journal of Chinese Linguistics*, 1973 (1). (中译文《中国的语言和方言》,梁敏译,《民族译丛》1980 年第 1 期)。

Li, Y. -H. Audrey 1992 Indefinite *Wh* in Mandarin Chinese. *Journal of East Asian Linguistics*, 1: 125-155.

Lin, Dong-yi 2012 Interrogative Verbs in Kavalan and Amis. *Oceanic Linguistics*, 51 (1): 182-206.

Liu, Hongyong 2016 The Emergence of Reduplicative Polar Interrogatives. *Language Sciences*, 54: 26-42.

Luo, Tianhua 2016 *Interrogative Strategies: An Areal Typology of the Languages of China*. Amsterdam: John Benjamins.

Luo, Tianhua; Yicheng Wu 2017 Toward a Typology of Question Particles in the Languages of China. *Lingua*, 191-192: 81-93.

Macaulay, Monica 1996 *A Grammar of Chalcatongo Mixtec*. Berkeley: University of California Press.

Macgowan, John 1862 *A Collection of Phrases in the Shanghai Dialect*. Shanghai: American Presbyterian Mission Press.

Manzini, M. Rita; Leonardo M. Savoia 2011 *Wh*-in situ & *Wh*-doubling in Northern Italian Varieties: Against Remnant Movement. *Linguistic Analysis*, 37: 79-113.

Mathiassen, Terje 1997 *A Short Grammar of Latvian*. Ohio: Slavica Publishers.

Matisoff, James A. 1973 *The Grammar of Lahu*. Berkeley: University of

California Press.

Matisoff, James A. 1991a Areal and Universal Dimensions of Grammatization in Lahu. In: Elizabeth C. Traugott and Bernd Heine (eds), *Approaches to Grammaticalization, vol. 2: Focus on Types of Grammatical Markers*, 383−454. Amsterdam: John Benjamins.

Matisoff, James A. 1991b Sino−Tibetan Linguistics: Present State and Future Prospects. *Annual Review of Anthropology*, 20: 469−504.

Matthews, P. H. 1991 *Morphology* (Second edition). Cambridge: Cambridge University Press.

Mauri, Caterina 2008 *Coordination Relations in the Languages of Europe and Beyond.* (EALT 42) Berlin: Mouton de Gruyter.

McGregor, William 1990 *A Functional Grammar of Gooniyandi.* Amsterdam: John Benjamins.

Meillet, Antoine 1925 *La méthode comparative en linguistique historique.* Oslo: H. Aschehoug & Co. (中译本《历史语言学中的比较方法》, 岑麒祥译, 北京: 科学出版社, 1957。)

Miestamo, Matti 2011 Polar Interrogatives in Uralic Languages: A Typological Perspective. *Linguistica Uralica*, 47 (1): 1−21.

Moravcsik, Edith A. 1971 Some Cross−Linguistic Generalizations about Yes−No Questions and Their Answers. *Working Papers on Language Universals*, 7: 45−193. Stanford University.

Moravcsik, Edith A. 1978 Reduplicative Constructions. In: Greenberg, Joseph H.; Charles A. Ferguson; Edith A. Moravcsik (eds.), *Universals of Human Language, Volume 3: Word Structure*, 297−334. Stanford: Stanford University Press.

Muysken, Pieter (ed.) 2008 *From Linguistic Areas to Areal Linguistics.* Amsterdam: John Benjamins.

Nebel, Arturo 1948 *Dinka Grammar (Rek-Malual Dialect) with Texts and Vocabulary.* Verona: Missioni Africane.

Newmeyer, Frederick J. 2010 On Comparative Concepts and Descriptive Categories: A reply to Haspelmath. *Language*, 86 (3): 688-695.

Ohala, John J. 1983 Cross-language Use of Pitch: An Ethological View. *Phonetica*, 40: 1-18.

Palmer, F. R. 2001 *Mood and Modality* (Second edition). Cambridge: Cambridge University Press.

Pan, V. J.; Paul, W. 2016 Why Chinese SFPs are neither Optional nor Disjunctors. *Lingua*, 170: 23-34.

Pandharipande, Rajeshwari V. 1997 *Marathi.* London: Routledge.

Peyraube, Alain 2001 On the Modal Auxiliaries of Volition in Classical Chinese. In: Hilary Chappell (ed.), *Sinitic Grammar: Synchronic and Diachronic Perspectives*, 172-188. Oxford: Oxford University Press.

Plank, Frans 2007 Extent and Limits of Linguistic Diversity as the Remit of Typology-But Through Constraints on What is Diversity Limited? *Linguistic Typology*, 11: 43-68.

Plank, Frans 2009 The Place and Origin of Question Markers. Ms., Universität Konstanz.

Poletto, Cecilia; Jean-Yves Pollock 2005 On *wh*-clitics, *wh*-doubling and Apparent *wh*-in-situ in French and Some Northeastern Italian Dialects. *Recherches Linguistiques de Vincennes*, 33: 135-156.

Przyluski, Jean; G. H. Luce 1931 The Number 'A Hundred' in Sino-Tibetan. *Bulletin of the School of Oriental and African Studies*, 6 (3): 667–668.

Przyluski, Jean 1924 Le sino – tibétain. In: Meillet, Antoine; Cohen, Marcel (eds.), *Les langues du monde*, 361–384. Paris: Librairie ancienne Édouard Champion.

Rialland, Annie 2007 Question Prosody: An African Perspective. In: Thomas Riad and Carlos Gussenhoven (eds.), *Tones and Tunes, vol. 1: Typological Studies in Word and Sentence Prosody*, 35 – 62. Berlin: Mouton de Gruyter.

Rijkhoff, Jan 2004 *The Noun Phrase*. Oxford: Oxford University Press.

Roop, DeLagnel Haigh 1970 A Grammar of the Lisu Language. PhD dissertation, Yale University.

Rubino, Carl 2001 Pangasinan. In: Jane Garry and Carl Rubino (eds.), *Encyclopedia of the World's Languages: Past and Present*, 539–542. New York / Dublin: H. W. Wilson Press.

Rubino, Carl 2013 Reduplication. In: Dryer, Matthew S. & Haspelmath, Martin (eds.), *The World Atlas of Language Structures Online*. Leipzig: Max Planck Institute for Evolutionary Anthropology. (Available online at http://wals. info/chapter/27, Accessed on 2022–10–01.)

Sadock, Jerrold M.; Arnold M. Zwicky 1985 Speech Act Distinctions in Syntax. In: Timothy Shopen (ed.), *Language Typology and Syntactic Description, vol. 1: Clause Structure*, 155–196. Cambridge: Cambridge University Press.

Saeed, John Ibrahim 1993 *Somali Reference Grammar* (2nd revised edition). Kensington MD: Dunwoody Press.

Sapir, J. David 1965 *A Grammar of Diola-Fogny: A Language Spoken in the Basse-Casamance Region of Senegal.* Cambridge: Cambridge University Press.

Savino, Michelina 2012 The Intonation of Polar Questions in Italian: Where is the Rise? *Journal of the International Phonetic Association*, 42: 23-48.

Schaffar, Wolfram 2000 Typology of Yes-No Questions in Chinese and Tai Languages. Ms, Universität Tübingen.

Shopen, Timothy (ed.) 1985 *Language Typology and Syntactic Description* (3 vols). Cambridge: Cambridge University Press.

Shopen, Timothy (ed.) 2007 *Language Typology and Syntactic Description* (Second edition; 3 vols). Cambridge: Cambridge University Press.

Siemund, Peter 2001 Interrogative Constructions. In: Martin Haspelmath, Ekkehard König, Wulf Oesterreicher and Wolfgang Raible (eds.), *Language Typology and Language Universals: An International Handbook*, 1010-1028. Berlin: Mouton de Gruyter.

Song, Jae Jung 2012 *Word Order.* Cambridge: Cambridge University Press.

Thompson, Sandra A. 1998 A Discourse Explanation for the Cross-Linguistic Differences in the Grammar of Interrogation and Negation. In: Siewierska, Anna and Jae J. Song (eds.), *Case, Typology and Grammar: In Honor of Barry J. Blake*, 309-341. Amsterdam: John Benjamins.

Thurgood, Graham; Randy J. LaPolla (eds.) 2017 *The Sino-Tibetan Languages* (Second edition). New York: Routledge.

Ultan, Russell 1978 Some General Characteristics of Interrogative Systems.

In: Greenberg, Joseph H.; Charles A. Ferguson; Edith A. Moravcsik (eds.), *Universals of Human Language*, *Volume 4: Syntax*, 211–248. Stanford, California: Stanford University Press.

Wachowicz, Krystyna 1980 Q – morpheme Hypothesis. In: Hiż(ed.), *Questions*, 151–163. Dordrecht: D. Reidel Publishing Company.

Wadley, Stephen A. 1996 Altaic Influences on Beijing Dialect: The Manchu Case. *Journal of the American Oriental Society*, 116 (1): 99 –104.

Wang, Pan – Ying; Chinfa Lien 2001 A – not – A Question in Taiwanese Southern Min. *Journal of Chinese Linguistics*, 29 (2): 351–376.

Yue – Hashimoto, Anne O. 1991 Stratification in Comparative Dialectal Grammar: A Case in Southern Min. *Journal of Chinese Linguistics*, 19 (2): 172–201.

Yue–Hashimoto, Anne O. 1993 *Comparative Chinese Dialectal Grammar: Handbook for Investigators*. Paris: CRLAO.

白碧波、许鲜明等 2012《撒都语研究》。北京：民族出版社。

薄文泽 1997《佯僙语》。上海：上海远东出版社。

才项措、王双成 2020 藏语的并列结构，《中国藏学》第 2 期。

曹广顺 1986《祖堂集》中与语气助词"呢"有关的几个助词，《语言研究》第 2 期。

曹明煌 2003 二十世纪三、四十年代的云南民族研究。云南大学硕士学位论文。

柴田武 2018/1969《语言地理学方法》。北京：商务印书馆。

常竑恩 1986《拉祜语简志》。北京：民族出版社。

陈　康 1996 凉山彝语句子的语气及表达方式，《民族语文》第 2 期。

陈保亚 1996 《论语言接触与语言联盟》。北京：语文出版社。

陈辉霞 2008 广西临桂小江客家方言岛研究。广西大学硕士学位论文。

陈曼君 2011 闽台闽南方言的反复问句，《方言》第 2 期。

陈妹金 1993 汉语与一些汉藏系语言疑问句疑问手段的类型共性，《语言研究》第 1 期。

陈前瑞、赵葵欣 1998 浅析是非问句应答方式的语言共性，《汉语学习》第 3 期。

陈士林、边仕明、李秀清 1985 《彝语简志》。北京：民族出版社。

陈士林、边仕明、李秀清 2007 彝语。载孙宏开等主编：《中国的语言》，第 252—271 页。北京：商务印书馆。

陈卫强 2017 广东从化粤语的"VP-麽"格式，《中国语文》第 5 期。

陈延河 1990 大岗"标话"的 a^{42} + VP 型疑问句，《民族语文》第 4 期。

陈玉洁、Hilariode Sousa、王　健、倪星星、李旭平、陈伟蓉、Hilary Chappell 2014 莱比锡标注系统及其在汉语语法研究中的应用，《方言》第 1 期。

陈振宇 2010 《疑问系统的认知模型与运算》。上海：学林出版社。

程若茜 2017 福建闽侯方言的疑问句研究。载陶寰等编：《汉语方言疑问范畴研究》，第 240—256 页。上海：中西书局。

戴庆厦 2005 《浪速语研究》。北京：民族出版社。

戴庆厦、丛铁华、蒋　颖、李　洁 2005 《仙岛语研究》。北京：中央民族大学出版社。

戴庆厦、崔志超 1985 《阿昌语简志》。北京：民族出版社。

戴庆厦、傅爱兰 2000 藏缅语的是非疑问句，《中国语文》第 5 期。

戴庆厦、黄布凡、傅爱兰、仁增旺姆、刘菊黄 1991《藏缅语十五种》。北京：北京燕山出版社。

戴庆厦、李　洁 2007《勒期语研究》。北京：中央民族大学出版社。

戴庆厦、徐悉艰 1992《景颇语语法》。北京：中央民族学院出版社。

戴庆厦、朱艳华 2010a 藏缅语、汉语选择疑问句比较研究，《语言研究》第 4 期。

戴庆厦、朱艳华 2010b 藏缅语选择疑问范畴句法结构的演变链，《汉语学报》第 2 期。

戴昭铭 1999 天台话的几种语法现象，《方言》第 4 期。

丁邦新 2020《汉台语同源论》。北京：商务印书馆。

丁椿寿 1991《汉彝缅语比较研究》。贵阳：贵州民族出版社。

段玉泉 2015 西夏语中的选择连词 mo^2，《语言研究》第 1 期。

范　艳 2010 习水方言疑问句研究。湖南大学硕士学位论文。

范继淹 1982 是非问句的句法形式，《中国语文》第 6 期。

方小燕 1996 广州话里的疑问语气词，《方言》第 1 期。

方小燕 2003《广州方言句末语气助词》。广州：暨南大学出版社。

冯爱珍 1998 从闽南方言看现代汉语的"敢"字，《方言》第 4 期。

冯春田 1987 秦墓竹简选择问句分析，《语文研究》第 1 期。

傅惠钧 2000《儿女英雄传》选择问句研究，《北京大学学报》第 S1 期。

傅惠钧 2011《明清汉语疑问句研究》。北京：商务印书馆。

盖兴之 1986《基诺语简志》。北京：民族出版社。

盖兴之 1987 基诺语句子的语气，《民族语文》第 2 期。

盖兴之 2002 堂郎话概况，《民族语文》第 3 期。

甘于恩 2002 广东四邑方言语法研究。暨南大学博士学位论文。

甘于恩 2007 闽方言疑问句比较研究，《暨南学报（哲学社会科学版）》第 3 期。

高华年 1955 扬武哈尼语初探，《中山大学学报》第 2 期。

高华年 2013《高华年文集》。广州：广东人民出版社。

格桑居冕、格桑央京 2002《藏语方言概论》。北京：民族出版社。

根呷翁姆 2019《四川道孚尔龚语》。北京：商务印书馆。

郭利霞 2009 山西山阴方言"A—A?"式选择问句，《方言》第 4 期。

郭利霞 2010 晋语五台片的重叠式反复问句，《中国语文》第 1 期。

郭利霞 2015《汉语方言疑问句比较研究——以晋陕蒙三地为例》。天津：南开大学出版社。

郭利霞 2017 山西山阴方言的疑问句系统。载陶寰等编：《汉语方言疑问范畴研究》，第 172—182 页。上海：中西书局。

郭校珍 2005 山西晋语的疑问系统及其反复问句，《语文研究》第 2 期。

何　瑛 2003 宋代选择问句句式考察，《贵州大学学报（社会科学版）》第 6 期。

何耿镛 1993《客家方言语法研究》。厦门：厦门大学出版社。

和即仁 2007 卡卓语。载孙宏开等主编：《中国的语言》，第 426—446 页。北京：商务印书馆。

和即仁、姜竹仪 1985《纳西语简志》。北京：民族出版社。

和志武 1987《纳西语基础语法》。昆明：云南民族出版社。

贺福凌、吴思兰 2020 巴那语体标记 tjou^{55} 与汉语"着"的比较研究，《怀化学院学报》第 6 期。

贺嘉善 1983《仡佬语简志》。北京：民族出版社。

侯精一、温端政 1993《山西方言调查研究报告》。太原：山西高校联合出版社。

胡敕瑞 2016 将然、选择与意愿：上古汉语将来时与选择问标记的来源，《古汉语研究》第 2 期。

胡松柏 2020《赣东北徽语调查研究》。北京：中国社会科学出版社。

胡晓东 2008 白午苗话的反复问句，《民族语文》第 2 期。

黄伯荣 2009 粤语阳江话疑问语气词。《粤语研究》第 4—5 期。

黄伯荣主编 1996《汉语方言语法类编》。青岛：青岛出版社。

黄布凡 1991/2007 木雅语。载戴庆厦等：《藏缅语十五种》，第 98—131 页，北京：北京燕山出版社。又载孙宏开等主编：《中国的语言》，第 905—923 页，北京：商务印书馆。

黄布凡 2007 拉坞戎语。载孙宏开等主编：《中国的语言》，第 1032—1060 页。北京：商务印书馆。

黄布凡、仁增旺姆 1991 纳木兹语。载戴庆厦等：《藏缅语十五种》，第 153—173 页。北京：北京燕山出版社。

黄布凡、周发成 2006《羌语研究》。成都：四川人民出版社。

黄成龙 2005 语法描写框架及术语的标记，《民族语文》第 3 期。

黄成龙 2007《蒲溪羌语研究》。北京：民族出版社。

黄成龙、王保锋、毛明军、张　曦 2019《四川松潘羌语》。北京：商务印书馆。

黄成龙 2019 汉藏语研究最新进展——《汉藏语言》介评。《贵州民族研究》第 5 期。

黄大祥 2016 甘肃民勤方言的选择性问句，《方言》第 1 期。

黄美金 2000《卑南语参考语法》。台北：远流出版公司。

黄小平 2006 田林宁都客家话比较研究。广西大学硕士学位论文。

黄雪贞 1994 客家方言的词汇和语法特点，《方言》第 4 期。

黄正德 1988 汉语正反问句的模组语法，《中国语文》第 4 期。

江　荻 2005《义都语研究》。北京：民族出版社。

江　荻 2016《藏语拉萨话语法标注文本》。北京：社会科学文献出版社。

江　荻 主编 2016/2020 "中国民族语言语法标注文本丛书"。北京：社会科学文献出版社。

江　荻、李大勤、孙宏开 2013《达让语研究》。北京：民族出版社。

江蓝生 1986 疑问语气词 "呢" 的来源，《语文研究》第 2 期。

蒋　颖 2019《云南兰坪普米语》。北京：商务印书馆。

金　鹏 1983《藏语简志》。北京：民族出版社。

经　典 2015《墨江碧约哈尼语参考语法》。北京：中国社会科学出版社。

竟　成 1988 汉语和藏缅语的一种是非问句，《民族语文》第 2 期。

柯理思（Christine Lamarre）2006 论十九世纪客家话文献《启蒙浅学》中所见的趋向补语，《语言暨语言学》第 2 期。

阚绪良 1991 现代粤语选择问词 "定" 的来源，《阜阳师范学院学报》第 4 期。

阚绪良 1995《五灯会元》里的 "是" 字选择问句，《语言研究》第 2 期。

劳雪婷 2017 上海方言疑问系统及其疑问标记的句法分析。载陶寰等编：《汉语方言疑问范畴研究》，第 183—220 页。上海：中西书局。

李　芳 2009 广东五华县客家方言语法专题研究。广西师范大学硕士学位论文。

李崇兴 1990 选择问记号 "还是" 的来历，《语言研究》第 2 期。

李崇兴、祖生利、丁　勇 2009《元代汉语语法研究》。上海：上海教育出版社。

李大勤 2002《格曼语研究》。北京：民族出版社。

李大勤 2004《苏龙语研究》。北京：民族出版社。

李大勤、江　荻 2001 扎话概况，《民族语文》第 6 期。

李道勇、聂锡珍、邱锷锋 1986《布朗语简志》。北京：民族出版社。

李改样 2005 山西方言的疑问句，《山西大学学报（哲学社会科学版）》第 3 期。

李嘉鑫 2022 客家话文献《启蒙浅学》的"动词+倒"结构。浙江大学硕士学位论文。

李锦芳 1999《布央语研究》。北京：中央民族大学出版社。

李锦芳、曾宝芬、康忠德 2019《贵州六枝仡佬语》。北京：商务印书馆。

李少丹 2001 漳州话与普通话疑问句的异同。载陈碧加主编：《闽南方言·漳州话研究》，第 269—274 页。北京：中国文联出版社。

李生福 1996《彝语南部方言研究》。北京：民族出版社。

李思明 1983 从变文、元杂剧、《水浒》、《红楼梦》看选择问句的发展，《语言研究》第 2 期。

李文浩 2009 江苏淮阴方言的重叠式反复问句，《中国语文》第 2 期。

李小凡 1998《苏州方言语法研究》。北京：北京大学出版社。

李小军 2009 邵阳方言的"吗呢"问句，《中国语文》第 6 期。

李小军 2013《先秦至唐五代语气词的衍生与演变》。北京：北京师范大学出版社。

李永明 1991《长沙方言》。长沙：湖南出版社。

李永燧、王尔松 1986《哈尼语简志》。北京：民族出版社。

李永燧 1990《哈尼语语法》。北京：民族出版社。

李永燧 2002《桑孔语研究》。北京：中央民族大学出版社。

李云兵 2000《拉基语研究》。北京：中央民族大学出版社。

李云兵 2018《苗瑶语比较研究》。北京：商务印书馆。

李　蓂 2022 汉语方言的语气词选择问句，《汉语学报》第 4 期。

梁　敏 1980a《侗语简志》。北京：民族出版社。

梁　敏 1980b《毛难语简志》。北京：民族出版社。

梁　敏 2007《普标语研究》。北京：民族出版社。

梁　敏、张均如 2002《标话研究》。北京：中央民族大学出版社。

梁金荣 2005《临桂两江平话研究》。南宁：广西民族出版社。

林向荣 1993《嘉戎语研究》。成都：四川民族出版社。

刘　璐、恩昆腊 1959《景颇语语法纲要》。北京：科学出版社。

刘丹青 1991 苏州方言的发问词与"可 VP"句式，《中国语文》第
　　1 期。

刘丹青 2003《语序类型学与介词理论》。北京：商务印书馆。

刘丹青 2005 句类及疑问句和祈使句，《语言科学》第 5 期。

刘丹青 2008 谓词重叠疑问句的语言共性及其解释，《语言学论丛》
　　38 辑。

刘丹青 2012 原生重叠与次生重叠，《方言》第 1 期。

刘丹青 2017a《语法调查研究手册》（第二版）。上海：上海教育出
　　版社。

刘丹青 2017b《语言类型学》（曹瑞炯整理）。上海：中西书局。

刘光坤 1998《麻窝羌语研究》。成都：四川民族出版社。

刘汉银 2006 南康客家方言语法研究。云南师范大学硕士学位论文。

刘开骅 2008《中古汉语疑问句研究》。哈尔滨：黑龙江人民出版社。

刘纶鑫 1999《客赣方言比较研究》。北京：中国社会科学出版社。

刘纶鑫 2001《江西客家方言概况》。南昌：江西人民出版社。

刘伟民 2011 粤语阳江话的 "VP－无？" 句式——兼议阳江话语气词
　　"麼""呢" 连用说，《中国语文》第 5 期。

刘颖昕 2009 客家启蒙课本《启蒙浅学》（1880）的方言用字研究。
　　载陈晓锦、张双庆编：《首届海外汉语方言国际研讨会论文集》，
　　第 210—223 页。广州：暨南大学出版社。

刘颖昕 2010 巴色会客家方言文献的用字研究——以《启蒙浅学》
　　（1880）为中心。中山大学硕士学位论文。

刘月华 1987 用 "吗" 的是非问句和正反问句用法比较。载中国社会
　　科学院语言研究所现代汉语研究室编：《句型和动词》，第 117—
　　138 页。北京：语文出版社。

刘月华 1988 语调是非问句，《语言教学与研究》第 2 期。

刘照雄 1981《东乡语简志》。北京：民族出版社。

刘子瑜 1994 敦煌变文中的选择疑问句式，《古汉语研究》第 4 期。

刘子瑜 2005 汉语选择问句历史发展研究述评，《汉语史学报》第
　　5 辑。

龙春芳 2012 汉泰疑问句对比研究。广西民族大学硕士学位论文。

卢红艳 2009 天门方言疑问句研究。华中师范大学硕士学位论文。

陆丙甫、金立鑫主编 2015《语言类型学教程》。北京：北京大学出
　　版社。

陆俭明 1982 由 "非疑问形式+呢" 造成的疑问句，《中国语文》第
　　6 期。

陆俭明 1984 关于现代汉语里的疑问语气词，《中国语文》第 5 期。

陆绍尊 1983《普米语简志》。北京：民族出版社。

陆绍尊 2007 却域语。载孙宏开等主编：《中国的语言》，第 1061—

1075 页，北京：商务印书馆。

罗常培（罗莘田）1944《蜀道难》。独立出版社。

罗福腾 1981 牟平方言的比较句和反复问句，《方言》第 4 期。

罗　骥 2003《北宋语气词及其远流》。成都：巴蜀书社。

罗天华 2023 莱曼标注和语法标注的规范问题，《当代语言学》第 4 期。

罗天华、孙晓雪 2022 汉藏语选择问句研究述评，《汉语史与汉藏语研究》第 12 辑。

吕叔湘 1955《语法学习》。北京：中国青年出版社。

吕叔湘 1984 "谁是张老三?" ＝ "张老三是谁?"? 《中国语文》第 4 期。

吕叔湘 1985 疑问·否定·肯定，《中国语文》第 4 期。

吕叔湘 1990/1956/1944《中国文法要略》（《吕叔湘文集》第 1 卷）。北京：商务印书馆。（1956，修订本，上海：商务印书馆；1944，中卷、下卷）

马晓琴 2004 陕北方言的选择问句，《社会科学家》第 2 期。

马学良主编 2003/1991《汉藏语概论》。北京：民族出版社（2003）；北京：北京大学出版社（1991）。

马志红 2007 龙口方言的疑问句研究。山东师范大学硕士学位论文。

毛宗武 2004《瑶族勉语方言研究》。北京：民族出版社。

毛宗武、蒙朝吉 1986《畲语简志》。北京：民族出版社。

毛宗武、蒙朝吉、郑宗泽 1982《瑶族语言简志》。北京：民族出版社。

梅　耶 1957《历史语言学中的比较方法》。北京：科学出版社。

梅祖麟 1978 现代汉语选择问句法的来源，《"中央研究院"历史语言研究所集刊》第 49 本第 1 分。

孟庆惠 2005《徽州方言》。合肥：安徽人民出版社。

木仕华 2003《卡卓语研究》。北京：民族出版社。

倪　娜 2007 德昂语广卡话疑问句语调研究。中央民族大学硕士学位论文。

欧阳国亮 2009 桂阳方言的重叠式反复问句，《理论语言学研究》第 3 卷。

欧阳觉亚 1983《黎语调查研究》。北京：中国社会科学出版社。

欧阳觉亚 1998《村语》。上海：上海远东出版社。

彭小川 2006 广州话是非问句研究，《暨南学报（哲学社会科学版）》第 4 期。

彭小川、张秀琴 2008 粤语阳江话是非问句句末的"麼""呢"连用，《中国语文》第 1 期。

皮　婕 2011 恩施方言句末疑问语气词研究。中央民族大学硕士学位论文。

齐莉莎 2000《鲁凯语参考语法》。台北：远流出版公司。

钱乃荣 2003《上海语言发展史》。上海：上海人民出版社。

桥本万太郎 1985《语言地理类型学》。北京：北京大学出版社。

桥本万太郎 1987 汉语被动式的历史·区域发展，《中国语文》第 1 期。

覃东生 2017 宾阳平话的疑问句。载陶寰等编：《汉语方言疑问范畴研究》，第 348—359 页。上海：中西书局。

丘宝怡 2007 谈早期粤语选择问句析取连词"嗎""嗎系"。载张洪年等主编：《第十届国际粤方言研讨会论文集》，第 173—190 页。北京：中国社会科学出版社。

邱前进 2008 广西宾阳客家方言研究。广西大学硕士学位论文。

瞿霭堂、谭克让 1983《阿里藏语》。北京：中国社会科学出版社。

阮桂君 2006 宁波方言语法研究。华中师范大学博士学位论文。

邵敬敏 1994 现代汉语选择问研究，《语言教学与研究》第 2 期。

邵敬敏 2012 论语气词"啊"在疑问句中的作用暨方法论的反思，《语言科学》第 6 期。

邵敬敏 2014/1996《现代汉语疑问句研究》（增订本）。北京：商务印书馆。

邵敬敏、周　娟、彭小川、邵　宜、甘于恩、曾毅平 2010《汉语方言疑问范畴比较研究》。广州：暨南大学出版社。

沈家煊 1999《不对称和标记论》。南昌：江西教育出版社。

沈家煊 2014 汉语的逻辑这个样，汉语是这样的，《语言教学与研究》第 2 期。另载《从语言看中西方的范畴观》，第 64—86 页，北京：商务印书馆（2021）。

盛益民 2017 吴语绍兴柯桥方言的疑问句研究。载陶寰等编：《汉语方言疑问范畴研究》，第 221—239 页。上海：中西书局。

宋金兰 1993 甘青汉语选择问句的特点，《民族语文》第 1 期。

宋金兰 1995 汉藏语是非问句语法形式的历史演变，《民族语文》第 1 期。

宋金兰 1996 汉藏语选择问句的历史演变及类型分布，《民族语文》第 1 期。

宋伶俐 2011《贵琼语研究》。北京：民族出版社。

孙宏开 1981《羌语简志》。北京：民族出版社。

孙宏开 1982《独龙语简志》。北京：民族出版社。

孙宏开 1995 藏缅语疑问方式试析——兼论汉语藏缅语特指问句的构

成和来源,《民族语文》第 5 期。

孙宏开 2002《柔若语研究》。北京:中央民族大学出版社。

孙宏开 2004 汉藏语系语言里的一个疑问语素。载中国社会科学院语言研究所《中国语文》编辑部编:《庆祝〈中国语文〉创刊 50 周年学术论文集》,第 254—262 页。北京:商务印书馆。

孙宏开 2007a 尔苏语。载孙宏开等主编:《中国的语言》,第 950—968 页。北京:商务印书馆。

孙宏开 2007b 贵琼语。载孙宏开等主编:《中国的语言》,第 1019—1031 页。北京:商务印书馆。

孙宏开、胡增益、黄　行主编 2007《中国的语言》。北京:商务印书馆。

孙宏开、刘光坤 2005《阿侬语研究》。北京:民族出版社。

孙宏开、陆绍尊、张济川、欧阳觉亚 1980《门巴、珞巴、僜人的语言》。北京:中国社会科学出版社。

孙宏开、齐卡佳、刘光坤 2007《白马语研究》。北京:民族出版社。

孙宏开、徐　丹、刘光坤、鲁绒多丁 2014《史兴语研究》。北京:民族出版社。

孙锡信 1992 语气词"呢""哩"考源补述,《湖北大学学报(哲学社会科学版)》第 6 期。

孙锡信 1999《近代汉语语气词——汉语语气词的历史考察》。北京:语文出版社。

太田辰夫 1987《中国语历史文法》。北京:北京大学出版社。

谭胐胐 2010 湖南城步方言的疑问语气词"满""赖"以及"满赖"连用,《现代语文》第 10 期。

唐昌曼 2005《全州文桥土话研究》。南宁:广西民族出版社。

陶　寰、陈振宇、盛益民主编 2017《汉语方言疑问范畴研究》。上海：中西书局。

田德生、何天贞、陈　康、李敬忠等 1986《土家语简志》。北京：民族出版社。

完　权 2018 信据力："呢"的交互主观性，《语言科学》第 1 期。

完　权 2021 镇江话语气词札记：合音、连用与功能层次，《汉语语言学》第 1 辑。

王　珏 2020 由功能模式出发研究语气词口气及其系统，《中国语文》第 5 期。

王　珏 2023《普通话语气词系统论》。北京：商务印书馆。

王　均、郑国乔 1980《仫佬语简志》。北京：民族出版社。

王　力 2013《汉语史稿》（《王力全集》第 1 卷）。北京：中华书局。初版于 1957—1958，北京：科学出版社。

王成有 2004 彝语仆拉话概况，《民族语文》第 6 期。

王辅世 1985《苗语简志》。北京：民族出版社。

王鸿雁 2005《歧路灯》的选择疑问句研究，《广西民族学院学报（哲学社会科学版）》第 3 期。

王树瑛 2006《朱子语类》问句系统研究。福建师范大学博士学位论文。

王双成 2017 西宁方言的疑问句。载陶寰等编：《汉语方言疑问范畴研究》，第 104—117 页。上海：中西书局。

韦庆稳、覃国生 1980《壮语简志》。北京：民族出版社。

温昌衍 2016 石城（高田）客家话的疑问句和疑问语气词，《嘉应学院学报》第 6 期。

邬明燕 2009 龙川话的反复问句。载李如龙、邓晓华主编：《客家方言研究》，第 520—527 页。福州：福建人民出版社。

吴福祥 1997 从"VP-neg"式反复问句的分化谈语气词"麽"的产生,《中国语文》第 1 期。

吴福祥 2008 南方语言正反问句的来源,《民族语文》第 1 期。

吴福祥 2017 从区域语言学到区域类型学,《民族语文》第 6 期。

吴振国 1992 现代汉语选择问句的删除规则,《华中师范大学学报（哲学社会科学版）》第 5 期。

伍 华 1987 论《祖堂集》中以"不、否、无、摩"收尾的问句,《中山大学学报（哲学社会科学版）》第 4 期。

伍云姬 2006《湖南方言的语气词》。长沙：湖南师范大学出版社。

武振玉 2001《五灯会元》中的是非问句与选择问句初探,《陕西师范大学继续教育学报》第 1 期。

夏俐萍 2017 湘语益阳方言的疑问范畴。载陶寰等编:《汉语方言疑问范畴研究》,第 300—319 页。上海：中西书局。

夏勇良 1989 潘洞水语声调与疑问句语调,《贵州民族研究》第 2 期。

项梦冰 1990 连城（新泉）话的反复问句,《方言》第 2 期。

谢留文 1995 客家方言的一种反复问句,《方言》第 3 期。

邢向东 2005 陕北晋语沿河方言的反复问句,《汉语学报》第 3 期。

徐 丹 2014《唐汪话研究》。北京：民族出版社。

徐 杰 1999 疑问范畴与疑问句式,《语言研究》第 2 期。

徐 琳、木玉璋、盖兴之 1986《傈僳语简志》。北京：民族出版社。

徐 琳、欧益子等 1959《傈僳语语法纲要》。北京：科学出版社。

徐 琳、赵衍荪 1984《白语简志》。北京：民族出版社。

徐 荣 2008 广西北流粤方言语法研究。清华大学硕士学位论文。

徐世璇 1998《毕苏语研究》。上海：上海远东出版社。

徐正考 1988 唐五代选择疑问句系统初探,《吉林大学社会科学学报》

第 2 期。

徐正考 1996 清代汉语选择疑问句系统，《吉林大学社会科学学报》第 5 期。

许宝华、汤珍珠 1987《上海市区方言志》。上海：上海教育出版社。

闫梦月 2019 析取并列标记"或者"与"还是"的类型学意义，《语言研究》第 1 期。

阎锦婷、王　萍、石　锋 2014 普通话选择问句的语调格局，《语言文字应用》第 1 期。

燕海雄、江　荻 2016《藏语甘孜话语法标注文本》。北京：社会科学文献出版社。

杨通银 2000《莫语研究》。北京：中央民族大学出版社。

杨　艳 2021《哈尼语窝尼话研究》。北京：社会科学文献出版社。

杨永龙 2003 句尾语气词"吗"的语法化历程，《语言科学》第 1 期。

叶建军 2010《〈祖堂集〉疑问句研究》。北京：中华书局。

叶婧婷 2017 遵义方言疑问范畴研究。载陶寰等编：《汉语方言疑问范畴研究》，第 142—158 页。上海：中西书局。

喻翠容 1980《布依语简志》。北京：民族出版社。

袁　宾 1988 敦煌变文中的疑问副词"还"，《语文月刊》第 4 期。

袁家骅 1947 峨山窝尼语初探（语法撮要），《边疆人文》第 4 卷。

苑中树 1994《黎语语法纲要》。北京：中央民族大学出版社。

曾思奇 2007 巴则海语。载孙宏开等主编：《中国的语言》，第 2197—2220 页。北京：商务印书馆。

张安生 2003 宁夏同心话的选择性问句，《方言》第 1 期。

张　斌（文炼）1987 疑问句四题，《语文学习》第 5 期。

张伯江 1997 疑问句功能琐议，《中国语文》第 2 期。

张桂权 2005《资源延东直话研究》。南宁：广西民族出版社。

张郇慧 2000《雅美语参考语法》。台北：远流出版公司。

张济川 1986《仓洛门巴语简志》。北京：民族出版社

张济民 1993《仡佬语研究》。贵阳：贵州民族出版社。

张均如 1980《水语简志》。北京：民族出版社。

张　敏 1990 汉语方言反复问句的类型学研究。北京大学博士学位
　　论文。

张邱林 2009 陕县方言选择问句里的语气助词"曼"，《汉语学报》第
　　2 期。

张荣荣 2018 19 世纪客家方言文献《启蒙浅学》中的反切字，《广西
　　师范大学学报（哲学社会科学版）》第 4 期。

张双庆、庄初升 2003《香港新界方言》。香港：商务印书馆。

张　桃 2020《宁化客家方言语法研究》。广州：广东人民出版社。

张玉金 2001《甲骨文语法学》。上海：学林出版社。

张元生、马加林、文明英、韦星朗 1985《海南临高话》。南宁：广西
　　民族出版社。

赵明节、杜克华 2017 成都话的疑问句。载陶寰等编：《汉语方言疑
　　问范畴研究》，第 118—141 页。上海：中西书局。

中国科学院少数民族语言调查队第三工作队哈尼语组 1957《哈尼语
　　语法概要》。油印。

中国社会科学院语言研究所、中国社会科学院民族学与人类学研究
　　所、香港城市大学语言资讯科学研究中心 2012《中国语言地图集》
　　（第 2 版）。北京：商务印书馆。

钟兆华 1997 论疑问语气词"吗"的形成与发展，《语文研究》第
　　1 期。

周日健 1992 广东新丰客家方言记略,《方言》第 1 期。

朱　琳 2011 泰兴话的 ADV+VP 问句,《语言研究》第 3 期。

朱德熙 1982《语法讲义》。北京:商务印书馆。

朱德熙 1985《语法答问》。北京:商务印书馆。

朱德熙 1991/2003《汉藏语概论》序。载马学良主编:《汉藏语概论》,第 1—2 页。北京:北京大学出版社(1991);北京:民族出版社(2003)。

祝敏彻 1995 汉语选择问、正反问的历史发展,《语言研究》第 2 期。

庄初升、刘镇发 2002 巴色会传教士与客家方言研究,《韶关学院学报》第 7 期。

庄初升、黄婷婷 2014《19 世纪香港新界的客家方言》。广州:广东人民出版社。

庄初升主编 2023 海内外客家方言有声语料库 http://kejia. yuwen-gu. com/

宗　丽 2012 长阳方言语法研究。华中科技大学博士学位论文。

人名索引

语言索引

说明：

1. 外语按英文名索引（包括正文用中文译名的情形），境内语言/方言按中文名，境内外都有分布的语言按中文名。

2. 方言名称详略不一，"X 话""X 方言"兼用，与引证文献或不一致。

3. 引证文献的语言/方言名称和范围不尽相同，部分条目有重叠。

后 记

毫无疑问，"疑问"是语法书中的老生常谈，是一个重要但不太引人注意的题目。Dixon（2012：429）谈到，"总体的、跨语言的疑问范畴比较研究相当少见"；十多年过去，这种情形似乎也没有多少改观。本书以类型学方法分析汉藏语材料，是期望对疑问研究有所补益。

当代语言类型学兴起的标志是探索共性。经过数十年发展，其旨趣已经不以共性为唯一追求，而注重兼顾共性和多样性以及二者的深层原因。这与朱熹所说"理一分殊"完全对应，"共性与特殊的道理，朱子一千年前就说全了"（朱晓农《语音学》跋）；语音格局如此，语法格局也如此。本书将各语言置于汉藏语的背景中，又将汉藏语置于世界语言的大背景中，目的是探究是非问句的共性与多样性，或者说其中的"理"与"殊"。

本书的理论框架与经典的类型学范式有所不同，主要表现为未对境内外汉藏语做尽数或者取样考察。此外，虽然大体是区域类型学的路子，但没有始终按照特定的语言区域展开讨论，因而与常见的区域类型学操作也有区别。本书将境内的全部汉藏语一起分析，这种混合处理的初衷是结合经典类型学和区域类型学两种方法的优长，将普遍特征与谱系/区域特征兼顾起来。

我以往的工作，很大一部分精力花在了爬梳各种参考语法文献和核对材料上，汉藏语是用力较勤的部分，因而对基本材料不算太陌生。不过，当需要对其中某种/某群语言材料分辨定性时，常常心怀忐忑，只敢说"有什么"而不敢说"是什么"，或多或少影响了讨论的深度。陆丙甫教授将生成语法和类型学研究比作"精耕细作"和"广种薄收"，一语中的，说出了两种路子的不同。本书显然也属于"广种"之列，如果能以广度稍稍弥补深度的不足，在更广的视野中看到某些共性与多样性，我也就感到有一点"薄收"了。

　　本书的基础是国家社科基金青年项目（16CYY002）结项材料，项目鉴定专家提出了中肯的改进意见。修改时作了大幅增删，其间庄初升教授指正了不少客家话语料，孙晓雪、李阿亮、李清岚补充了选择问、哈尼语和客家话材料，邓舒文、谢沁恬、魏淑阳协助了文本校对和索引。出版时得到中央高校基本科研业务费专项资金、浙江大学文科精品力作出版资助计划资助，在此一并致谢。

罗天华

2023 年 3 月于浙江大学